北京数字经济发展税收支持政策研究

杜振华　胡　春　编著

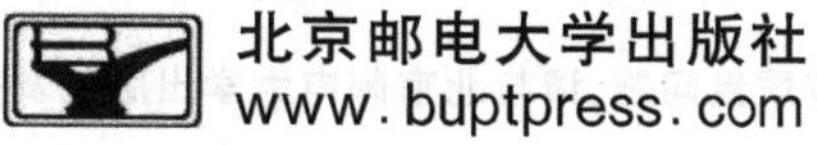

内 容 简 介

数字经济已成为各国竞争的集中领域。北京作为国际数字之都，2021 年 8 月提出到 2030 年建成全球数字经济标杆城市的战略目标。本书结合国内外数字经济发展环境，北京数字经济发展取得的成就、面临的主要问题和障碍，特别是北京财政对于数字经济发展的支持力度，通过构建双重差分模型分析税率优惠对企业研发投入的激励效应，分析北京税收支持政策对数字经济作用的力度、时长和可能的效果，**提出对数字企业的四大税收支持政策、三大税收管理及合作政策、对北京数字生态环境建设的建议**，以及对我国数字经济发展与未来企业所得税调整的建议。

本书基于北京市社会科学基金决策咨询重点项目《促进北京数字经济发展的税收支持政策研究》编撰成书。

图书在版编目（CIP）数据

北京数字经济发展税收支持政策研究 / 杜振华，胡春编著. -- 北京 ：北京邮电大学出版社，2024.

ISBN 978-7-5635-7347-9

Ⅰ. F492；F812.710.2

中国国家版本馆 CIP 数据核字第 20246TR574 号

策划编辑：姚　顺　刘纳新　**责任编辑：**姚　顺　谢亚茹　**责任校对：**张会良　**封面设计：**七星博纳

出版发行：北京邮电大学出版社
社　　址：北京市海淀区西土城路 10 号
邮政编码：100876
发 行 部：电话：010-62282185　传真：010-62283578
E-mail：publish@bupt.edu.cn
经　　销：各地新华书店
印　　刷：保定市中画美凯印刷有限公司
开　　本：720 mm×1 000 mm　1/16
印　　张：15
字　　数：300 千字
版　　次：2024 年 9 月第 1 版
印　　次：2024 年 9 月第 1 次印刷

ISBN 978-7-5635-7347-9　　定价：68.00 元

· 如有印装质量问题，请与北京邮电大学出版社发行部联系 ·

前　言

数字经济已成为各国竞争的集中领域和创新的主要来源。北京作为国际数字之都，于2021年8月提出了到2030年建成全球数字经济标杆城市的战略目标。本书结合国内外数字经济发展状况和发展环境，围绕数字经济发展给国际社会带来的税基侵蚀与利润转移问题和挑战，在国际税收体系重塑的“双支柱”方案即将落地实施的背景下，分析北京税收支持政策对数字经济作用的力度、时长和可能的效果。本书是基于作者主持的北京市社会科学基金决策咨询重点项目《促进北京数字经济发展的税收支持政策研究》（项目编号：21JCB080）而成书的。

一、本书主要内容

本书揭示了北京数字经济发展取得的成就、激发数字经济快速发展的基础、面临的主要问题和障碍，特别是北京财政对数字经济发展的支持能力和潜力。在借鉴国际数字经济发展主要国家和地区，如美国、欧盟、英国、德国、法国、印度、日本等国的税收政策基础上，参考国内一些主要省市如上海市、深圳市、杭州市、海南省等对数字经济发展的支持政策，本着公平、效率和中性的税收原则，提出**对数字企业的四大税收支持政策**：一是税收优惠政策前置；二是对初创数字企业给予“三免三减半”的税收优惠；三是针对企业不同成长期构建税收支持政策；四是建立以激励性为主的税式支出结构。与之相衔接，提出了**三大税收管理及合作政策**：一是推动税务数字化智能征管制度的建立和数字经济的税式支出管理；二是税收支持政策与其他政策的多元协同，推动数字经济发展与税收制度的良性互动；三是加强国际税收合作，为重塑国际税收规则提供中国方案。

同时，本书根据国际税收实践和我国社会主义市场经济特点，前瞻性地提出国内企业所得税制度在未来数字经济增加值占GDP的50%～60%时应考虑将比例税调整为超额累进税率的制度改革设想，以适应数字经济发展中数据、知识产权创值增值特点，以及与税收原则相匹配，并对实施的安全区间、效率区间和实施时机进行讨论和建议。

此外，本书**提出北京数字生态环境建设建议**：一是数字人才支持政策与税收支持政策相配套；二是将北京数字人才按数字产业化、产业数字化、数字化治理和数据价值化标准分为先驱角色人才、关键角色人才和产出交付角色人才；三是为数字人才降低生活成本；四是发挥北京四大核心功能的优势；五是将科学研究重心从应用研究转向基础研究；六是建设数字孪生城市。

本书总结借鉴了现有的国内外研究成果以及典型国家和地区的税收政策实践，运用了国际、国内官方发布的公开数据。为了解和把握北京数字企业经营中存在的问题，给北京税收支持政策的精准实施提供决策参考，课题组进行了线上问卷调查(见附录A)和线下数字科技企业的座谈调研(见附录B)。

本书包括总报告和分报告两部分。总报告从四个方面概括了研究的总体内容：一是北京面临的数字经济发展及其税收政策环境；二是北京数字经济发展现状、基础与挑战；三是可供北京选择的税收支持政策与数字生态环境建设；四是数字经济发展与未来企业所得税调整。分报告包括六个篇章：第一篇为数字经济发展对税收的挑战；第二篇为数字经济发展与税收政策调整状况；第三篇为税收支持政策的选择；第四篇为国际主要经济体财税支持政策及其借鉴；第五篇为税收支持政策的实施环境；第六篇为建立北京数字经济的税式支出管理与数字人才支持政策。

二、本书主要创新点

本书中研究的创新点主要包括以下三个方面：

(1) **填补数字产业发展与税收政策协同研究的空白。** 目前，国内外研究主要集中于数字经济方面或数字经济发展与税收制度的冲突方面。而对如何利用税收支持政策推动数字经济的发展，特别是推动像北京这样的国际数字大都市的数字经济发展的书籍几乎没有。本书围绕“北京要建立世界数字经济标杆城市”这一主题，提出运用各种税收支持政策的优势、特点和当前的数字经济发展的基础条件，来促进数字经济的快速发展。

(2) **在数字经济下必须对生产关系做出适应生产力发展的新诠释。** 本书提出随着传统农业经济、工业经济向数字经济的转变，税收制度作为生产关系也必须为适应数字经济这一生产力的发展而作出相应的调整和改变，才能真正体现税收制度的公平、效率和中性；提出当未来数字经济发展到一定程度时，企业所得税制度应由比例税转变为超额累计税率。

(3) **具有较强的实践价值。** 本书以数字经济的国内外发展现状为背景，对数字企业进行较充分的线上与线下调查，提出数字经济发展与当前税收制度的矛盾与冲突；比较世界各国在数字经济发展的不同阶段，对数字经济给予的不同税收政策规定；剖析各国税收政策规定的本质是保护本国数字经济发展的利益。在

OECD/G20(经济合作与发展组织/二十国集团)国际税收体系重塑的“双支柱”方案达成,即将于 2024 年落地实施的背景下,本书分析北京税收支持政策对数字经济作用的力度、涵养税源的时长和可能的效果;编制北京数字经济税式支出表,用于对数字经济支持政策的管理和监督;结合国内各省区市运用税收优惠对数字经济支持政策的实践和做法,提出北京要建立世界数字经济标杆城市,除了需要税收支持政策,还需要支持数字经济发展的生态。本书的研究成果中有 3 项被有关部门批示与采纳,说明了本书中研究的实践价值。

三、本书突出特色

一是研究视野宽广。本书不仅对世界主要国家及其数字经济发展不同阶段的税收政策进行分析研究,也对国内主要省市如上海市、深圳市、杭州市、海南省等的促进数字经济发展的税收政策进行分析。北京作为国际数字大都市,要实现建立全球数字标杆城市的目标,必须将自身放在国际视野下进行研究,借鉴数字经济发展具有一定代表性的国家和地区,如美国、欧盟、日本、英国等在发展数字经济方面的经验,特别是它们在数字经济发展初始阶段在税收支持政策方面的做法。

二是研究焦点集中。本书聚焦于北京建设世界数字经济标杆城市的目标,书中各部分内容的分析研究紧扣北京如何设计适宜的税收支持政策,推动数字经济的快速发展。

三是理论与实践结合紧密。理论上:以数字经济和财税基本理论、基本规律为研究分析基础,同时梳理国内外数字经济与税收理论相关的研究成果、政府相关部门的政策规定及研究报告。**实践上:**一方面,收集整理主要国家和经济体对于数字经济发展的相关税收政策以及国内各主要省市对于数字经济发展的税收支持政策;另一方面,进行线上和线下调研,线上调研 300 个有效数据,包括北京市的国有、民营、外资、中外合资等企业的问卷调研,线下对北京的百度等数字科技型企业、海南自由贸易港中海口和三亚的一些企业和单位进行调研,深入了解数字企业在财税方面的诉求、数字化转型的难点和堵点,了解海南岛封关前的税收政策准备情况,从而使提出的税收支持政策更具针对性。

四是政策选择性和可操作性强。本书提出了不同政策选择的具体依据、不同政策的利弊、实施条件、作用环境、作用效果,以及与之相配套的其他政策支持,为决策者在不同环境条件下的政策选择和落地实施提供具有针对性的参考。

五是具有一定的前瞻性。根据国际税收实践、数字经济发展特点和我国社会主义市场经济发展的本质,提出国内企业所得税制度在未来数字经济增加值占 GDP 的 50%~60%时应考虑将比例税调整为超额累进税率的制度改革设想,以适应数字经济发展中数据、知识产权创新增值的特点,以及与税收原则相匹配。

四、致谢

感谢王晓红研究员、陈岩教授、何曼青研究员、詹清荣高级经济师（教授级）对本研究的指导，特别是在研究开题阶段给予的指导，他们提出了许多建设性建议，这对本研究的高质量完成起到重要保障作用。感谢课题匿名评审专家就研究报告提出的宝贵意见和建议，从而使研究报告得以补充、修改和完善。

感谢一些部门和企业负责人提供的调研机会。他们是：北京邮电大学经管院专硕联合会、校友会与百度公司公众沟通部，他们联合举办了调研活动，对百度公司人工智能（AI）的“文心一言”与自动驾驶技术的发展与实践应用进行探讨、学习与交流；中国服务贸易协会专家委员会、中国国际贸易促进委员会海南省委员会、国家中医药服务出口基地三亚市中医院、三亚进出口贸易协会等，他们组织了对海南自由贸易港的相关政策及实践的重点调研；北京邮电大学网络与交换技术国家重点实验室的陈岩教授，他组织了对北京宸控科技有限公司、中煤科工智能储装技术有限公司5G及其应用的调研；北京邮电大学的赵晨副院长、张彬教授和中国通用技术集团高管刘海舟先生，他们组织了到中国通用技术集团调研交流数字化转型情况的活动；北京数通国软信息技术有限公司的高管司汝军先生，他给予了调研座谈的机会和帮助。

本书的前期研究得到了北京市社会科学界联合会、北京市哲学社会科学规划办公室相关老师特别是刘峰杰老师的教导和帮助，从而使研究成果更好地体现政策咨询的特点，他们的帮助对高质量完成研究报告起了重要作用，在此特别感谢！另外，北京邮电大学的乔芳老师、陈琛老师、赵佳老师，也不厌其烦地为我们的研究做了许多琐碎的事务和工作，非常感谢她们付出的辛劳！

感谢研究团队年轻的研究人员。在此，对他们的认真、专注以及全身心投入表示真诚的感谢！其中，总报告由杜振华教授撰写；分报告中：第一篇数字经济发展对税收的挑战，由丁锋、潘航、王慧撰写；第二篇数字经济发展与税收政策调整状况，由许文静、王佳慧、杜振华撰写；第三篇税收支持政策的选择，由杜振华、王佳慧、潘航、丁锋、许文静撰写；第四篇国际主要经济体财税支持政策及其借鉴，由窦晓涵、朱晶宇、魏晓倩、孙晓雯撰写；第五篇税收支持政策的实施环境，由冯璐、王旭薇、刘佳瑶撰写；第六篇建立税式支出管理与数字人才支持政策，由胡春教授、李帆、王艺璇、李越撰写。全书由杜振华、茶洪旺和胡春三位教授进行了统一修改、编辑并定稿。

本书在编辑成书过程中，得到了北京邮电大学茶洪旺教授、中国贸促会研究院刘英奎研究员的支持和鼎力相助，同时得到了他们的悉心指导和方向性建议，在此特别表示感谢！此外，中国发展改革报社总编辑焦玉良博士以其丰富的财经理论与实践方面的经验在课题研究中给予了一些中肯和有益的建议，对此也表示感谢！

在本书的编写过程中，作者参阅了许多学者的著作、论文和研究报告，并从诸多官方网站中获取了大量有价值的数据和资料，这些在本书的参考文献中也已体现，在此表示衷心的感谢！

本书的出版，得到了北京邮电大学出版社姚顺老师的倾力帮助。此外，北京邮电大学出版社的编审人员、校对人员和编辑人员等，对本书的出版付出了大量的心血，非常感谢他们的付出和所做的工作！

尽管研究团队进行了实际调研，并利用多年的知识积累进行了深入细致的研究，最后编成本书，但某些研究结论或提出的政策建议仍可能存在不妥之处，恳请广大读者给予批评指正，我们也会在今后的进一步研究中不断提高和完善。

杜振华

2024 年 9 月 1 日于北京邮电大学经济管理学院

目　录

总　报　告

分　报　告

总报告

国际数字税已在一些国家达成"双支柱"方案和实施时间表。三年疫情防控使世界各国几乎都面对整体经济下行、财政入不敷出、缺口快速增大的局面。与此同时,数字经济却加速发展,并带来税基侵蚀与利润转移(BEPS)问题。针对数字经济对现行税收制度带来的冲击和挑战,一些国家对达到一定规模的数字企业开始尝试征收或即将征收数字税。由于达到一定规模的数字企业主要是美国企业,因此,美国政府与征收数字税国家的冲突愈演愈烈。随着2013年二十国集团(G20)委托经济合作与发展组织(OECD)主导设计的"双支柱"方案的逐步推进,136个国家(地区)就国际税收新框架的关键要素于2021年10月达成了共识:无论是已经征收还是即将征收数字税的国家,这136个国家(地区)都将根据"双支柱"方案从2024年起征收数字税。该方案在一定程度上平衡了各国的利益诉求,有效削弱了BEPS问题对各国的利益侵害,标志着一个世纪以来的国际税收规则体系将发生根本性变革。

欧盟率先进行"支柱二"全球最低税的实施准备。国际税收"双支柱"方案的实施由原计划的2023年推迟到2024年,对于建立公平合理的国际经济新秩序具有十分重要的现实影响和深远的历史意义。2022年12月,欧盟27国通过了全球最低税指令,拟在欧盟层面实施G20/OECD国际税改中的"支柱二"全球最低税相关规则,使欧盟成为实施"支柱二"全球最低税的先行准备者:各欧盟成员国在2023年年底前将指令内容转化为国内法律,并于2023年12月31日后开始的财政年度实施。

制定数字经济发展的税收支持政策对北京已刻不容缓。当前,数字经济已成为推动我国经济高质量发展的重要引擎,但数字经济整体上仍处于初创阶段,现行税收制度滞后于数字经济的发展,未能有效体现税收政策对数字经济的支持作用。因此,需要根据数字经济的特点,有针对性地对现行税收政策进行调整,以促进数字经济的快速发展。这对规划在2030年建成全球数字经济标杆城市的北京来说,为数字经济发展提供良好的税制及其环境,促进数字技术与实体经济深度融合极其重要。尽管国际税收"双支柱"方案推迟到2024年实施,为北京制定税收支持政策赢得了一定的时间,但北京仍面临着对数字企业国际征税、国内减免税两方面矛盾的政策挑战和政策协调问题。

一、北京面临的数字经济发展及其税收政策环境

（一）国际数字经济发展概况及税收政策

1. 国际数字经济发展概况

数字经济已经成为各国竞争的集中领域和创新的主要来源。按照中国国家统计局《数字经济及其核心产业统计分类(2021)》的定义，**数字经济**是指以数据资源为关键生产要素、以现代信息网络为重要载体、以信息通信技术的有效使用为效率提升和经济结构优化的重要推动力的一系列经济活动。数字经济产业包含五大类：(1)数字产品制造业；(2)数字产品服务业；(3)数字技术应用业；(4)数字要素驱动业；(5)数字化效率提升业。其中，(1)至(4)为数字经济核心产业。数字经济核心产业是指为产业数字化发展提供数字技术、产品、服务、基础设施和解决方案，以及完全依赖于数字技术、数据要素的各类经济活动。典型的数字经济模式有在线广告服务、在线中介服务、在线市场、数据传输服务等。

数字经济已经成为各国当前和今后竞争的战略重点。从近年来数字经济发展的世界格局来看，其发展极不平衡，中美欧形成全球数字经济发展的三级格局。从规模看，美国数字经济近年蝉联世界第一，2021 年规模达 15.3 万亿美元，而中国数字经济规模为 7.1 万亿美元，居世界第二位，相当于美国的 46%。从占比看，德国、英国、美国数字经济占 GDP 比重位列世界前三位，均超过 65%。从增速看，各国数字经济发展速度差异很大，2021 年，挪威以同比 34.4%的数字经济增长速度居世界第一，南非、爱尔兰和新西兰等 13 个国家的数字经济增长速度同比超过 20%。

世界许多国家数字经济的顶层设计和数字化转型加速实施。2021 年，产业数字化成为数字经济发展的主要引擎，占数字经济的 85.0%。在一、二、三产业中，数字经济渗透率分别达到 8.6%、24.3%和 45.3%。数字技术与实体经济的深度融合成为推动经济可持续发展的动力源泉，数字技术创新是全球的战略重点。美国数字企业数量最多，占比为 39.53%；第二、第三分别为英国和德国，占比分别为 13.95%和 10.47%。新冠疫情的暴发加速了数字化进程，数字化有力支撑了疫情防控下经济社会的发展和政府的公共服务。数字经济正在成为重组全球要素资源、重塑全球经济结构、改变全球竞争格局的关键力量。展望未来，谁引领了数字经济，谁就掌握了全球竞争和发展的主动权。

2. 国际数字税收政策由单边逐渐趋向统一

数字经济发展对现行国际税收制度的冲击较大。数字经济的飞速发展，在深刻改变社会生产和人类生活方式的同时，也给现行税收制度带来了冲击和挑战。现行税收制度是根据传统工业经济设计的，而当数字技术渗透到传统经济的运行模式中时，由于数字经济的特点是不需要在产品或服务的消费国建立实体存在，因此建立在传统经济基础上的税制在一定程度上会存在不适应数字经济发展的问题，如税收与税源加速背离的问题，纳税主体、课税对象以及纳税地点等难以清晰界定的问题，互联网行业部分企业跨境转移利润、逃避缴税的问题等，特别是数据在作为生产要素后对跨国数据流动与以往国际税收准则的冲击问题。这使得用户所在国无法行使与本国用户创造的价值相匹配的税收管辖权并获得税收收入，导致税收在不同国家之间的分配不尽合理。当新冠疫情造成经济下滑，财政受之拖累而严重入不敷出时，各国都开始寻找新的税源，并探讨数字经济带来的税基侵蚀与利润转移问题的解决方法。

(1) 单边数字税政策

一些国家为维护本国税收利益，纷纷推出单边数字税政策。法国、意大利、英国、西班牙等欧洲国家对达到一定收入规模的数字企业征收2%～5%的数字服务税；还有一些国家如印度，对在线广告服务和电子商务分别征收6%和2%的平衡税；马来西亚、肯尼亚和澳大利亚则分别征收6%、1.5%和10%的数字服务税。

(2) 不对数字企业增加额外税收

美国作为数字经济第一大国，其数字企业的大部分收入来自国外，在国际税收上是数字经济发展的受益国。例如，苹果、谷歌、亚马逊等美国数字巨头在全球广泛开展商业活动，但在基于常设机构进行征税的传统税收规则下，这些公司在用户所在地缴纳的税收较少，使得用户所在国遭受较大的税收损失。据测算，脸书(Facebook，现称 Meta)在美国境外实现的利润占比高达66%，但在美国境外缴纳的税收占比仅为8%。

在国际层面，美国坚定地反对以法国数字服务税为代表的单边数字税政策，并据此对法国数字服务税发起“301 调查”。2020 年 6 月，美国又对英国、奥地利、捷克、意大利、西班牙、土耳其、巴西、印度和印度西尼亚等已征收或正在考虑征收的数字服务税发起“301 调查”或进行调查威胁。同年，美国以应对新冠疫情和安全、重启本国经济为由，宣布暂停参与 OECD 框架下的数字税谈判。

但在国内层面，美国顺应数字经济发展趋势，适时推进税收制度的相应调整，缓解数字经济带来的税负不均问题。在数字经济发展的初期，美国在税收政策方面坚持中性、简便、透明原则，以减少对数字经济发展的干预。为确保跨州电子商务销售税的有效征管，美国部分州之间达成了“简化销售税和使用税协议”，提出多项措施以加强跨州电子商务销售税的征管。

(3) 区域税收规则调整

欧盟委员会于2018年3月提出了两项独立的立法提案，以构建与数字经济更加适配的税收框架。一是对“显著数字化存在”征税的提案。“显著数字化存在”是对“常设机构”概念的补充。如果企业开展的业务全部或部分地通过数字接口提供数字服务，且满足一个或多个条件，则认为该企业具有“显著数字化存在”。在欧盟成员国，拥有“显著数字化存在”的企业需要就归属于“显著数字化存在”的利润或与“显著数字化存在”相关的利润在所在成员国纳税。二是数字服务税提案。欧盟数字服务税的应税收入包括企业提供在线广告、数字中介、用户数据销售等数字服务所产生的收入。对于满足以上条件的企业，将按照3%的单一税率征收数字服务税。根据《联合国税收协定范本》第12B条，对于产生于缔约国一方并支付给缔约国另一方居民的自动化数字服务所得，允许来源国通过预提税的形式对自动化数字服务所得进行征税。由于欧盟内部的分歧难以弥合，欧盟一度搁置了数字税计划，等待OECD关于数字税收规则达成一致意见。2022年12月，欧盟27个成员国达成一致意见，拟在欧盟层面实施G20/OECD国际税改中的“支柱二”全球最低税相关规则。根据达成的指令，年合并营业收入在7.5亿欧元以上的跨国企业集团和大型国内集团将适用15%的企业所得税最低税率，各欧盟成员国须在2023年底前将指令内容转化为国内法律，并于2023年12月31日之后开始的财政年度实施。

“一带一路”税收征管合作。第三届“一带一路”税收征管合作论坛于2022年9月达成了《第三届“一带一路”税收征管合作论坛联合声明》，形成了“一带一路”税收征管能力促进联盟课程体系方案，内容涵盖“税收制度、税收征管及数字化、税收营商环境及纳税服务、税收合作”等四个主题。

(4) 修订税收协定范本

2020年8月，联合国税收委员会发布了关于《联合国税收协定范本》第12B条(自动化数字服务收入)的讨论稿，纳税人有权选择按照年度净利润纳税，可以要求来源国对其合格利润征税，其中合格利润是按照纳税人自动化数字服务利润率与在来源国获取的自动化数字服务年收入总额乘积的30%计算。

(5) 国际税收体系重塑的“双支柱”方案

2013年，二十国集团(G20)委托经济合作与发展组织(OECD)主导设计的“双支柱”方案逐步推进，136个国家(地区)就国际税收新框架的关键要素达成了共识。支柱一：征税权的重新划分，侧重于数字经济征税权分配机制和纳税地点，目的是处理跨国企业的利润再分配。支柱二：全球最低企业所得税税率(15%)的确定，以应对大型跨国企业通过寻找低税地区的方式进行高额盈利的转移，从而减轻税负的行为。

我国作为OECD和G20成员国，在数字经济税收规则的制定过程中发挥了重要作用：提出了“修改数字经济税收规则、利润在经济活动发生地和价值创造地征税”等1 000多项立场声明和意见建议，成功将我国的观点和理念渗透到BEPS行动计划成果之中，并持续参与后续方案调整过程，这也为我国国内税收与国际税收的协调打下坚实的基础。

（二）国内数字经济发展现状

数字经济已经成为我国拉动经济增长的关键力量。相关资料显示：我国数字经济规模由2016年的22.6万亿元增长到2021年的45.5万亿元，数字经济占GDP比重由30.3%上升到39.8%，如图0-1所示。数字经济一直以高于GDP增长的速度快速发展，从2016年数字经济高于GDP 14.8个百分点的增长率到2021年数字经济高于GDP 8个百分点的增长率，虽然二者增长率之差减小，但由于数字经济对实体经济的渗透性更强，在疫情期间对国民经济的韧性更为突出。电子商务交易额从2017年的29万亿元增长至2021年的42万亿元，五年增长45%。工信部的《中国数字经济发展指数报告(2022)》显示，2013—2021年，中国数字经济发展指数由1 000上升至5 610.60，8年间增长了4.61倍，年复合增长率24.06%，远超同期GDP指数增速。

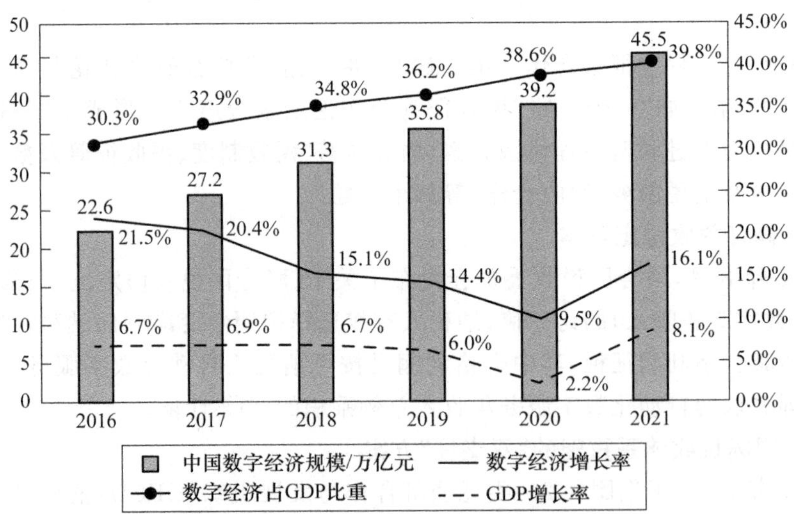

图0-1　2016—2021年中国数字经济规模、数字经济增长率、数字经济占GDP比重和GDP增长率

（资料来源：中国信息通信研究院《中国数字经济发展报告(2022年)》）

从数字经济内部结构看，我国数字化转型步伐加快，数字经济向实体经济的渗透作用不断增强，数字经济成为国民经济发展的重要支撑。如图0-2所示，产业数

字化规模由 2016 年的 17.4 万亿元，占数字经济规模的 77.0%，发展到 2021 年的 37.2 万亿元，占数字经济规模的 81.6%。在全球 47 个经济体中，产业数字化规模占数字经济规模的 85%。

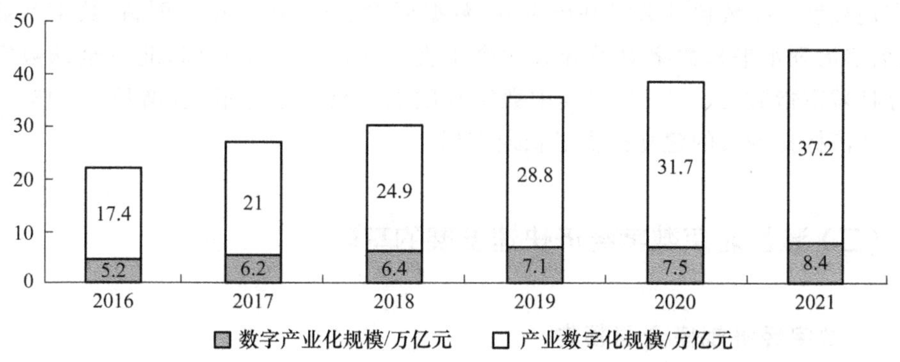

图 0-2　2021 年中国数字经济结构

数字经济整体投入产出效率由 2002 年的 0.9 提升到 2020 年的 2.8。2021 年 9 月，世界知识产权组织发布的《2021 年全球创新指数：跟踪新冠疫情危机下的创新》指出，2020 年科学产出排名前 5 位的国家分别为中国、美国、英国、德国和印度。中国国际专利申请量同比增长约 16%。

虽然我国目前在规模上是世界第二大数字经济体，但我国数字经济在 GDP 中所占的比重偏低。2021 年，发达国家数字经济占 GDP 比重为 55.7%，发展中国家数字经济占 GDP 比重为 29.8%，我国落后发达国家 15.9 个百分点，只比发展中国家高出 10 个百分点。因此，我国数字化转型的步伐仍需加快。

二、北京数字经济发展现状、基础、挑战与借鉴

（一）北京数字经济发展现状

北京的数字经济已走在了全国的前列。2021 年 8 月，北京提出建设全球数字经济标杆城市，并发布实施方案，全面推动数字经济发展。《北京市关于加快建设全球数字经济标杆城市的实施方案》提出战略部署：到 2025 年，北京数字经济增加值达到地区生产总值的 50%左右，进入国际先进数字经济城市行列；到 2030 年，建设成为全球数字经济标杆城市。打造中国数字经济发展的“北京样板”、全球数字经济发展的“北京标杆”，不仅要在经济和技术层面成为全球领先城市和全球楷模，也要在法治与规则层面领先于世界，建成全球数字经济法治标杆城市。2022 年，北京实现地区生产总值 41 610.9 亿元，比上年增长 0.7%；人均地区生产总值超过 18

万元，居各省区市首位，达到发达经济体中等水平。

北京的全球数字经济标杆城市指数不断提高。《北京数字经济发展报告(2021—2022)——建设全球数字经济标杆城市》蓝皮书，用数字经济标杆城市指数来衡量其实现程度。指数包括数字基础设施、数据要素资产、数字技术创新、数字产业发展、数字治理水平和数字对外开放六个维度。2018—2021 年间，北京全球数字经济标杆城市指数增长了 71%，其中数字基础设施指数增速最快，增长了 245%，为数字经济标杆城市的建立提供了长期支撑。

(二) 激发北京数字经济快速发展的基础

1. 数字经济规模全国领先

2020 年以来，北京数字经济增加值一直位列全国第一。2022 年全年数字经济实现增加值 17 330.2 亿元，按现价计算，比 2021 年增长了 4.4%，占全市地区生产总值的比重达 41.6%。其中，数字经济核心产业增加值为 9 958.3 亿元，比 2021 年增长了 7.5%，占地区生产总值的比重为 23.9%；信息传输、软件和信息技术服务业实现增加值 7 456.2 亿元，连续位居全国第一。

标杆企业是数字经济标杆城市的重要标志。2021 年北京数字经济核心产业存续企业共计 15.8 万家，其中规模以上企业逾 8 000 家，占全市规模以上企业总数的五分之一[①]。数字经济大型企业数量增多，收入千亿级企业由 2018 年的 2 家增长到 2021 年的 5 家；百亿级企业由 2018 年的 39 家增长到 2021 年的 58 家。在“软件百强”等国内重要榜单中，北京入选企业数量均名列第一；北京数字经济独角兽公司数量仅次于美国硅谷；1 500 家人工智能企业聚集北京，约占全国总量的 28%[②]。中关村软件园作为北京市唯一的国家软件产业基地、国家软件出口基地和国家数字服务出口基地，汇聚了包括腾讯、联想、百度、新浪等 700 多家国内外知名 IT 企业总部和全球研发中心。

2. 数字技术赋能实体经济居全国前列

数字技术赋能实体经济提质增效。2021 年，北京数字化效率提升产业增加值达到 7 333.8 亿元，比上年增长 9.3%。工业数字化持续提速，建成国家工业互联网大数据中心、国家顶级节点指挥运营中心，成为国家工业大数据交互的核心枢纽。规模以上工业企业生产设备数字化率超 54%，关键工序数控化率超 53%。服

① 北京市数字经济促进中心. 数绘北京 2022：奋楫全球数字经济标杆城市，2022-12.

② 北京日报. 北京建设全球数字经济标杆城市实施方案将发布，2021-07-25.

务业数字化升级加快。在线游戏、在线娱乐、在线体育企业收入增幅都在 20%以上。第三方移动支付金额增长 16.3%,网上支付跨行清算系统业务量达到 97.6 万亿元,是 2018 年的 1.8 倍。网上零售额占社会消费品零售总额的比重超过 1/3,同比提高 4.1 个百分点①。

3. 数字经济人才集聚位于全国前列

北京数字经济发展的人才资源强大。人才是数字经济发展最重要和最关键的要素,也是数字经济发展不竭的动力。北京薪资水平相对较高,人才虹吸能力强,数字人才集聚,已形成相对健康成熟的就业环境。猎聘发布的《2021 数字经济人才白皮书》显示,北京市数字经济人才总量位居全国第一,占比达 16.0%,如图 0-3 所示。同时,北京拥有 90 多所高校、1 000 多家科研院所、128 家国家重点实验室。北京的人才配套政策持续完善,具备良好的数字经济人才储备能力,如西城区推出的"数字英才"培育行动、石景山区的"景贤计划"等。

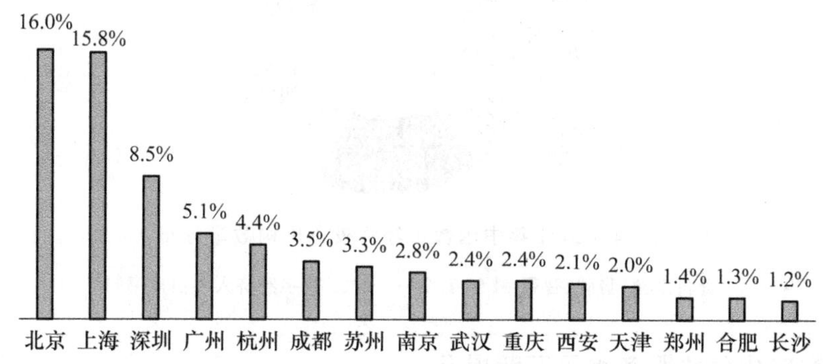

图 0-3　2021 年我国数字经济人才城市分布情况

(资料来源:猎聘《智聚 融合 创变——2021 数字经济人才白皮书》)

4. 开辟我国地方数字经济立法先河

北京率先制定《北京数字经济促进条例》,并于 2023 年 1 月 1 日起施行;提出建设全球数字经济标杆城市,要求"先行构建国际共赢的数字经济规则,统筹发展和安全,凸显中国特色数字治理理念和治理方略,为我国参与全球数字治理提供北京方案";形成以地方数字经济立法为统领,以政策开放、标准创制为支撑的政策体系。针对数字经济发展的"三要素",即数字基础设施、数据资源和信息技术,条例规定了信息网络基础设施、算力基础设施、新技术基础设施等的建设要求,规定了数据汇聚、利用、开放、交易等规则;针对数字经济发展的数字产业化和产业数字化

---

① 北京统计局. 北京全面加快建设全球数字经济标杆城市,2022-04-10。

"两条路",专章规定了具有北京特色的智慧城市建设,并对强化数字安全、弥合"信息鸿沟"等进行了制度设计;条例还设计了统一管理的"公共数据目录"和共享机制,推动公共数据和相关业务系统互联互通。

5. 培育数字产业集群,汇集较多投资机构

在数字产业化方面,建设"数字产业园区",推动数字产业向园区聚集。推动工业、金融、商贸、农业和有关内容数字化,鼓励相关部门利用互联网新技术对传统产业进行链条化改造,提高全要素生产率,加快"智慧城市建设"。2021 年,中国数字经济投资机构主要集中在北京、上海、广东和浙江等地,其中,北京数字经济投资机构数量最多,占比达 22.7%,如图 0-4 所示。

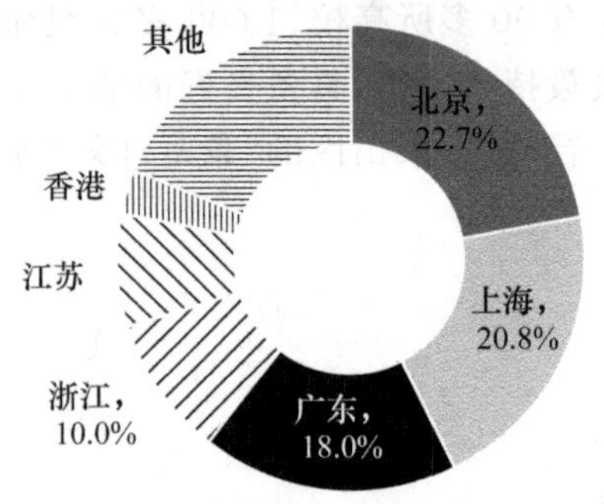

图 0-4 2021 年中国数字经济投资机构数量分布

资料来源:猎聘《智聚 融合 创变——2021 数字经济人才白皮书》)

6. 数字化公共服务水平不断提升

多层次开放政府数据。2021 年,北京大数据平台汇聚政务数据 347 亿条、社会数据 1 264 亿条,支撑疫情防控、复工复产等 181 个应用场景。市区两级政务服务事项全程网办率分别为 91.9%和 83.3%。市民一人一码个人健康记录覆盖率 100%。数据对提高生产效率的乘数作用日益凸显,数据要素成为数字经济深化发展的核心引擎。在算据方面,北京开放单位数 103 个,数据集 10 198 个,数据项 444 332 个,数据量 57.18 亿条。市政接入服务"零上门、零审批、零收费"。智源研究院建成全球最大的语料数据库 WuDao Corpora,为行业内大规模智能模型的研发提供了丰富的数据支撑①。2022 年 7 月,北京建立首个全国性权威"数据资产登记中心",探索数据合理化定价机制,在确权技术、互信技术、交易技术、评估技术支撑下,为交易所提供基础性服务支撑。

---

① 唐立军,朱柏成,王磊,等. 北京数字经济发展报告(2021—2022):建设全球数字经济标杆城市. 社会科学文献出版社,2022.

7. 区块链自主研发取得突破，长安链赋能多场景应用

2021 年 1 月，国内首个自主可控区块链软硬件技术体系"长安链"发布，交易处理能力达到 10^5 TPS(Transaction Per Second，每秒处理交易数)，已实现软硬件全部自主研发。长安链在北京重大民生、经济、社会治理等场景的应用持续推进，包括政府服务、食品溯源、金融服务、能源环保等多个领域，如海淀区基于"长安链"累计实现了 605 个政务服务应用场景落地、1 454 个事项全程网办。

8. 数字经济竞争力不断提升

如表 0-1 所示，北京市 2019 年与 2020 年的全球数字经济竞争力得分分别为 63.86 分和 57.38 分，保持在 30 个典型城市中第 9、第 8 位的成绩，处于分值较高的水平。尽管 2020 年相比 2019 年总体得分有所下降，但排名相对上升，可见在全球数字经济的竞争中，北京总体保持相对稳定的发展步调。此外，对于显示数字经济发展程度的数字经济发展指数，北京市从 2013 年的 1 890.49 增长至 2021 年的 10 915.79，期间年均复合增长率为 24.5%，居全国前列。在《中国城市数字经济发展报告 2022》的数字经济竞争力排名中，北京、上海、深圳位列前三名。

表 0-1　2019 年和 2020 年北京市全球数字经济竞争力排名及得分

项目	2019 年	2020 年
数字创新竞争力	62.36	60.98
数字人才竞争力	53.14	48.22
经济与基础设施竞争力	76.07	62.93
总得分	63.86	57.38
总排名	9	8

资料来源：华经产业研究院《2022—2027 年中国数字经济行业市场全景评估及发展战略研究报告》。

9. 处于国际科技创新中心位置

根据在世界知识产权组织发布的《2021 年全球创新指数报告》，北京以第三名的成绩排列在全球科技城市集群榜中。在英国《自然》杂志增刊《自然指数-科研城市 2021》中，北京 4 年蝉联全球科研城市第一。《2021 年全球创新指数报告》显示，北京在全球科技城市集群中排名第三，较上年上升一位。国际咨询公司科尔尼每年发布全球城市指数报告，包括《全球城市综合排名》和《全球城市潜力排名》，分别评估当前世界顶级城市的表现和未来城市的发展潜力。全球城市综合排名旨在量化一个城市吸引、留住和促进全球资本、人才和创意流动的能力，从商业活动、人力资本、信息交流、文化体验和政治事务五个维度评估当前全球最具竞争力的城市。2019—2022 年间，北京在城市综合排名中依次排在第 9、第 5、第 6 和第 5 位。全球

城市潜力排名是对全球城市如何保持或增强其未来全球影响力的评估，旨在从居民幸福感、经济状况、创新、治理四个维度各评选一个领先城市。其中，2021 年北京在创新维度当选领先城市。

（三）北京数字经济发展面临的挑战

数字经济事关国家发展大局，是全球产业布局和各领域竞争的重点。在我国，数字经济成为高质量发展的新引擎，并在新冠疫情防控常态下加速发展，成为国民经济发展的稳定器和助推器，为经济社会持续健康发展提供重要动力。北京要在数字经济发展方面成为全球标杆，必须面对以下挑战，找到解决问题的思路和方法。

1. 数字经济居全国首位，但优势微弱

从当前的数字经济发展状况看，北京数字经济发展走在了全国的前列，其成为全国数字经济发展的先导区和示范区的目标正在逐步变成现实。图 0-5 所示是 2021 年中国部分省市数字经济规模、占比、增速。从经济贡献看，北京、上海和天津的数字经济占 GDP 的比重超过 50%，数字经济成为拉动地区经济的主导力量。从发展速度看，贵州和重庆数字经济增长一直较快，在 2020 年同比增速超过 15% 的基础上，2021 年增速超过 20%。2021 年，全国有 16 个省区市的数字经济规模超过 1 万亿元，包括广东、江苏、山东、浙江、上海、北京、福建、湖北、四川、河南、河北、湖南、安徽、重庆、江西、辽宁。虽然北京数字经济走在全国前列，但只是微弱领先于上海。

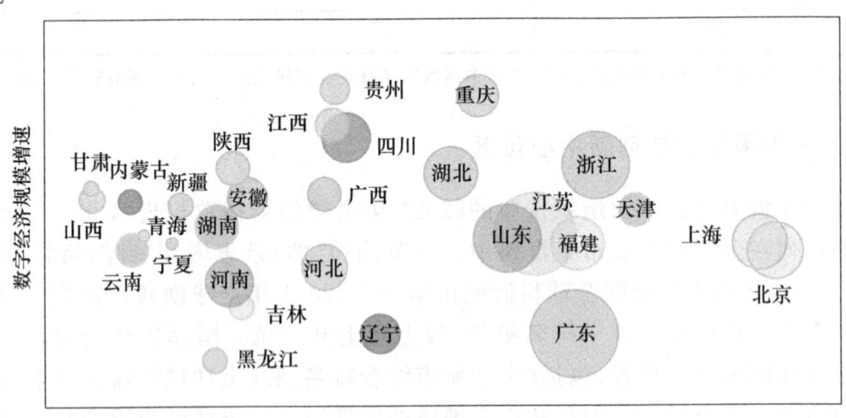

图 0-5　2021 年中国部分省市数字经济规模、占比、增速（圆圈大小表示数字经济规模）

（资料来源：中国信息通信研究院《中国数字经济发展报告（2022 年）》）

2. 数字生态与数字经济竞争力居全国之首，但数字政策环境有待提升

《数字生态指数 2021》报告提出由数字基础、数字能力和数字应用构成数字生态理论框架，将中国省级数字生态梯队划分为全面领先型、赶超壮大型、发展成长型和蓄势突破型四个梯队，北京、广东、上海、浙江、江苏属于全面领先型，已经基本实现省内小循环的理想数字生态①。

《中国城市数字经济发展报告（2021 年）》，从数字创新要素、数字基础设施、核心数字产业、数字融合应用、数字经济需求、数字政策环境六个维度综合反映城市数字经济发展潜力。数字经济竞争力较高的城市主要为北京、上海、深圳，位于我国数字经济竞争力第一梯队。2020 年，数字经济竞争力指数全国排名前 5 位的城市分别为北京、上海、深圳、广州、杭州。2022 年 12 月发布的《中国城市数字经济发展报告 2022》中，北京、上海、深圳仍位列前三。

值得注意的是，我国各省市在发展数字经济方面的竞争导致"合成谬误"，使北京的支持政策难以凸显，加大了北京建设全球数字标杆城市的难度。2021 年，在反映城市数字经济发展潜力的六个维度中，北京只在数字创新要素和数字融合应用两个维度上居于首位，而在数字政策环境这一维度上处于五大城市的末位，如图 0-6 所示，说明北京的数字政策环境亟待加强，这也是本书从税收政策角度要解决的当务之急。

图 0-6　2021 年城市数字经济竞争力排名单项前五

（资料来源：中国信息通信研究院政策与经济研究所，中央广播电视总台上海总站《中国城市数字经济发展报告（2021 年）》）

① 北京大学大数据分析与应用技术国家工程实验室. 中国数字生态指数（2021），数据观，2021.

3. 财政收入不断增长,但对税收支持政策的承受能力有限

数字经济的快速发展,政策引导和企业参与缺一不可。目前,我国 18 个税种都受到了数字经济的影响。在现有的财政制度框架下,北京要动用地方税收支持政策来促进数字经济的发展,必须考虑财政收支状况。由图 0-7 可以看出,2000—2018 年,财政收入和财政支出一直上升,而 2019—2021 年由于新冠疫情防控影响稍有下降。财政收入一般包含债务收入,政府债务收入只是一种补充收入。因此,对数字经济发展的税收支持政策,还要考虑债务依存度、公债负担率以及公债偿债率三个因素。

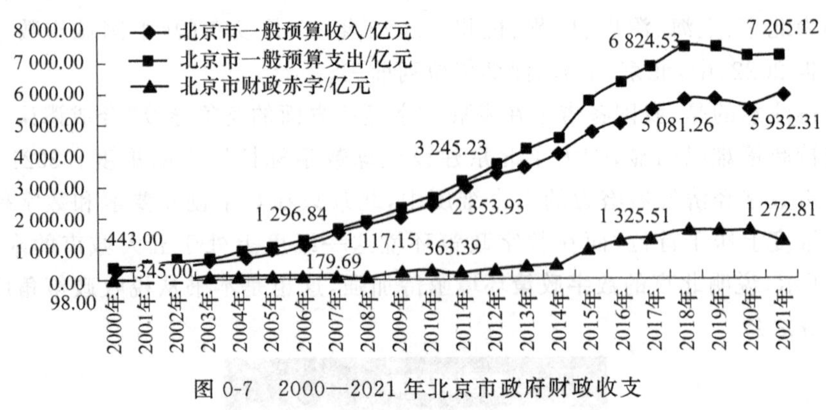

图 0-7　2000—2021 年北京市政府财政收支

(资料来源:国家统计局)

债务依存度,是指当年债务发行额占当年财政支出的比例。该指标用以反映当年财政支出对债务收入的依赖程度。由图 0-8 可以看到,2015—2020 年债务依存度呈“V 字形”变化,其中 2016—2019 年都在安全线以内,但 2020 年却达到 23.6%,在国际安全线外(国际安全线为 20%以下)。这主要是由于新冠疫情防控期间财政收入减少而支出增大的结果。

公债负担率,指公债累计余额占当年国内生产总值的比例。该指标主要从经济的整体考察财政对赤字和债务的承受能力,是衡量财政风险的重要指标。图 0-8 中的债务负担率呈“L 形”,最高的 2015 年为 23.1%,平缓区域的 2020 年为 16.8%,都在国际公认的安全线以内(国际安全线为 10%~30%)。

公债偿债率,指当年到期公债还本付息额占当年财政收入的比例。该指标反映了财政还本付息的能力和由于公债引起的财政负担,数值越高,表示偿债能力越差;反之,偿债能力越强。图 0-8 中的公债偿债率处于波动上升状态,其中 2015—2019 年偿债率均在安全线以内,但 2020 年的 14.0%超出了安全线(国际安全线在 8%~10%)。因此,需加强对债券发行规模的控制以及对债券发行的管理，以保持公债的适度规模。从图 0-9 可以看出，2010—2021 年北京市政府一般债务有一个"倒 V 字形"变化，2015 年为债务最高峰，达到 734.23 亿元，而后开始下降。

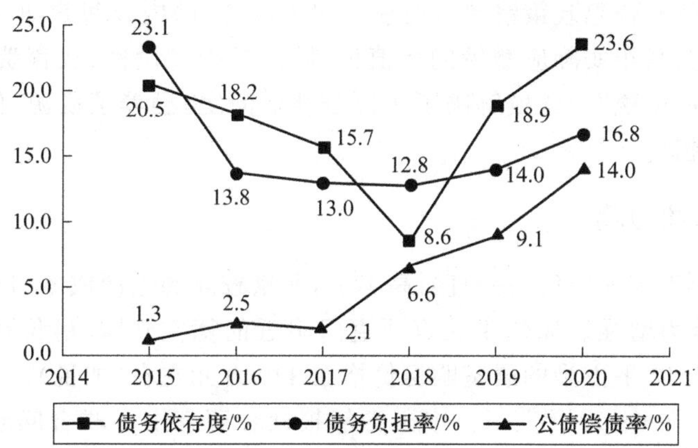

图 0-8　北京 2015—2020 年债务依存度、债务负担率和公债偿债率

（资料来源：中国地方政府债券信息公开平台、国家统计局）

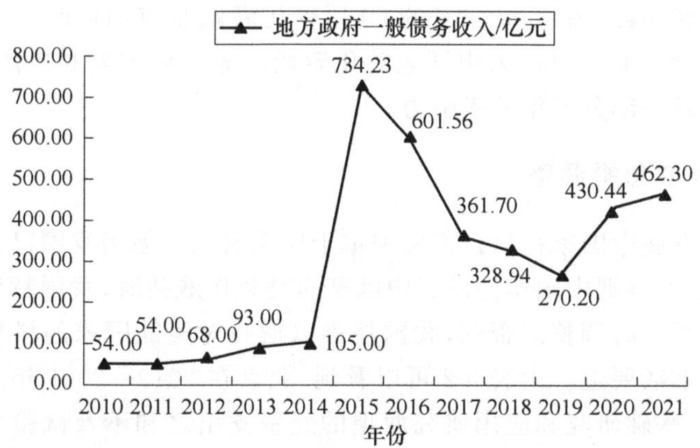

图 0-9　2010—2021 年北京市政府一般债务收入

（资料来源：《中国财政年鉴》）

以上分析表明，从债务角度来看，北京的财政可以对数字经济的支持政策支撑一定力度和时长；同时，税收支持政策还要变换角度，从做大"蛋糕"中寻找思路，而不是仅对现有"蛋糕"进行切分。

4. 减税降费等政策落地使财政增收风险增强

严格落实中央各项减税降费政策措施，短期内对地方财政增收带来一定的冲击。“十三五”时期北京共减轻企业和个人税费负担超4 700亿元。2022年减税降费超2 000亿元。新冠疫情防控、外省市招商及企业外迁等因素，给北京财政带来巨大风险。此外，国家发展和改革委员会等八部门2022年提出《国、省、市扶持高校毕业生创业就业普惠政策清单》，要求“3年(36个月)内以每户每年12 000元为限额依次扣减其当年实际应缴纳的增值税、城市维护建设税、教育费附加、地方教育附加和个人所得税”。这虽解决了一部分就业问题，涵养了税源，但还是增加了当前的财政负担。

5. 居住成本过高

近年来，由于房地产价格一直居高不下，北京较高的生活成本对数字人才的吸引力下降，排斥力增强。如位于北京西直门附近的德宝新园，房价在每平方米10万元以上，一套42平方米的居室购房价格在440万元左右(加税)。若租住这样的居室，则月租金在6 000元上下。中国青年报社会调查中心联合问卷网2022年2月的调查显示，55.5%的大学毕业生每月房租占月收入的1/3左右，更有20.7%的人每月房租占月收入的一半及以上。从未来定居城市的选择来看，67.0%的00后受访者(2000年以后出生的人)会优先考虑就业机会，其次是生活成本(65.4%)，最后为经济发展(64.8%)。90.5%的00后受访者就业或创业时优先选择青年发展型城市①，而北京目前已进入中度老龄化阶段。居住成本高和老龄化双重因素，使北京失去了对一部分青年的吸引力。

6. 研究重心急需调整

我国作为发展中国家在科技方面偏重于应用研究。但当我国已是世界第二大经济体，美国已不再把中国作为发展中国家而是看作威胁时，我国特别是北京的科学研究重心必须及时调整。否则，我国将难以摆脱对美欧国家的科技依赖而被卡住持续发展的咽喉要道。由表0-2可以看到，北京在2019—2021年连续三年的研发经费支出中，基础研究和应用研究两项的经费支出之和不及试验发展的经费支出；此外，基础研究三年来每年只有0.1%的增幅。因此，北京在国内数字经济发展领先的情况下，若想在数字经济发展中保持其在国内的标杆地位，进而成为全球的标杆，并使这个标杆屹立不倒，就必须在新的国内外环境下将科学研究的重心逐渐转向基础研究。

---

① 报告：约九成受访00后对新职业感兴趣，优先选择在青年发展型城市工作。2022年07月08日。网址：https://www.jiemian.com/article/7682652.html 。

表 0-2　2019—2021 年北京基础研究、应用研究与试验发展 R&D 经费支出

R&D 经费支出/亿元	2019 年		2020 年		2021 年	
	2 233.6		2 326.6		2 629.3	
	支出	占比	支出	占比	支出	占比
基础研究	355.5	15.9%	373.1	16.0%	422.5	16.1%
应用研究	563.9	25.2%	571.1	24.5%	657.0	25.0%
试验发展	1 314.2	58.8%	1 382.4	59.4%	1 549.8	58.9%

资料来源：中国统计年鉴，北京统计年鉴。

综上所述，北京运用税收支持政策来促进数字经济进一步发展的政策空间相对狭小，但大有可为。现有财政收入既要满足不断增加的公共产品和公共服务的需要，又要满足现有数字产业发展的需要，以便为将来开辟更多的税源。因此，在现有的财政体制机制下，一方面要谋划对现有“蛋糕”的精准切分，另一方面（更为重要的是）要尽力将“蛋糕”做大。

（四）北京数字经济税收支持政策的国内外借鉴

数字经济在经济发展和创新中发挥的作用越来越重要，在税收政策方面如何支持数字经济快速发展是各国面临的共同问题。我国数字经济尚处于发展初期，通过借鉴国内外税收政策方面的经验，寻找北京税收支持政策安排的科学依据，才能有效发挥税收支持政策的作用，促进数字经济健康发展。

1. 国外主要国家税收支持政策

由于世界各国数字经济发展的不平衡性，因此各国对数字经济采取不同的政策。但在数字经济发展初期各国几乎都是采取税收优惠政策，以支持数字经济的快速发展。

（1）美国。 美国作为全球数字经济的引领者，早在 20 世纪 70—80 年代，就开始对数字经济萌芽状态的电子信息产业投资收益、试验研究费减税，20 世纪 90 年代对新兴互联网公司免征营业税。进入 21 世纪，美国又将研发费用增量抵免政策长期化，有效推动了数字技术的研发与创新，从而一直走在世界数字经济前列。

（2）英国。 英国通过设置安全港、“专利盒”制度和研发费用加计扣除等特定的规则为数字经济的发展提供税收优惠。例如，数字安全港允许亏损或者利润极低的企业选择一种特殊的计算方法来避免税负与企业支付能力完全不成比例的风险；中小型企业的研发支出可享受扣除 125%的加计费；大企业的研发支出可以享受扣除 30%的加计费等。

（3）日本。 日本允许数字化转型企业将其购置成本的 5%或 3%进行税收抵

免，或者提取 30%的特别折旧，将软件研发费用纳入研发类税收抵免范围；推动数据共享和扩大云服务等相关系统开发纳入税收支持政策，将特定研发初创企业的最高税收抵免提升至法人税应纳税额的 40%等，并通过《2021 年度税制改革大纲》制定数字经济发展税收优惠政策。

(4) **德国。**德国主要从税收和财政补贴上对包括数字经济等高科技企业在内的中小企业实施优惠政策。①**税收优惠**：一是实行有利于中小企业的累进税制；二是对一半以上的手工业企业免征营业税，对流动资金不超过一定数额的中小企业免征流转税；三是提高中小企业的折旧率。②**财政补贴**：对中小企业增加资本金，对新建中小企业资本金进行补贴，以鼓励中小企业的自我积累和新企业的创业。③**资金支持**：2020 年 9 月启动一项名为“即刻数字化”的资助计划，用于向拥有 3～499 名员工的中小企业数字化项目提供资金支持，预算资金 2.03 亿欧元，到 2023 年底结束。

(5) **法国。**法国对于数字经济企业实行的税收优惠包括：①**税款抵扣**，即纳税人所缴纳的数字服务税可以作为其企业所得税的税前列支项目进行抵扣；②**研发税收抵免(CIR)**；③**创新型企业优惠(CII)**；④**创新型企业或大学税收优惠(JEU-JEI)**，即在投资研发中具有青年创新企业或青年学术企业资质的新企业可以享受税收和社会保险的豁免；⑤**区域税收优惠政策**；⑥**加速折旧**。

(6) **印度。**印度数字经济的发展是以软件为突出特征。1991 年，印度软件出口免除企业所得税，还将软件进口关税从 114%的高税率逐步降低到零关税，对 IT 硬件设备的进口及服务安全免除关税。把优惠政策范围扩大到“信息服务出口”，软件和 IT 投资允许两年内 100%加快折旧。1998 年，在“印度信息技术行动计划”中，软件部分有 108 项计划。对服务外包的税收优惠表现在对特区的政策上。印度对软件技术园区企业实行 11 项优惠政策，其中 5 项涉及税收优惠。对特区内的企业免除前 5 年的企业所得税，随后 5 年按 50%减半征收，此后依据具体情况还可以享受进一步优惠。除软件外，其他的数字企业优惠包括：①**税款返点**，2018 年印度政府推出了商品与服务税(GST)改革，对使用规定的数字方式支付的税款进行返点奖励，以此将更多经济活动纳入数字系统；②**专利优惠税制**；③**基于地点的税收优惠**，例如，在印度东北部的几个邦成立或经营制造工厂享有最大优惠，最高连续 10 年减免 100%的利润税。④**减税与免税**，例如，为鼓励信息技术成果产业化，印度政府自 1981 年开始对在自由贸易区生产电子出口产品的企业取得的利润，实行连续 5 年免税的政策，研发开支可抵扣 125%。

2. 国内主要城市税收支持政策

在《中国城市数字经济发展报告 2022》中，北京、上海、深圳在数字经济竞争力指数排名中位列前三。杭州作为特色开拓型城市，在数字经济细分领域具有较强的竞争优势，成为我国数字经济发展的中坚力量。

（1）**上海**。上海企业税收优惠政策主要以返税为主，即企业缴纳税收后，再将部分税收返还企业，包括增值税和所得税。上海市区与开发区之间的返税优惠政策差异较大；各区增值税返还比例最低为30%，最高为45%；企业所得税返还比例最低为10%，最高为18%，如表0-3所示。上海市于2020年提出，对认定为国家重点实验室、国家级企业技术中心的，支持金额最高1亿元；支持企业开发自主可控的人工智能开源框架，建设以深度学习框架为核心的开源开放平台，最高3 000万元；支持重大项目集聚，最高5 000万元等。

表0-3 上海公司税收返税比例

返税等级	区域	增值税	所得税
最高返税	崇明区	返10%以上	返18%以上
中等返税	金山区、奉贤区等	返6%～8%	返10%～18%
最低返税	市区	返1.5%～4%	返2.4%～6%

资料来源：上海税收优惠政策大解读-上海市企业交税返税扶持政策，https://www.acc5.com/zhishiku/7666.html。

注：表中的返税比例以实际交税额为基数。

（2）**杭州**。杭州聚焦人工智能、跨境电商、数字经济、金融科技等主导数字产业，加快自贸试验区建设，于2018年提出"打造数字经济第一城"，推动实施数字经济一号工程。据《中国城市数字治理报告（2020）》显示，杭州的数字治理指数超越北上广深四大传统一线城市，位列全国第一。例如，杭州市下城区对数字经济人才重金奖励，大力引进数字经济领域的海外高层次创新创业人才，给予创业人才最高1 500万元的创业资助、1 500万元贷款贴息以及1 500平方米办公用房补贴，给予创新人才最高100万元的安家补助。《杭州市建设国家新一代人工智能创新发展试验区若干政策》中提出：人工智能基础理论研究和关键核心技术研发最高补贴2 000万元；人工智能公共服务和共性研发平台建设最高补贴3 000万元；人工智能应用场景建设最高资助1 000万元；引进培养人工智能优秀人才给予最高500万元的项目资助等①。

（3）**深圳**。在《深圳市数字经济产业创新发展实施方案（2021－2023年）》中，筛选数字经济产业12个细分领域予以重点扶持，具体包括：高端软件、人工智能、区块链、大数据、云计算、信息安全、互联网、工业互联网、智慧城市、金融科技、电子商务、数字创意。采用资金补贴形式，并基于不同领域、不同特点给予不同额度的

① 搜狐网. GGII：2020年中国各省市数字经济补贴政策对比. 2021-01-11. https://www.sohu.com/a/443915547_99957767.

资金支持。对数字经济产业链关键环节提供扶持:单个项目资助金额不超过 300 万元且不超过项目总投资的 30%。对于跨行业、跨领域的工业互联网平台,补贴高达3 000 万元。2023 年,对月销售额 10 万元以下的增值税小规模纳税人免征增值税,并适用 3%征收率的应税销售收入减按 1%的征收率征收。深圳市对《国家重点支持的高新技术领域》研发项目最高补贴 1 000 万元,对数字经济产业链关键环节提升、公共服务类、高端展会类单个项目最高资助金额均为 300 万元。

同时,对深圳的每个开发园区都实行不同的税收优惠政策,对增值税、企业所得税和个人所得税设有留存比例、扶持比例和其他配套政策,如表 0-4 所示。全力构建数字经济产业新生态,打造国家数字经济创新发展试验区,建设新型信息基础设施标杆城市和全球数字先锋城市。

表 0-4　广东省深圳市园区税收优惠政策

园区	留存比例			扶持比例			其他政策		
	增值税	企业所得税	个人所得税	增值税	企业所得税	个人所得税	人才政策	上市补贴	股权转让、分红
A 园区	50%	32%	/	70%～80%			—	—	—
B 园区	50%	40%	40%	70%～85%			√	√	√
C 园区	40%	32%	32%	70%～85%			√	—	—
D 园区	50%	40%	40%	80%			√	—	√
E 园区	50%	40%	40%	70%～80%			—	—	—
F 园区	32.5%	26%	26%	60%～80%			√	√	—

三、可供北京选择的税收支持政策与数字生态环境建设

如何通过税收支持政策加快北京数字经济的发展,将北京建成全球数字经济标杆城市,这是北京需要尽全力实现的战略目标。数字经济已成为构建现代化经济体系的重要引擎。北京要在 2030 年建成全球数字经济标杆城市,就必须重点谋划如何运用税收支持政策,达到数字经济发展的目标。税收支持政策的选择应本着公平、效率、中性的原则。公平和效率原则是税收政策不变的主张,而中性原则指运用税收政策调节经济时不断与时俱进,不扭曲纳税人的基本经济活动而造成超额负担或额外损失,使社会付出的代价以税款为限。随着数字经济的纵深发展,构建符合北京实际情况的税收制度迫在眉睫,支持数字经济发展的税收政策要更加精准和有效。

（一）可供北京选择的税收支持政策及管理政策

1. 税收优惠政策前置

对初创阶段的数字企业给予全方位的政策支持，特别是税收方面的支持，以使数字经济快速发展，让数字企业做强、做优、做大。以往，我国对一些产业的税收支持政策都设有较高的门槛，这是因为企业基本上处于壮大成熟阶段，如对战略性新兴产业的支持，只有达到规定标准的企业才可享受所得税减半的优惠。由于以互联网为载体的数字企业在初创阶段痛点、堵点最多，因此这时的税收支持政策最能支持企业迅速做强、做优、做大，可以起到四两拨千斤的作用。美国作为数字经济发展大国，早在 1998 年颁布的第一项电子商务法案《互联网免税法案》中提出，在现行税收的基础上不针对互联网交易增加新的税种，禁止各州和地方政府对互联网接入服务征税。这使其超大型互联网企业的数量成为全球之最，且业务广泛覆盖全球主要国家和地区。其他国家的实践经验亦是如此。这可以作为我国特别是北京数字经济发展的借鉴。

2. 直接税收优惠“三免三减半”

对初创数字企业给予直接税收优惠“三免三减半”的优惠政策。所谓三免三减半是指，对符合条件的企业从取得经营收入的第一年至第三年可免交企业所得税，第四年至第六年减半征收。这与数字企业的平均成长时间相吻合。同时，这一政策刚好与国家发展改革委等八部门于 2022 年 2 月发布的《关于深入实施创业带动就业示范行动 力促高校毕业生创业就业的通知》相契合。“创业具有带动就业的乘数效应，是解决就业问题的渠道之一。”我国《企业所得税法》中对国家重点公共设施项目规定了“三免三减半”的税收优惠，但在《公共基础设施项目企业所得税优惠目录》中并没有设置与数字经济相对应的基础设施类别。这一税收政策的实施，既能激发数字企业的快速发展，又能构建数字产业就业这一最大的民生工程，保障社会的稳定。

3. 建立以激励性为主的税式支出结构

税收支持政策的出台，要伴随着一系列的税收优惠政策。税式支出政策在性质上属于财政补贴的范畴。税式支出是采取税收豁免、优惠税率、纳税扣除、投资抵免、退税、加速折旧等形式减免纳税人的税款而形成的支出，包括照顾性税式支出和激励性税式支出。例如，新冠疫情防控时我国实施的减税降费基本上属于照顾性税式支出，而为激发企业对数字产业的投资所采取的税式支出则属于激励性税式支出。激励性税式支出的弹性大于照顾性税式支出的弹性，对社会生产的发展影响和促进作用也更大。以激励性税式支出为主的税式支出政策的实施将极大地促进数字经济的发展。

4. 建立北京数字经济税式支出管理账户

出台一系列税收优惠政策，能较好地促进和推动数字经济的发展，各国实践和本书分报告中的分析能很好地证明这一点。北京数字经济税式支出政策的实施应该实行关联法而不是门槛法，从而确定享受税式支出的企业和项目类型。税式支出作为一种特殊的支出，是以减少收入为代价的间接支出，它针对特定的政策目标，其享受对象也是特定的纳税人。在税式支出管理上，为提高税式支出效率，通过建立数字经济税式支出管理账户，将北京数字企业的税式支出纳入预算管理，实行税式支出监管制度，以确保北京如期成为全球数字经济标杆城市。

5. 税收支持政策应多元协同

除了对数字企业采用直接优惠方式外，为鼓励数字企业的发展和创新，还应该搭配间接优惠方式。直接优惠方式是一种事后的利益让渡，主要针对企业的经营结果减免税，优惠方式简便易行，具有确定性，它的作用主要体现在政策性倾斜、补偿企业损失方面。间接优惠方式是以较健全的企业会计制度为基础，侧重于税收优惠，主要通过对企业征税税基的调整，激励纳税人调整生产、经营活动，以符合政府的政策目标，如对企业特别是中小型企业应采取研发费用抵免或加计扣除方式，以及各种具有针对性的税式支出政策等。国外的相应实例有：美国的数字税收支持政策包含税收减免、税收抵免、税率差异等；日本对特定研发初创企业的最高税收抵免提升至法人税应纳税额的40%；英国对中小型企业的研发支出可享受扣除125%的加计费。对于以上税收支持政策，北京作为创新之都可加以借鉴。

7. 推动税务数字化智能征管制度建立

创新税收征管模式，实现税务管理数字化。加强涉税部门的信息共享，既把税收优惠政策落到实处，又进行税式支出管理，为今后落实国际“双支柱”政策铺平道路。防止税收的跑冒滴漏，提高税收支持政策效率，使税赋应收尽收，并兼顾公平和效率。

8. 厘清地方公共产品与全社会公共产品

北京是北京人的北京，也是全中国人的北京。因此，许多产品在其他省、自治区、直辖市是地方性的公共产品，在北京却变成了全社会公共产品。这些公共产品若完全由北京市政府承担，必定会出现难以承受之重。目前，北京财政承担了保障国家重大活动等相关支出责任，人均公共安全、交通运输支出规模位居全国前列。在分税制条件下，只有厘清地方公共产品与全社会公共产品，才能将本该承担的事权与相应的财权相适配。这样，北京就可以在发展数字经济方面有更大的回旋余地。当然，随着“四个中心”①“四个服务”②能量的释放，早在2020年北京地区生产总值就已达3.6万亿元，人均GDP达2.4万美元左右，达到高收入国家和地区的水平，进入高质量发展的关键时期，这也为数字经济发展提供了雄厚的基础和条件。

（二）北京数字生态环境建设建议

1. 建立数字人才激励政策

数字经济是智力资本密集型经济，智力资本主要是人力资本，是数字经济的核心要素，也是数字经济发展的根本要素。税收支持政策与数字人才激励政策互相配套，二者才会相得益彰。借鉴国内外人才激励机制，北京数字经济人才依据其角色可划分为三类：先驱角色人才、关键角色人才、生产角色人才。这三类人才在数字经济不同部门，具有不同的职业布局和人才标准。定位数字经济人才的职能角色，有利于政府和用人单位制定相应的数字人才政策，通过数字人才建设和鼓励各单位设立首席数据官，夯实北京数字标杆城市建设的基础。

2. 为数字人才降低生活成本，发挥北京四大核心功能的优势

要促进北京数字经济发展领跑全球，吸引数字人才集聚北京是必要的条件。一是用优厚待遇将一些数字人才留京；二是用发展的当下、科研环境和经济发展前景吸引国内外数字人才来京就业和创业。

北京“政治中心、文化中心、国际交往中心和科技创新中心”四大核心功能的战略定位，以及数字经济的加持，使北京的优势进一步增强。数字经济通过数字产业化、产业数字化、数字化治理和数据价值化，为创新、投资、创业和竞争提供更多的机会。据统计，从世界来看，“当今线上的创业是实体创业人数的两倍。宽带容量的不断扩充带来了数十亿的经济增长，互联网为每次失业创造了两次半的就业机会”③。展望未来，北京特有的数字化发展和数字化转型将成为可持续发展的重要

---

① 四个中心：四个中心是首都城市战略定位，即全国政治中心、文化中心、国际交往中心、科技创新中心。

② 四个服务：四个服务是中央对首都工作的基本要求，也是做好首都工作的根本职责所在，即为中央党、政、军领导机关的工作服务，为国家的国际交往服务，为科技和教育的发展服务，为改善人民群众生活服务。

③ ［奥］迈克·兰(Michael Lang)，［比］伊内·勒琼(Ine Lejeune). 全球数字经济的增值税研究. 国家税务总局税收科学研究所，译. 经济科学出版社，2017：208.

源泉，使北京成为国际一流的和谐宜居之都、科研创新之都。我国一些人才之所以留在国外生活和工作，除了生活水平较高外，最主要的是国外科研环境比较好。因此，改善和提高数字人才的生活环境，特别是科研环境，才能提高首都对全国乃至全世界数字人才的吸引力。

3. 将科学研究重心转向基础研究

北京在 2030 年建成全球数字经济标杆城市后，要继续保持全球数字经济标杆城市地位，就必须保证新的科学知识持续而大量地涌现。依托于北京高校和研究机构，北京市政府应将研究重心更多地转向基础研究，并保持基础研究与应用研究的平衡。而基础研究成果经过应用研究以及开发，最终为人类所用，从而保障北京在数字经济发展上具有持续引领世界的能力。科学本身并不能为数字经济标杆城市的建设提供加速器，但任何时候科学都是贡献国民福祉的重要因素，如图 0-10 所示。美国二战结束时，成功实现了以应用研究为主向以基础研究为主的转移，摆脱了对欧洲基础科学研究的依赖，奠定了领跑于世界的科技基础。

图 0-10　数字人才、基础研究与应用研究的关系

4. 建立数字孪生城市

数字孪生城市是指在网络数字空间再造一个与现实物理城市对应的数字城市。智能、绿色可持续是北京未来的发展方向，也是数字孪生城市建立的初衷。北京作为国际大都市，承袭了几千年的文化底蕴，应通过智慧城市建设以及数字孪生城市建设，降低城市发展的试错成本，使北京更为宜居，并引领世界数字经济的发展。

四、数字经济发展与未来企业所得税调整

数字经济是在农耕文明和工业革命之后出现的一种信息技术应用起着关键作

用的新经济形态。数字经济的发展对现有财税制度带来巨大的冲击和挑战，要求税收制度必须进行创新。我国在积极参与国际税收规则的制定以及进行国际税收合作的前提下，国内的企业所得税制度在未来**数字经济增加值占 GDP 的** 50%～60%时应考虑**将比例税调整为超额累进税率**，这或许是数字经济条件下税收公平、效率与中性原则的体现。

数字经济条件下税收制度必须进行制度性的改变，协调好国际国内税收制度，才能适应数字经济的发展。OECD/G20 的“双支柱”方案在很大程度上实现了对现行国际税收规则的突破、革新和完善，是现行国际税收规则的自然延伸与更新升级。但对于我国国内的数字经济发展来说，当各经济主体特别是企业的数字化转型基本实现时，也就是数字经济增加值占到 GDP 的 50%～60%时，对企业利润所得实行超额累进所得税是正当其时的。

做出这种改变的原因主要如下。第一，数字企业收入扩张中边际成本无限趋近于零。与传统边际收益递减规律相对应的是边际收益递增规律在发挥主要的作用。此外，许多企业的数据资产可以按歧视价格同时售卖给不同的市场主体，也可以进行一次或 n 次的交易以获得较多的收益。第二，数字企业（特别是大企业）是社会公共产品和公共服务的最大受益者，理应比小企业承担更多的税赋，这是受益原则和量能纳税原则的具体体现。第三，与共同富裕的社会主义目标相一致。数字经济使企业之间、人与人之间的收入差距快速扩大。对企业利润实行超额累进所得税，是社会主义市场经济共同富裕的集中体现。

分报告

第一篇　数字经济发展对税收的挑战

数字经济已经成为各国竞争的战略重点。习近平总书记提出要充分发挥海量数据和丰富应用场景优势，促进数字技术与实体经济深度融合，赋能传统产业转型升级，催生新产业、新业态、新模式，不断做强做优做大我国数字经济①。

数字技术正在颠覆传统经济运行模式，对税收制度也带来前所未有的挑战，如何既促进数字经济发展的繁荣，又使政府税收制度始终保持公平、效率和中性，这是当前国内外各国都不得不面对的挑战。

一、数字经济背景下国际税收规则与政策调整

全球数字经济在新冠疫情中实现加速发展。2021 年测算的 47 个国家的数字经济增加值规模为 38.1 万亿美元，同比增长 15.6%，占 GDP 比重为 45.0%。随着数字经济规模的不断壮大，国际税收治理体系面临前所未有的挑战。一方面，经济数字化使得跨境征税的联结度和利润分配规则难以完全适用，不受传统国际税收规则约束的单边措施愈演愈烈，新的国际重复征税风险陡增；另一方面，国际税收竞争仍然长期存在，跨国纳税人的税基侵蚀与利润转移行为没有得到有效遏制，国际税收的双边和多边合作机制能否有效实施备受关注。

(一) 数字经济对传统国际税收规则和理论的挑战

数字经济具有无实体的跨境经营、对无形资产的依赖、数据与用户参与价值创造等特征，导致税收和税基分离，使得价值创造地不能分享应有的收益，而收益更多地被转移到互联网企业注册所在的税收洼地。数字经济对传统国际税收规则和

① 国家发展和改革委员会. 大力推动我国数字经济健康发展，2022-10-31。

理论的挑战如下。

1. 无实体跨境经营对传统的国际税收管辖权带来冲击

对于常设机构判定，现行税收体系采用的是实体属地课税原则，数字经济交易活动突破了管理机构、分支机构、工厂等物理实体存在，形成了利润征税地和价值创造地的错位，使人们对现有的关联度相关规则是否仍然适用提出了质疑。由于利用固定经营场所来确定利润来源地并划分税收管辖权的做法无法覆盖数字经济交易活动，因此传统的常设机构规则已不适用于数字经济商业模式。

2. 税基侵蚀与利润转移

数字经济的快速发展使得无形资产的重要性和高流动性加重了税基侵蚀，为跨国公司提供了利润转移空间。物理实体的淡化和收益定性难度的增加，导致数字经济商业模式下的收益分配和归属很难根据属人原则或者属地原则进行判断。新数字产品或传输方式的发展为新商业模式下如何对收入进行合理定性带来了不确定性，特别是与云计算相关的部分。跨国企业，特别是大型跨国互联网企业，利用成本分摊协议、关联交易定价等无形资产转让定价工具带来的收益归属判定的难题，是造成税基侵蚀与利润转移(BEPS)的一个重要原因。根据经济合作与发展组织测算，每年 BEPS 造成的全球税收流失为 1 000 亿美元至 2 400 亿美元，占全球企业所得税收入比重的 4%～10%。

3. 价值创造来源地和纳税所在地不匹配

数字经济的迅速发展使开业成本降低，吸引越来越多的自然人加入商家行列，导致纳税主体难以确认，产生价值创造来源地和纳税所在地不匹配现象。个体商户和个人消费者数量规模不断增多，税收征管部门往往面临自然人未能进行税务登记以及线上虚拟交易主体难以被有效识别和确认的管理困境。新商业模式下批量化的大额交易被大量碎片化交易替代，税务征管部门很难追踪交易过程，很难确定纳税时间、期限和地点。数字经济商业模式往往通过网络交易平台将资源供需双方联结在一起，资金由资源需求方通过第三方平台支付后返还网络交易平台，扣除平台收入后余下的部分进入资源供给方账户。由于创造价值场所和征收税款场所不一致，因此很难监控纳税主体的经营活动。

(二) 数字经济下国际税收规则与政策制定现状

1. 对大型跨国互联网企业开征单边数字税

自 2010 年起，许多国家和地区开始研究和探讨数字经济的税收问题。但是，由于国际税收规则协调进程缓慢，因此直到2019年7月，部分国家才出于自身利益的考量，为了保护本国税收和经济利益，抢先采取单边行动，开征数字税。所谓"数字税"，又称数字服务税，是指一国政府向提供搜索引擎、在线广告、数据服务、社交媒体等数字服务且达到一定条件的企业征收的税款。

2021年，已有46个国家开征或拟征直接数字税。其中，奥地利、哥斯达黎加、法国、希腊、匈牙利、印度、印度尼西亚、意大利、肯尼亚、墨西哥等22个国家通过立法开征数字服务税；比利时、巴西、捷克、斯洛伐克、西班牙和泰国等6个国家提出了数字税立法草案或者公共咨询意见；加拿大、丹麦、埃及、以色列、拉脱维亚、新西兰、挪威、罗马尼亚、俄罗斯、南非等10个国家颁布了公告和实施意向；芬兰、新加坡、瑞典、瑞士和美国等5个国家坚持等待全球性的数字税解决方案；澳大利亚、智利和德国等3个国家回避对支持何种教改方案的表态。此外，全球有87个国家通过修改增值税和消费税的方式，对数字经济征收间接税，如澳大利亚、加拿大、智利等。

开征单边数字税，主要课税对象为大型跨国互联网企业。在现行国际税收秩序下，理论界对于数字税存在两种不同的观点。一方面，数字税可以被视为一种对地域性平台租金的税收，类似于很多国家业已开征的自然资源特许开采税，具有最小化税收扭曲和明确分配税权的优势。另一方面，数字税存在合法性和正当性的争议，征收单边数字税会导致同一服务的重复征税，数字税的门槛也会引发歧视某些企业的争论。

2. 征税种类

从数字税的征收种类看，目前的数字税主要有：以新加坡、新西兰、俄罗斯、斯洛伐克等国为代表的对非居民企业征收其向本国用户提供相关数字服务的消费税或增值税；以印度为代表的平衡税，采用类似于预提税扣缴的机制，对非居民企业单笔应税交易额超过10万卢比（约人民币1万元）或在一年内一个付款方向同一收款方支付的应税交易总额超过100万卢比的情况，按收入总额或应收账款总额课征6%的平衡税。总体来看，印度以及欧洲国家推出的数字税实际是基于一定门槛而设立的新税种，税基是企业营业收入而非利润，并根据数字企业的全球营业收入和在纳税国家的营业收入等条件设立一定标准的起征点，以探索解决跨国数字企业避税问题。

3. 征收税率

从数字税征收税率看，各国提出的数字税政策主要针对"达到一定规模"的数字企业，这是为了在一定程度上保护本国处于发展初期的数字科技企业。欧洲国家的数字税法案普遍呈“高门槛、低税率”的特征，税率多为 2%～3%(匈牙利和土耳其税率为 7.5%)，而亚洲国家的数字税法案呈“低门槛、高税率”的特征，税率多为 6%～15%(印度和新西兰在 2020 年新开征的数字税税率与欧洲持平)。

4. 征税主体

从征税主体看，亚洲国家主要将非居民企业作为征税主体；英国迫于政治压力推出数字税，其核心概念为用户参与价值创造，纳税主体涵盖搜索引擎、社交媒体平台、在线市场；欧盟的数字税针对用户参与价值创造的数字服务产生的收入征税，如广告服务和中介服务等；法国出台数字税的目的在于应对经济数字化挑战、恢复税收公平以及增加国内财政收入，主要课税对象为网站服务企业的数字广告业务和跨境数据交易业务。

5. 征税与反征税的利益之争

各国的利己单边措施正在加大国际税收竞争和国际税收规则的协调难度。尽管可解燃眉之急，但从长远看，个别或区域性措施必然打乱国际税收秩序。例如，法国数字税法案所涉企业大部分为美国企业，当地数字税甚至被人们称为“GAFA”(Google、Amazon、Facebook、Apple 四家受影响最大的美国公司名称的首字母，其中 Facebook 现称 Meta)税。由于该行为触动了美国互联网巨头的利益，美国政府以数字税违反国际税收主流原则、美国科技企业遭遇不公正待遇为由，开启反制措施。美国自 2019 年7 月起首次对法国展开长达 4 个月的“301 调查”，同年 12 月一再声称要对法国大额进口货物课征高税。2020 年 6 月起，美国对欧盟、印度等 10 个贸易伙伴的数字税开启“301 调查”，以确定该法案是否存在歧视且对美国商业构成损害，这是美国政府自 2019 年 7 月以来开始的第 5 次“301 调查”，涉及范围广泛。2021 年 3 月 26 日，美国贸易代表办公室宣布，准备对奥地利、印度、意大利、西班牙、土耳其、英国加征惩罚性关税，以报复这些国家对美国互联网巨头企业征收数字税的行为。

部分欧盟国家因惧怕美国的贸易报复而对征收数字税持保留意见，比如瑞典、芬兰和丹麦。德国曾坚定支持法国开征数字税，后因担心美国会以提高德国汽车进口关税的行为进行报复而左右摇摆，尚没有明确态度和立场。2020 年 1 月，法国迫于压力同意暂停数字税征收(但于 2020 年 12 月再次开征数字税)，以换取美国同意暂缓对法国商品征收报复性关税。与此同时，一些欧洲科技公司，包括全球最大在线音乐服务商 Spotify 公司、订票网站 Booking. com 等，基于市场份额、贸易报复、国际惯例等方面的考虑，担心自身利益受到冲击，也发表联名公开信表示反对征收数字税。

（三）国际数字税收规则构建

单边数字税征收不仅增加了纳税人的税负和合规成本，而且对跨境商业活动乃至全球投资和经济增长产生了广泛的负面影响。各国都期盼 OECD 能够形成统一的国际数字税规则，并提出“一旦 OECD 的国际数字税新规实施，这些单边数字税征收国家就立即放弃本国现行的数字税立法”。法国还承诺将向涉及企业偿还已征税款与 OECD 所制定标准税款之间的差额。美国希望在 OECD 框架内就数字税问题开展多边谈判，不会另行一套，但也反对单边征收。与此同时，欧盟内部仍在积极促成数字税法案，并争取与 OECD 达成协定。

基于以上背景，OECD 包容性框架开始寻求应对经济数字化税收挑战的全球共识性解决方案。经过各方的不懈努力和多年的磋商谈判，OECD“双支柱”改革方案(也被称为“BEPS 2.0”)逐步形成。“支柱一”基于“统一方法”确立了新联结度规则，以实现全球征税权重新分配，目的在于赋予数字经济市场国相应的征税权，未来各方在细化新连结度、三段式利润分配设计、消除重复征税措施、税收争议解决方案、政策实施与征管协调等方面有待进一步磋商；“支柱二”通过实施全球最低税，确保大型跨国公司在全球任一税收管辖区的实际有效税率不低于全球最低税率水平。

2021 年 7 月 1 日，BEPS 包容性框架下的 130 个成员就“双支柱”方案达成初步共识，并发布《关于应对经济数字化税收挑战“双支柱”方案的声明》(以下简称“7 月声明”)。2021 年 10 月 8 日，BEPS 包容性框架下 140 个成员中的 136 个国家(地区)就国际税收新框架的关键要素达成了共识，并发布《关于应对经济数字化税收挑战“双支柱”方案的声明》(以下简称“10 月声明”)。该声明于 2021 年 10 月 31 日由 G20 领导人在罗马峰会上核准通过。随后，OECD 于 2021 年 12 月 20 日发布了支柱二中的全球反税基侵蚀(Global Anti-Base Erosion，GloBE)规则立法模板。尽管支柱二立法模板提供了更多的技术细节，但 10 月声明仍然为“双支柱”的规则制定和正在推进的工作提供了明确的框架。

二、数字经济背景下我国税收政策研究

（一）应对数字经济发展的政策概况

目前，数字经济成为推动经济发展的重要驱动力。谁引领数字经济，谁就掌握

了发展主动权。中国政府十分重视数字经济发展，积极出台引导鼓励数字经济快速发展的政策，为数字经济产业持续健康发展提供有力保障。数字经济作为一种新型经济形式，在推动社会经济发展，提高企业活力，促进产业结构转型等方面起着重要作用。但随着数字经济的迅猛发展，税收征管面临着新的环境和挑战，新型商业经营模式给传统税收征管模式带来冲击，基于实物商品和有形服务交易建立的税收框架，在数字经济背景下遇到了纳税主体、征税范围、征税原则、利润分割方法等多重挑战。

1. 我国现行增值税相关政策分析

目前，我国增值税的改革已取得了长足的进步，增值税具有税源充沛、收入可靠和有利于增加国家财政收入的特点。随着社会发展，数字经济对社会生产生活产生深远影响，但是我国并没有出台针对数字经济增值税的法律条文，相关的税收政策也并不完整。我国现行增值税税收政策在数字经济下的表现反映出以下问题。

(1) **纳税人的判定问题。**根据《中华人民共和国增值税暂行条例》(以下简称条例)，我国纳税人分为增值税一般纳税人以及小规模纳税人，划分的主要标准是年应税销售额。但目前线上交易成为一种趋势，部分法人企业以自然人名义从事线上销售活动，存在规避增值税一般纳税人的纳税义务的可能。如果任由这种行为发展下去，会造成很大一部分相关收入无法纳入征税范围，对我国税收造成的损失可以预见。

(2) **交易性质的判定问题。**交易性质的判定作为征税的第一步显得尤为重要，确定了交易性质才可以确定该活动适用的税率。按照条例中对于征税范围的规定，我国未对特定的数字活动制定针对性的增值税税收政策。

(3) **跨国服务的税收管辖权问题。**目前，由于应用软件、云计算、网络广告等各类数字服务的跨境交易盛行，因此“应税行为”涵盖跨境数字服务更为合理，但是我国到目前为止并未有具体的实施细则，难以对跨境服务进行有效的税收监管。

2. 我国现行企业所得税相关政策分析

改革开放以来，我国所得税制度的建设取得了长足进步，企业所得税已经从微不足道的税种成长为仅次于增值税的第二大税种，数字经济对所得税制的影响不容忽视。表 1-1 所示为我国与数字经济有关的企业所得税政策。

但现行企业所得税仍有以下几方面问题。第一，数字经济下很难对居民的身份进行准确认定，原因在于数字技术的广泛应用使得买卖双方运用技术手段以掩饰其 IP 地址，这样一来，税务机关对交易中的纳税人的居民身份就无法确定，有失公平。第二，我国的企业所得税的税制可能为跨国企业创造国际避税空间，有损我国的税收权益。

表1-1 我国与数字经济有关的企业所得税政策

企业类型	减免内容	税收优惠形式
国家规定范围内的高新技术企业	企业所得税	税率减至15%
	开发新工艺、新产品、新技术所产生的研发费用并且已形成无形资产的	以成本的150%摊销
	未形成无形资产的	在据实扣除后，按研发费用的50%加计扣除
符合国家规定的小微企业	应纳税所得额	按所得的50%计入，企业所得税税率减至20%
	年应纳税所得额的上限	由原来的50万元调升至100万元
符合国家规定的软件企业	企业所得税	“两免三减半”

资料来源：中华人民共和国中央人民政府《中华人民共和国企业所得税法实施条例》。

3. 我国支持数字经济发展的税收政策

我国中央和地方各级政府都高度重视发展数字经济。习近平总书记多次讲话强调，“坚持以供给侧结构性改革为主线，加快发展数字经济”“推动实体经济和数字经济融合发展”“做强做优做大数字经济”。《中华人民共和国国民经济和社会发展第十四个五年规划和二〇三五年远景目标纲要》提出，打造数字经济新优势，构建与数字经济发展相适应的政策法规体系。

(1) 中央政府的数字经济支持政策

在智能制造领域，2016年5月，国务院发布《关于深化制造业与互联网融合发展的指导意见》，提到进一步扩大制造企业增值税抵扣范围，落实增值税优惠政策；落实研发费用加计扣除、高新技术企业等所得税优惠政策，积极研究完善科技企业孵化器税收政策。

在产业数字化与数字产业化方面，国家发展改革委、中央网信办研究制定了《关于推进“上云用数赋智”行动 培育新经济发展实施方案》。根据云服务使用量、智能化设备和数字化改造的收入，对经营稳定、信誉良好的中小微企业提供低息或贴息政策，鼓励探索税收减免和返还措施。

为推进数字化转型，国家出台了《关于创新管理优化服务 培育壮大经济发展新动能 加快新旧动能接续转换的意见》等文件，通过政府购买服务等方式加大对科技类社会服务机构的支持力度，强化对新技术、新产品、新成果导入阶段的金融支持，落实财税支持政策。

2019—2022 年国家层面支持数字经济发展的政策，如表 1-2 所示。

表 1-2　2019—2023 年国家层面支持数字经济发展的政策

时间	文件	主要措施
2019 年 10 月	《国家数字经济创新发展试验区实施方案》	在河北省（雄安新区）、浙江省、福建省、广东省、重庆市、四川省开展试验区，促进互联网、大数据、人工智能与实体经济深度融合
2020 年 3 月	《中小企业数字化赋能专项行动方案》	按照“企业出一点、服务商让一点、政府补一点”的思路，鼓励各地将中小企业数字化列入中小企业发展专项资金等资金重点支持范围；对流动性遇到暂时困难、发展前景良好的中小企业，通过数字化改造升级推进复工复产和转型发展的，金融机构在优惠利率贷款中给予优先支持
2020 年 3 月	《中共中央 国务院关于构建更加完善的要素市场化配置体制机制的意见》	培育数字经济新产业、新业态和新模式，支持构建农业、工业、交通、教育、安防、城市管理、公共资源交易等领域规范化数据开发利用的场景
2020 年 7 月	《关于支持新业态新模式健康发展 激活消费市场带动扩大就业的意见》	激发数据要素流通新活力；在修订税收征收管理法的基础上，健全适应数据要素特点的税收征收管理制度
2020 年 11 月	《中共中央关于制订国民经济和社会发展第十四个五年规划和二〇三五年远景目标的建议》	发展数字经济，推进数字产业化和产业数字化，推动数字经济和实体经济深度融合，打造具有国际竞争力的数字产业集群；加强数字社会、数字政府建设，提升公共服务、社会治理等数字化智能化水平；积极参与数字领域国际规则和标准制定
2021 年 4 月	《中共中央 国务院关于新时代推动中部地区高质量发展的意见》	依托产业集群（基地）建设一批工业设计中心和工业互联网平台，打造数字经济新优势。加强新型基础设施建设，拓展第五代移动通信应用
2021 年 4 月	《中共中央 国务院关于支持浦东新区高水平改革开放打造社会主义现代化建设引领区的意见》	加快建设张江综合性国家科学中心，聚焦集成电路、生命科学、人工智能等领域；在浦东特定区域对符合条件的从事集成电路、人工智能、生物医药、民用航空等关键领域核心环节生产研发的企业，自设立之日起 5 年内减按 15％的税率征收企业所得税
2021 年 5 月	《中共中央 国务院关于支持浙江高质量发展建设共同富裕示范区的意见》	打造“互联网＋”、生命健康、新材料科创高地，深化国家数字经济创新发展试验区建设，强化“云上浙江”和数字强省基础支撑，探索消除数字鸿沟的有效路径
2021 年 12 月	《要素市场化配置综合改革试点总体方案》	在保护个人隐私和确保数据安全的前提下，分级分类、分步有序推动部分领域数据流通应用；探索建立数据用途和用量控制制度，实现数据使用“可控可计量”；规范培育数据交易市场主体，发展数据资产评估、登记结算、交易撮合、争议仲裁等市场运营体系，稳妥探索开展数据资产化服务

续表

时间	文件	主要措施
2022年1月	《“十四五”数字经济发展规划》	加大对数字经济薄弱环节的投入，突破制约数字经济发展的短板与瓶颈，建立推动数字经济发展的长效机制；拓展多元投融资渠道，鼓励企业开展技术创新
2022年1月	《数字乡村发展行动计划(2022—2025年)》	一是数字基础设施升级行动；二是智慧农业创新发展行动；三是新业态新模式发展行动；四是数字治理能力提升行动；五是乡村网络文化振兴行动；六是智慧绿色乡村打造行动；七是公共服务效能提升行动；八是网络帮扶拓展深化行动；同时，还设立了乡村基础设施数字化改造提升工程等7项重点工程，作为落实上述行动的重要抓手
2022年3月	《中共中央 国务院关于加快建设全国统一大市场的意见》	加快培育数据要素市场，建立健全数据安全、权利保护、跨境传输管理、交易流通、开放共享、安全认证等基础制度和标准规范，深入开展数据资源调查，推动数据资源开发利用
2022年4月	《2022年数字乡村发展工作要点》	加大财政资金投入和引导力度，按规定统筹利用现有涉农政策与资金渠道，支持数字乡村重点项目建设；加强金融机构对数字乡村建设重点项目和优质涉农企业、新型农业经营主体、农村就业创业群体的信贷、融资支持；持续加大乡村金融供给，提高全国整体县域信贷资金适配性
2022年12月	《扩大内需战略规划纲要(2022—2035年)》	加快推动数字产业化和产业数字化。加强数字社会、数字政府建设，发展普惠性“上云用数赋智”，不断提升数字化治理水平。加快数据资源开发利用及其制度规范建设，打造具有国际竞争力的数字产业集群，加大中小企业特别是制造业中小企业数字化赋能力度。积极参与数字领域国际规则和标准制定
2022年12月	《中共中央 国务院关于构建数据基础制度更好发挥数据要素作用的意见》	提出20条政策举措，包括建立保障权益、合规使用的数据产权制度，建立合规高效、场内外结合的数据要素流通和交易制度，建立体现效率、促进公平的数据要素收益分配制度，建立安全可控、弹性包容的数据要素治理制度等
2023年3月	《2023年政府工作报告》	大力发展数字经济，提升常态化监管水平，支持平台经济发展。支持工业互联网发展，有力促进制造业数字化智能化；加快传统产业和中小企业数字化转型，着力提升高端化、智能化、绿色化水平；加快前沿技术研发和应用推广
2023年4月	《2023年数字乡村发展工作要点》	推进农村电子商务提档升级，培育壮大乡村新业态新模式，深化农村数字金融普惠服务，多措并举发展县域数字经济

(2) 地方政府数字经济支持政策

除了落实中央政府对数字经济的支持政策外，各省市也为助力数字经济发展与优化营商环境推出一系列税收政策。

2020 年 11 月，江苏省发布《省政府办公厅关于深入推进数字经济发展的意见》，落实对高新技术企业、中小微企业的减税降费等各项扶持政策，加大省相关专项资金和基金对数字经济发展的支持力度，科学谋划和系统实施一批数字经济重大示范工程。

2021 年 6 月，浙江省发布《浙江省数字经济发展"十四五"规划》，对高新技术企业提供税收优惠和金融服务，强化人才、能耗、土地等要素保障，支持数字经济发展。

2021 年 9 月，广东省广州市发布《天河区加快推动软件和信息技术服务业高质量发展的若干政策措施》，提出大力支持以软件业为代表的数字经济等重点产业发展，多举措推进高新技术企业所得税优惠、研发费用加计扣除等税收优惠政策快享直达，转化为"真金白银"，进一步激发科创类企业的创新活力和发展动力。

2022 年，江西省推出"一号发展工程"，省税务局制定了《服务数字经济做优做强的实施意见》，梳理汇总六个方面 17 项政策措施，综合运用"减、免、退、缓"，全力支持数字经济行业和企业抢占制高点、深耕新赛道。

山东省在数字产业化、产业数字化、数据价值化、治理服务数字化，打出一系列"赋能增效"组合拳，为新时代中国特色社会主义现代化强省建设插上"数字翅膀"，其中，"数实融合"加速崛起，产业数字化指数全国第一。2022 年 7 月，国家工信安全中心发布《全国数字经济发展指数》，山东产业数字化指数 80.3，排名全国第一。表 1-3 为近年来部分省级层面支持数字经济发展的政策。

表 1-3　近年来部分省级层面支持数字经济发展的政策

时间	省市	文件	政策主要内容
2018 年 11 月	安徽	《支持数字经济发展若干政策》	落实税收优惠政策，加大金融支持力度，优先安排建设用地，给予用电支持等
2019 年 8 月	四川	《四川省人民政府关于加快推进数字经济发展的指导意见》	加快发展数字经济核心产业，加快产业数字化转型，加快推进数字化治理，深化智慧社会建设
2019 年 6 月	黑龙江	《"数字龙江"发展规划（2019—2025 年）》	引导相关创新及产业发展专项资金向数字经济领域倾斜，落实高新技术企业、软件企业、创投企业的研发费用加计扣除、股权激励、科技成果转化等各项税收优惠政策
2022 年 4 月	黑龙江	《黑龙江省"十四五"数字经济发展规划》	建立健全数字经济"双清单"制度，优化财政配套资金向纳入清单的项目倾斜支持。加快出台实施数字经济引资(智)清单，明确纳入清单的重点产业方向与动态调整机制，针对产业链链主企业、骨干企业与关联企业，以及重点研发机构、优秀人才等完善精细化的支持政策

续表

时间	省市	文件	政策主要内容
2020年1月	湖南	《湖南省数字经济发展规划(2020—2025年)》	大力发展数字经济决策部署,加快数字产业化、产业数字化进程,做大做强数字经济,构建现代化经济体系,推动全省经济高质量发展
2020年4月	江西	《江西省数字经济发展三年行动计划(2020—2022年)》	落实高新技术企业、小微企业、软件和集成电路设计等各项税收扶持政策,以及重大信息技术装备首台(套)、软件系统首用及研发费用加计扣除和固定资产加速折旧等政策
2022年5月	江西	《江西省"十四五"数字经济发展规划》	加强有关财政专项资金的统筹,依法依规加大对数字经济发展重点领域、重大平台、重大项目及试点示范的支持力度。提升数字经济治理能力,加强税收监管和税务稽查
2020年11月	江苏	《关于深入推进数字经济发展的意见》	落实对高新技术企业、中小微企业减税降费等各项扶持政策。加大省相关专项资金和基金对数字经济发展的支持力度,为科技型中小企业发展提供金融支持
2022年6月	江苏	《江苏省"十四五"数字经济发展规划》	发挥省级财政专项资金的引导作用,优化省级科技、工业转型升级、战略性新兴产业等专项资金使用方向,同等条件下优先支持数字经济重点领域重大项目。强化金融政策支持,鼓励金融机构创新金融服务和融资产品,对符合国家和省数字经济产业政策的项目和企业给予融资支持
2021年6月	浙江	《浙江省数字经济发展"十四五"规划》	用足用好高端软件和集成电路、高新技术及小微企业等税收优惠和金融服务政策,强化人才、能耗、土地等要素保障,支持数字经济发展
2021年8月	北京	《北京市关于加快建设全球数字经济标杆城市的实施方案》	前瞻性研究数字税收,提出数字经济重点领域税收方案。加强资金、人才等配套政策建设
2021年9月	北京	《北京市关于促进数字贸易高质量发展的若干措施》	加大数字贸易企业专项资金支持、数字贸易金融支持、数字贸易人才支撑和数字贸易知识产权指导
2021年8月	天津	《天津市加快数字化发展三年行动方案(2021—2023年)》	用好智能制造专项资金,用足软件和集成电路企业、高新技术企业、小微企业、科技企业孵化器等税收优惠政策,加大对技术创新、基础设施建设、标准专利布局和重点项目、重大工程的支持力度

续 表

时间	省市	文件	政策主要内容
2021 年 10 月	上海	《上海市全面推进城市数字化转型"十四五"规划》	聚焦"五个中心"建设，激活数字产业化引擎新动力，激发产业数字化创新活力。开展国际合作规则先行先试，积极参与数字技术、贸易、税收等国际规则制定
2022 年 6 月	上海	《上海市数字经济发展"十四五"规划》	继续实施本市新型基础设施和相关重点产业优惠利率信贷专项政策，引导社会资金加大对数字经济和数字化基础设施及终端的投入力度。依托上海"信易贷"综合服务平台、大数据普惠金融平台和"银税互动"等，推动银行设立特色融资产品，为数字经济企业提供多元化融资渠道
2022 年 3 月	河南	《河南省数字经济促进条例》	通过财税支持、政府购买服务等方式，鼓励平台企业、产业数字化转型服务机构与中小微企业建立对接机制，对中小微企业需求提供数字化解决方案，加强对产业数字化转型的技术、资金支撑保障，推动产业数字化转型
2022 年 4 月	福建	《福建省做大做强做优数字经济行动计划(2022—2025 年)》	用足用好高端软件和集成电路、高新技术及小微企业等税收优惠和金融服务政策
2022 年 5 月	陕西	《陕西省"十四五"数字经济发展规划》	加强对各类资金的统筹引导，加大对数字经济薄弱环节的投入。落实支持数字经济发展的税收优惠政策，建立推动数字经济发展的长效机制
2022 年 5 月	云南	《云南省数字经济发展三年行动方案(2022—2024 年)》	统筹各级财政相关专项资金，依法依规加大对数字经济发展重点领域、重点企业、重要平台、重要项目、试点示范、专业人才的支持力度，落实高新技术企业、软件企业、小微企业和创业投资企业等税收优惠政策，建立覆盖产业链的多元化财税支持机制
2022 年 7 月	广东	《广东省数字经济发展指引 1.0》	加大财政对数字经济领域科技创新专项的资金投入，加强财政资金对科技创新的引导作用。按照国家有关要求，全面执行支持集成电路产业和软件产业的税收优惠政策
2023 年 4 月	青海	《青海省数字经济发展三年行动方案(2023—2025 年)》	依法依规加大对数字经济发展重点领域、重点企业、重要平台、重大项目的支持力度，落实高新技术企业、软件企业、小微企业和创业投资企业等税收优惠政策

（二）数字经济对税收治理的影响

1. 对税收公平原则的影响

税收作为国家财政收入的主要来源，主要用于维持国家公共事务的开支。基于这一定位，税收的基本原则确立为公平、效率、中性的原则。税收公平原则最早由亚当・斯密在其经济学巨著《国富论》中进行了相对系统的论述。税收公平原则细分为横向公平与纵向公平。横向公平是指纳税能力相近的纳税人承担大致相同的税赋，而纵向公平则是指纳税能力与其实际承担的税赋成正比的理想状态。

数字经济背景之下，国内不同地区之间存在收入分配不平衡的现象。数字经济组织方式加速了经济活动的远程化、虚拟化发展，使数字经济企业无需设立分支机构等实体存在即可跨地区销售商品、提供服务。按照当前的纳税地点确定规则，数字经济经营活动所产生的税收收入将脱离消费地而集中于经营主体所在地。而我国数字经济企业主要分布在东部经济发达地区，导致相关税收也主要在发达地区缴纳，造成欠发达地区在税收收入分配中处于劣势地位，进一步加剧区域发展失衡。

2. 对经济效率的影响

一方面，与数字经济发展不相适配的税收体系扭曲了市场机制，对市场效率造成了直接的负面影响。税收中性是税收制度应当遵循的一项基本原则，即税收应该在不同商业活动之间保持中立，不扭曲或尽可能少地扭曲市场机制作用。但由于数字经济对现行税制的冲击和挑战，当前的税收体系在不同的经济业态、不同的商业模式、不同的市场主体之间难以保持中立，严重影响了市场机制在资源配置中的决定性作用，造成了税收对市场经济正常运行的干扰，对经济的长期健康发展产生了不利影响。

另一方面，数字经济对税收体系的冲击导致政府丧失了大量税收收入，甚至损害了税收制度的可持续发展。相关研究显示，2004—2014 年，我国仅网络零售的税收流失总额就有近万亿元。

税收作为最主要的财政收入来源，税收的流失将影响政府在基础设施建设、公共产品和公共服务提供等方面的投入水平和人们的总体福利水平，降低国民经济宏观调控的能力，从而影响国民经济的持续健康发展。

（三）数字经济背景下税收政策面临的挑战

1. 对纳税主体界定的挑战

数字经济的纳税主体难以确认。纳税主体，是指纳税法律关系中依法履行纳税义务的当事人。在传统经济模式下，纳税征管与实体经济紧密互联，涉税主体一般是法人企业，生产经营区域比较固定，税务机关可以精准确认纳税主体。数字经济背景下经济活动主体的商业经营方式不断更新，给税务机关的税收征管工作带来不小的冲击和挑战。在数字经济不断发展的条件下，涉税事项交易过程中的各个环节都可以依赖虚拟的网络与大数据，这与传统的商业经营模式有很大的不同。线下交易的各个环节几乎都可以在网络平台上进行，交易行为往往具有隐蔽性、虚拟性、跨地域性等特征，互联网、区块链、人工智能等新技术的介入也会使纳税人的身份扑朔迷离，因此，税务机关难以确定其应税主体及性质，也使得交易活动的监督和管控难度提升。

2. 对课税对象界定的挑战

课税对象是征纳税双方权利义务共同指向的客体。在数字经济交易活动中，数据成为重要的生产要素。数据在交易中涉及无形资产、知识产权的流转，其参与和介入财富创造活动的方法、途径具有无形性，却能使附加价值增加。数字经济下产生的众多新商业模式，具有人员流动性灵活、取得报酬的方式多样化等特征，因此在实际操作中如何界定纳税人的收入来源和性质成为难题。例如，如何对网络直播中获得的打赏收入等进行征税，目前还没有明确的规定。随着数字经济不断深入发展，企业规模的小型化和个性化、经营内容的多样化现象越来越普遍。若仍然按照传统行业的标准来确定课税对象，将引发较多的不公平现象。

3. 对纳税时间和地点的挑战

现行税收管理的基本原则之一是税收属地管理。《中华人民共和国税收征收管理法实施细则》第十二条规定：从事生产、经营的纳税人应当自领取营业执照之日起 30 日内，向生产、经营地或者纳税义务发生地的主管税务机关申报办理税务登记。同时，根据第二十一条规定，到外县（市）从事生产、经营活动的，应持有外出经营活动税务管理证明。这两项规定明确了属地管理的制度。但是在数字经济下，线上的网络交易没有固定的线下营业场所，无法判定其纳税申报的归属地。因此，与传统经济模式不同，线上的“无纸化交易”导致税务机关对交易过程难以追踪，无法准确判定其纳税时间和地点。

4. 对企业税负公平的挑战

数字经济国际税收规则中的主要问题有常设机构和利润归属问题，对跨国公司跨国交易的利润分配具有关键影响。我国税法规定的“机构、场所”有两个要素：从事生产交易活动和物理上的有形存在。在数字经济的背景下，企业可以脱离物理存在从事生产经营活动。因此，非居民企业在从事数字经济相关业务时，可以依托互联网平台实现传统经济模式下依赖物理存在才可以进行的合同签订、款项支付等环节，从而避开我国的税务监管。若非居民企业所在国家的所得税税率较低，那么开展同类业务时，其税收负担远远小于我国本土企业，这显然有失公平。

三、数字经济与税收政策研究的总体评价

（一）国际税收规则与政策研究评价

数字经济条件下税收征管的范围由线下向线上加速拓展，互联网平台企业、商家和消费者跨区域、跨国界经营成为常态，物理区域分离十分明显，与传统商业模式下交易主体被局限在特定区域内的情况存在较大差异。数字经济带来的广泛性税收挑战已经超越了如何终止对数字企业双重不征税，问题更集中于如何在国与国之间分配数字时代下企业跨境活动所产生的税收收益的征税权。

各国在开征数字税的设计方案中均对纳税人、税率、征收范围、计税依据进行了确定，但各国在数字税具体实践方面存在诸多差异，这不仅会导致财政收入规模、社会福利、经济效率等方面的波动，而且会增加国家间协调工作的艰巨性和复杂性。目前，已开征数字税的国家基本是数字经济发展较慢但数字经济消费规模较大的国家。这些国家采取单边行动，向跨国数字巨头征收数字税以降低本国规模较小、处于发展期的数字企业与外国互联网巨头竞争的压力，为这些企业的发展创造了宝贵时机。但是，这些国家也会面临来自跨国数字企业母国的贸易报复。

数字经济对国际税收形成严峻挑战的根本原因在于，数字经济加剧了全球经济中的供需失衡，而国际税收管辖权设置仅适应传统工业经济中的国际贸易往来，无法在数字经济条件下提供公平有效的国际税基分割机制。因此，部分国家为了长远发展已经开始实施单边征税政策。但这仅是暂时性的解决方案，各国都倾向于采用统一的国际数字征税规则。数字经济征税作为全球议题，唯有通过国际合作才能保证数字税收的类型公平、代际公平、国际公平。

（二）我国税收政策研究评价

中国近年来特别是自新冠疫情暴发以来，为降低企业成本一直实施减税降费政策。减税降费既是积极财政政策的重要发力点，也是深化供给侧结构性改革的重要举措，能够在激发市场经济主体内生动力、调整经济结构、提高增长质量等方面发挥积极的作用。在财政政策的强力支持下，各个阶段的减税降费措施已经取得可观成就。

目前，我国数字经济新业态发展态势良好，数字经济发挥的作用日益显著。针对新兴产业和高新技术行业，我国给予大力的扶持，有效落实减税降费政策，同时对高新技术小微企业给予最大程度的普惠性税收政策，助力产业结构升级和发展，表 1-4 所示为 2018—2022 年减税降费的力度及获得的成就。此外，我国针对数字经济下新型商业模式税收实践进行了一系列的探索和创新。

表 1-4　2018—2022 年减税降费的力度及获得的成就

年份	减税降费力度	成就
2018	全年新增减税降费约 1.3 万亿元	新出台的支持创新创业税收优惠政策减税约 500 亿元；减税政策高效落实，体现为“两降一升”，即税收增速逐步下降，纳税人投诉量下降 11%，纳税人获得感提升
2019	全年新增减税降费超过 2 万亿元	减税降费额度占 GDP 比重超过 2%，拉动全年 GDP 增长约 0.8 个百分点；所有行业税负均不同程度下降
2020	全年新增减税降费超过 2.5 万亿元	（1）企业税费负担持续下降； （2）实体经济和民营经济受益最为明显，其中民营经济新增减税降费占 70%左右； （3）市场主体发展信心和创业活力显著增强
2021	全年新增减税降费约 1.1 万亿元	有效支持市场主体纾困，激发活力。其中，2021 年，我国新增涉税市场主体 1 326 万户，同比增长 15.9%
2022	全年新增减税降费超 1 万亿元	税收营商环境进一步优化，市场主体活力增强。截至 2022 年末，全国涉税市场主体总量达 8 407 万户，较 2021 年末增长 6.9%

一是中国（杭州）跨境电子商务综合试验区的创新。2015 年 6 月 23 日，杭州跨境电子商务综合试验区正式获得国务院同意设立的批复。2016 年，国务院批准在郑州等 12 个城市设立跨境电子商务综合试验区。这项实践通过构建跨境电商大数据库，拓宽跨境电商的产业链和价值链，提升我国在数字经济新趋势下的话语权和竞争力。

二是上海海关支持自贸区科创中心建设的新政。上海海关推出数项举措支持上海科创中心的建设,其中涉及数字经济的税收政策主要有:利用物联网技术对处在海关监管下的货物实行信息化监测,推动搭建开放性的服务平台;鼓励科创中心建立保税仓库,实现通关的最大化便利;完善离岸服务外包的保税管理措施。

至于税收法律的缺失和国际税收协定的改进,还需要较长时期的参与讨论、修订和立法过程;数据的管理和人才的培养可以由政府牵头带动。我国在数字经济相关税收管理上的实践,对电子商务和离岸外包数据平台的整合和监测,说明利用云计算、物联网等手段能够更好地管理和服务跨境经济活动,使得市场经济主体能够切实享受政策红利。目前,应进一步探索数字经济下新型商业模式的税收方案,为提高现代化的税收治理水平而服务,为我国推进"一带一路"倡议而服务。

以上分析说明,北京要建设全球数字经济标杆城市,不仅任务艰巨,而且所处的数字生态环境竞争激烈:一方面,世界数字经济发展强劲,国际组织和各国开始协同解决税基侵蚀利润转移的共同问题;另一方面,虽然国内数字经济处于发展初期,但各省区市都在全力争夺有限的数字经济发展资源。

第二篇　数字经济发展与税收政策调整状况

北京要建设全球数字经济标杆城市，就必须基于数字中国建设的坚实基础，借鉴数字经济发展具有一定代表性的国家和地区，如美国、欧盟、日本、英国等在发展数字经济方面的经验，特别是在数字经济发展初始阶段给予的税收支持政策方面的做法和实践。本篇考察了国内主要城市在促进数字经济发展方面税收优惠政策的实施情况。然后，为了解北京数字企业诉求和经营中的困难，通过线上问卷调查与线下企业座谈相结合的形式，了解到数字企业特别是中小数字化转型企业面临的资金、技术、战略等方面难题。最后，结合北京数字企业自身的特点和实践，提出从产业角度构建北京数字经济新生态的税收支持政策。

一、数字经济发展与主要经济体的税收政策调整

（一）全球数字经济发展现状

2020—2022 年，新冠疫情的全球蔓延给世界经济带来了冲击，深刻改变了全球经济的增长和发展方式。在疫情防控下，数字经济充分显示了其在经济下行压力下较强的韧性和稳定的对冲作用。疫情防控期间，人们的生活消费逐渐由线下转移至线上，电子商务及线上零售业蓬勃发展，大量企业也充分利用大数据和互联网技术实现万物互联、信息汇聚，因此数字经济在对冲经济下行发展、稳定社会发展等方面起到关键作用。

在新冠疫情冲击下，全球数字经济发展也出现了新的特点。数字经济与实体经济融合进一步向广度和深度扩展。同时，数字经济发展更加关注信息基础设施的建设和普及，通过推动信息基础设施持续升级，为数字经济发展奠定基础。除此之外，数字经济发展聚焦在帮助中小企业转型升级上，各国纷纷出台政策法规鼓励中小企业研发创新，推动实体经济转型升级。2021 年，全球 47 个主要经济体的数字经济增加值规模达到 38.1 万亿美元，同比增长 15.6%，占 GDP 比重 45.0%，同

比提升 1.3 个百分点。其中，一、二、三产业数字经济增加值占行业增加值比重分别为 8.6%、24.3%、45.3%，如图 2-1 所示。

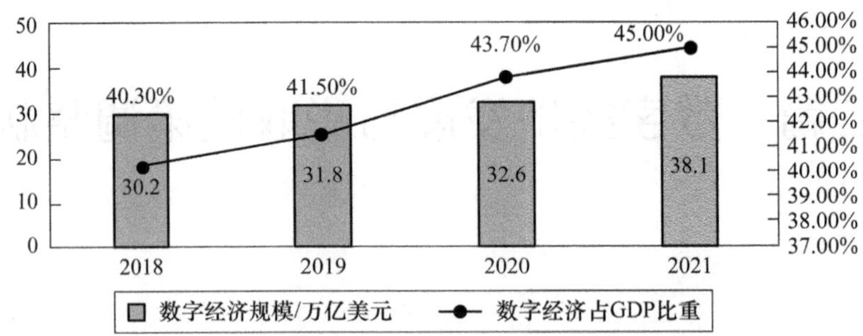

图 2-1　2018—2021 年全球 47 个主要经济体的数字经济规模及数字经济占 GDP 比重

（资料来源：中国信息通信研究院《全球数字经济白皮书（2022 年）》）

从国家层面来看，发达国家的数字经济在疫情中展现了更强的发展动力和韧性。2021 年，从规模看，发达国家数字经济规模达到 27.6 万亿美元，占总量的 72.5%；从占比看，发达国家数字经济占 GDP 比重为 55.7%，远超发展中国家 29.8% 的水平；但从增速看，发展中国家数字经济同比名义增长 22.3%，高于同期发达国家数字经济增速 9.1 个百分点。

由此可见，在新冠疫情冲击下，发达国家数字经济发展的稳定性较强，应对经济下行压力的韧性也较强。如图 2-2 所示，在规模方面，美国数字经济蝉联世界第一，2021 年达到 15.3 万亿美元；中国位居第二，规模为 7.1 万亿美元，相当于美国的 46%；德国位居第三，规模为 2.9 万亿美元。在增速方面，受 2020 年各主要国家经济下滑、基数较低等影响，2021 年全球主要国家数字经济实现高速增长，挪威数字经济同比增长 34.4%，位居全球第一。

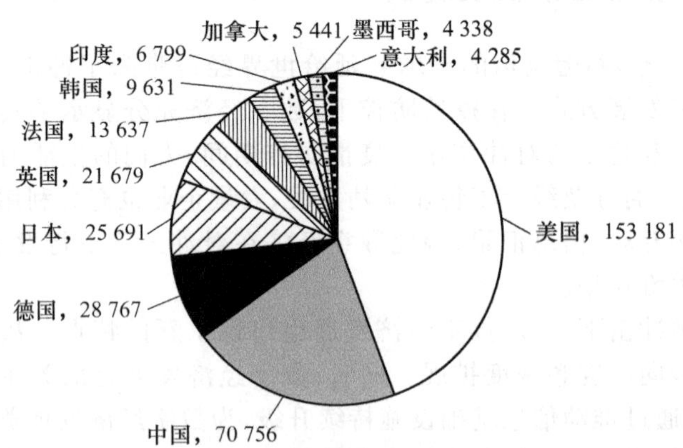

图 2-2　2021 年各国数字经济规模（亿美元）

（资料来源：中国信息通信研究院《全球数字经济白皮书——疫情冲击下的复苏新曙光》）

（二）美国的数字经济税收征管实践

1. 以税收支持政策推动数字经济发展

美国是世界上率先提出数字地球、人工智能、大数据、工业互联网的国家之一，在数字经济的发展上具备技术和产业的先发优势。早在20世纪90年代，克林顿政府率先提出了“信息高速公路”和“数字地球”的概念。在对数字经济税收的征管实践方面，美国在1978年便提出降低电子信息产业投资收益税率，由48%降至20%，目的是引导市场投资，促进电子信息产业的发展。1981年，美国颁布经济复兴税法，其中提出了试验研究费减税制度，通过采取对高出以往3年平均研究费用的部分给予25%的减税制度来刺激研发与技术创新。1998年，美国商务部发布《浮现中的数字经济》，这是美国政府第一部研究信息技术对经济影响的报告。20世纪90年代，美国进行了电信法案的改革，同时通过采取对新兴互联网公司免征营业税等措施，进一步引导投资资金向互联网产业流动。

2. 以法律形式确保在全球的利益

2007年，美国颁布了首个电子商务法案《互联网免税法案》，承诺对互联网产业不开征新税种，极大地促进了电子商务的发展。2018年，美国与墨西哥、加拿大达成三方贸易协定，其中明确规定不得对经由电子传输的数字产品征收任何形式的关税或其他费用，避免对电子交易的管制，目的是通过构建一体化的全球数字市场，确保美国互联网产业的全球收益。2020年，在法国确定数字服务税的征管方案后，美国为确保自身互联网行业的全球收益，相继对法国等多个国家开启“301调查”，并根据调查结果决定是否对其征收报复性关税。2021年2月12日，美国首个网络广告税（数字服务税）法案在马里兰州正式诞生，法案规定，凡是向马里兰州消费者进行网络广告宣传的企业，根据对象企业在全世界范围内的年度业绩，向马里兰州税务部门缴纳2.5%～10%的广告税。

（三）欧盟的数字经济税收征管实践

1. 打造规范的数字治理体系

欧盟作为世界影响度最高的区域一体化组织之一，在数字经济的发展上强调打造合理规范的数字治理规则，全面推进经济社会数字化转型。2015年，欧盟提出“单一数字市场战略”，随后又相继推出“欧洲工业数字化战略”“欧盟人工智能战略”。2020年，欧盟发布了用于指导欧洲适应数字时代的总体规划《塑造欧洲的数字未来》《欧洲新工业战略》《欧洲数据战略》《人工智能白皮书》等。同时，欧盟高度重视数字经济的立法工作，旨在通过构建完善的法律框架，保障数字经济的健康发展。

2. 以全球最低税指令形式做好实施“支柱二”准备

在数字经济税收的征管实践方面，欧盟于 2018 年 3 月提出制定公平的数字经济所得税建议并公布立法方案，拟调整对大型互联网企业的征税规则，开征一项适用于欧洲全境的临时税收，吹响了向数字服务征税的号角。但各成员国经济利益的不平衡导致无法达成一致意见，因此欧盟于 2019 年 3 月宣布暂停在欧盟范围内推行统一的数字税。此后，对数字服务税的探索尚未结束，各国及国际组织陆续单方面提出数字服务税或类似提案，其中欧盟也提出了相应的长期解决方案与过渡性措施，目的是以数字税为契机推动全球公司税改革，保障成员国权益。G20/OECD“双支柱”在 136 个国家达成共识后，2022 年 12 月，欧盟正式通过关于确保欧盟跨国企业集团和大型国内集团达到全球最低税收水平的指令，年合并营业收入在 7.5 亿欧元以上的跨国企业集团和大型国内集团将适用 15%的企业所得税最低税率。各欧盟成员国须在 2023 年底前将指令内容转化为国内法律，并自 2023 年 12 月 31 日后开始的财政年度实施，从而在欧盟层面率先准备实施 G20/OECD 国际税改中的“支柱二”全球最低税相关规则。

(四) 日本的数字经济税收征管实践

在全球数字经济变局下，日本不仅明确推出“数字新政”，还将“建构数字经济领域相关规则”视为外交新任务之一。2021 年 4 月 1 日，日本《2021 年度税制改革大纲》在经内阁会议和国会审议并通过相关法案后开始实施，日本的税制改革从消费税增税改革向以所得税为主导的减税改革转变。

在此次税制改革中，数字经济税收征管改革是改革的重点内容。2021 年，日本税制改革创设了“数字化转型投资促进税制”，对利用数字化技术进行业务转型的企业，允许其将购置成本的 5%或 3%进行税收抵免，或者提取 30%的特别折旧，将软件研发费用纳入研发类税收抵免范围。此次税改还扩展了“进行研究开发时的税额抵免制度”的适用范围，鼓励企业在经济下行压力下维持和保障技术研发，具有十分明显的政策导向性。表 2-1 为日本 2021 年关于数字产业的税收政策。

表 2-1 日本 2021 年关于数字产业的税收政策

1	为鼓励软件研发提供政策支持，将云环境下的软件研发纳入税收抵免范围，实现硬件研发和软件研发“两手抓”。此次税改以多种形式助力企业科研活动与数字化发展，具有十分明显的政策导向性

续表

2	对利用数字化技术进行业务转型的企业，允许其将购置成本的5%或3%进行税收抵免，或者提取30%的特别折旧，将软件研发费用纳入研发类税收抵免范围
3	推动税收管理数字化，鼓励部分税款线上支付，推动税收相关文件的存储、扫描电子化，取消国家涉税文件加盖印章的规定
4	把企业推动数据共享和扩大云服务等相关系统开发纳入税收支持政策。新大纲计划对通过云服务实现与其他公司数据共享的企业，把设备投资额的3%从法人税中减免；对与集团公司以外企业进行数据共享的，在3%的基础上再扣除5%
5	该项税收减免措施还可以根据企业要求，改为提前折旧抵税和延迟纳税期限的方式

(五) 英国的数字经济税收征管实践

面对数字革命的浪潮，英国抓住时机，积极打造“世界数字之都”，数字经济的发展走在世界前列。为制定数字经济发展的整体性战略，英国先后推出了《数字英国》《数字经济战略(2015—2018)》《数字经济法案》等数字经济领域的战略规划，全面布局数字经济发展。

在数字经济税收征管方面，英国同样关注对企业研发的税收激励制度。采取研发费用加计扣除方法，企业的研发支出可享受扣除一定比例的加计费，如企业的亏损无法抵扣税费，在经过认定后会给予相应的税收返还金。同时，英国政府还设置安全港，允许亏损或者利润极低的企业选择另一种特殊计算方法来避免税负与企业支付能力完全不成比例的风险。按照以下公式来计算数字税：

数字税＝利润率×(营业收入－税收优惠)×政府规定的最低折扣水平

在设立数字税的浪潮中，英国政府为应对数字经济带来的税收挑战，于2020年4月1日正式开征数字税，主要对搜索引擎、社交媒体平台和在线市场等领域征收数字服务税。同时，英国数字服务税的征收还设置了双重阈值标准，满足条件的企业在英国国内产生的首笔2 500万英镑收入可免税优惠，以确保数字税不会给中小企业带来不合理的税收负担和发展阻碍。

二、国内主要城市税收支持政策及对北京的启示

从国际社会来看，我国的数字经济起步快，发展迅猛，但是对比英美、欧盟等发达经济体，我国针对数字经济发展的纲领性战略规划制定得较晚，且尚不成熟。面对越发激烈的全球市场竞争，尤其是与美国的数字经济“双子星”之争，我国需要在数字经济政策方针上做出更具体、更系统、更具前瞻性的战略规划。

国内数字经济发展呈现出明显的地区发展不均衡现象，第一梯队主要为北京、上海、浙江、广东、江苏等省市。本部分选取数字经济发展态势良好的典型省市，通过分析现有的促进数字经济发展的相关税收优惠政策，总结发展经验，从产业、企业和人才三个角度为构建北京数字经济新生态的税收支持政策提供建议和参考。

（一）我国现有的促进数字经济发展的税收优惠政策

我国目前尚未出台专门针对数字经济的税收优惠政策，但是从现有的享受各类税收优惠的行业或企业主体来看，现有的税收政策对于数字经济下的高新技术产业、集成电路产业和软件产业，包括产业数字化进程中的制造业都有着不同程度的税收优惠。

表 2-2 整理了数字经济背景下，有关行业能够享受的部分税收优惠政策。国内各省市推动区域发展数字经济时，在落实、落细相关税收优惠政策之外，也不断进行税收征管服务的创新。部分省市在地方财政的职权范围内，依据区域内数字经济发展战略和突出优势，对重点行业进行税收优惠加码，助力区域数字经济发展。

表 2-2　我国现有的促进数字经济发展的税收优惠政策

受惠行业/企业	税收优惠政策概述	享受主体	优惠内容
会计核算健全、实行查账征收并能够准确归集研发费用的居民企业	研发费用加计扣除	除制造业、科技型中小企业以外的会计核算健全、实行查账征收并能够准确归集研发费用的居民企业	2018 年 1 月 1 日至 2023 年 12 月 31 日期间，企业开展研发活动中实际发生的研发费用，未形成无形资产计入当期损益的，在按规定据实扣除的基础上，按照实际发生额的 75%，在税前加计扣除。 同期，企业开展研发活动中实际发生的研发费用形成无形资产的，按照无形资产成本的 175%在税前摊销
	委托境外研发费用加计扣除	会计核算健全、实行查账征收并能够准确归集研发费用的居民企业	委托境外进行研发活动所发生的费用，按照费用实际发生额的 80%计入委托方的委托境外研发费用。委托境外研发费用不超过境内符合条件的研发费用三分之二的部分，可以按规定在企业所得税前加计扣除
制造业	制造业企业研发费用企业所得税 100% 加计扣除	制造业企业	自 2021 年 1 月 1 日起，制造业企业开展研发活动中实际发生的研发费用，未形成无形资产计入当期损益的，在按规定据实扣除的基础上，再按照实际发生额的 100%在税前加计扣除；形成无形资产的，按照无形资产成本的 200%在税前摊销

续表

受惠行业/企业	税收优惠政策概述	享受主体	优惠内容
科技型中小企业	研发费用企业所得税 100%加计扣除	科技型中小企业	科技型中小企业开展研发活动中实际发生的研发费用，未形成无形资产计入当期损益的，在按规定据实扣除的基础上，自 2022 年 1 月 1 日起，再按照实际发生额的 100%在税前加计扣除；形成无形资产的，自 2022 年 1 月 1 日起，按照无形资产成本的 200%在税前摊销
	亏损结转年限延长至 10 年	科技型中小企业	自 2018 年 1 月 1 日起，当年具备科技型中小企业资格(以下统称资格)的企业，其具备资格年度之前 5 个年度发生的尚未弥补完的亏损，准予结转以后年度弥补，最长结转年限由 5 年延长至 10 年
	高新技术企业和科技型中小企业亏损结转年限延长至 10 年	高新技术企业和科技型中小企业	自 2018 年 1 月 1 日起，当年具备高新技术企业或科技型中小企业资格(以下统称资格)的企业，其具备资格年度之前 5 个年度发生的尚未弥补完的亏损，准予结转以后年度弥补，最长结转年限由 5 年延长至 10 年
	技术先进型服务企业减按 15%税率征收企业所得税	经认定的技术先进型服务企业	经认定的技术先进型服务企业，减按 15%的税率征收企业所得税
	先进制造业纳税人增值税期末留抵退税	符合条件的先进制造业纳税人	自 2021 年 4 月 1 日起，符合条件的先进制造业纳税人，可以自 2021 年 5 月及以后纳税申报期向主管税务机关申请退还增量留抵税额
软件企业	软件产品增值税超税负即征即退	自行开发生产销售软件产品(包括将进口软件产品进行本地化改造后对外销售)的增值税一般纳税人	增值税一般纳税人销售其自行开发生产的软件产品，按 13%(自 2018 年 5 月 1 日起，原适用 17%税率的调整为 16%；自 2019 年 4 月 1 日起，原适用 16%税率的税率调整为 13%)税率征收增值税后，对其增值税实际税负超过 3%的部分实行即征即退政策
	国家鼓励的软件企业定期减免企业所得税	国家鼓励的软件企业	自 2020 年 1 月 1 日起，国家鼓励的软件企业，自获利年度起，第 1～2 年免征企业所得税，第 3～5 年按照 25%的法定税率减半征收企业所得税

续 表

受惠行业/企业	税收优惠政策概述	享受主体	优惠内容
软件企业	国家鼓励的重点软件企业减免企业所得税	国家鼓励的重点软件企业	自2020年1月1日起，国家鼓励的重点软件企业，自获利年度起，第1～5年免征企业所得税，接续年度减按10%的税率征收企业所得税
	软件企业取得即征即退增值税款用于软件产品研发和扩大再生产企业所得税政策	符合条件的软件企业	符合条件的软件企业按照《财政部 国家税务总局关于软件产品增值税政策的通知》(财税〔2011〕100号)规定取得的即征即退增值税款，由企业专项用于软件产品研发和扩大再生产并单独进行核算，可以作为不征税收入，在计算应纳税所得额时从收入总额中减除
	符合条件的软件企业职工培训费用按实际发生额税前扣除	符合条件的软件企业	自2011年1月1日起，符合条件的软件企业的职工培训费用，应单独进行核算并按实际发生额在计算应纳税所得额时扣除
集成电路企业	集成电路重大项目企业增值税留抵税额退税	国家批准的集成电路重大项目企业	自2011年11月1日起，对国家批准的集成电路重大项目企业，因购进设备形成的增值税期末留抵税额准予退还
	线宽符合条件的集成电路企业定期减免企业所得税	国家鼓励的线宽符合条件的集成电路企业	2017年12月31日前设立且在2019年12月31日前获利的集成电路线宽小于0.8微米(含)的集成电路生产企业，自获利年度起第1～2年免征企业所得税，第3～5年按照25%的法定税率减半征收企业所得税，并享受至期满为止。 同期获利的集成电路线宽小于0.25微米，且经营期在15年以上的集成电路生产企业，自获利年度起1～5年免征企业所得税，第6～10年按照25%的法定税率减半征收企业所得税，并享受至期满为止。 2020年1月1日起，国家鼓励的集成电路线宽小于28纳米(含)，且经营期在15年以上的集成电路生产企业或项目，第1～10年免征企业所得税；线宽小于65纳米(含)，且经营期在15年以上的集成电路生产企业或项目，第1～5年免征企业所得税，第6～10年按照25%的法定税率减半征收企业所得税；线宽小于130纳米(含)，且经营期在10年以上的集成电路生产企业或项目，第1～2年免征企业所得税，第3～5年按照25%的法定税率减半征收企业所得税；线宽小于130纳米(含)的集成电路生产企业，属于国家鼓励的集成电路生产企业清单年度之前5个纳税年度发生的尚未弥补完的亏损，准予向以后年度结转，总结转年限最长不得超过10年

续 表

受惠行业/企业	税收优惠政策概述	享受主体	优惠内容
集成电路企业	承建集成电路重大项目的企业进口新设备可分期缴纳进口增值税	承建集成电路重大项目的企业	承建集成电路重大项目的企业自2020年7月27日至2030年12月31日期间进口新设备，除《国内投资项目不予免税的进口商品目录》《外商投资项目不予免税的进口商品目录》《进口不予免税的重大技术装备和产品目录》所列商品外，对未缴纳的税款提供海关认可的税款担保，准予在首台设备进口之后的6年(连续72个月)期限内分期缴纳进口环节增值税，6年内每年(连续12个月)依次缴纳进口环节增值税总额的0%、20%、20%、20%、20%、20%，自首台设备进口之日起已经缴纳的税款不予退还。在分期纳税期间，海关对准予分期缴纳的税款不予征收滞纳金
	国家鼓励的集成电路设计、装备、材料、封装、测试企业定期减免企业所得税	国家鼓励的集成电路设计、装备、材料、封装、测试企业	2020年1月1日起，国家鼓励的集成电路设计、装备、材料、封装、测试企业，自获利年度起，第1～2年免征企业所得税，第3～5年按照25%的法定税率减半征收企业所得税
	国家鼓励的重点集成电路设计企业定期减免企业所得税	国家鼓励的重点集成电路设计企业	自2020年1月1日起，国家鼓励的重点集成电路设计企业，自获利年度起，第1～5年免征企业所得税，接续年度减按10%的税率征收企业所得税
	集成电路生产企业生产设备缩短折旧年限	集成电路生产企业	集成电路生产企业的生产设备，其折旧年限可以适当缩短，最短可为3年(含)
动漫企业	销售自主开发生产动漫软件增值税超税负即征即退	动漫企业增值税一般纳税人	自2018年1月1日至2023年12月31日，动漫企业增值税一般纳税人销售其自主开发生产的动漫软件，对其增值税实际税负超过3%的部分，实行即征即退政策
	符合条件的动漫设计等服务可选择适用简易计税方法计算缴纳增值税	经认定为动漫企业的增值税一般纳税人	增值税一般纳税人经认定为动漫企业的，发生下列应税行为可以选择适用简易计税方法计税：为开发动漫产品提供的动漫脚本编撰、形象设计、背景设计、动画设计、分镜、动画制作、摄制、描线、上色、画面合成、配音、配乐、音效合成、剪辑、字幕制作、压缩转码(面向网络动漫、手机动漫格式适配)服务，以及在境内转让动漫版权(包括动漫品牌、形象或者内容的授权及再授权)

续 表

受惠行业/企业	税收优惠政策概述	享受主体	优惠内容
动漫企业	动漫软件出口免征增值税	出口动漫软件的纳税人	动漫软件符合软件产品相关规定： 1. 软件产品，是指信息处理程序及相关文档和数据。软件产品包括计算机软件产品、信息系统和嵌入式软件产品。嵌入式软件产品是指嵌入在计算机硬件、机器设备中并随其一并销售，构成计算机硬件、机器设备组成部分的软件产品。 2. 取得软件产业主管部门颁发的《软件产品登记证书》或著作权行政管理部门颁发的《计算机软件著作权登记证书》
	符合条件的动漫企业可申请享受国家现行鼓励软件产业发展的企业所得税优惠政策	经认定的动漫企业	经认定的动漫企业自主开发、生产动漫产品，可申请享受国家现行鼓励软件产业发展的企业所得税优惠政策，即自获利年度起，第一年至第二年免征企业所得税，第三年至第五年按照25%的法定税率减半征收企业所得税

资料来源：国家税务总局《"大众创业 万众创新"税费优惠政策指引》，https://www.chinatax.gov.cn/chinatax/n810219/n810744/c101827/common_list_dzcy.html。

（二）上海的数字经济税收支持政策

中国信息通信研究院的《中国数字经济发展白皮书（2022年）》显示，2021年上海数字经济规模已经超过1万亿元，上海数字经济占其GDP比重超过50%，经济贡献仅次于北京。2022年，上海市的集成电路、生物医药、人工智能三大先导产业规模达到1.4万亿元。产业数字化作为数字经济发展的主要着力点，目前上海市产业数字化增加值规模已经超过1万亿元，占全市生产总值比重超过40%。由此可见，上海在数字经济赛道上的成果直追北京，数字产业化和产业数字化双向共进。

1. 通过国际数据港和数据条例促进数字经济发展

基于得天独厚的地理条件和云计算等数字经济发展优势，上海在"一带一路"倡议和长三角一体化进程中扮演着重要角色。尤其是数字贸易，在政策加持下，它为上海融入发展新格局、实现经济高质量发展注入了新动能。2019年，上海强调要加快建设"数字贸易国际枢纽港"，中国（上海）自由贸易试验区临港新片区于

2019 年 8 月 6 日设立。2020 年 5 月 21 日，上海虹桥商务区全球数字贸易港正式开港。在《上海市数据条例》的部署下，2021 年 9 月 1 日发布的《上海市促进城市数字化转型的若干政策措施》指出：试点建立本市重点产业数字化分级分类建设和评估标准，通过本市促进产业高质量发展等专项资金，对转型费用进行一定比例补贴，支持符合条件的企业开展数字化转型；持续实施软件和集成电路核心团队、企业奖励政策，优化分级分类奖励标准。2021 年 11 月在浦东新区成立上海数据交易所，在临港新片区和浦东新区建设上海国际数据港。2022 年 6 月，上海市人民政府发布了《上海市数字经济发展"十四五"规划》，围绕数字新产业、数据新要素、数字新基建、智能新终端等重点领域，加强数据、技术、企业、空间载体等关键要素协同联动，加快进行数字经济发展布局①。

2. 形成"17＋10"创新征管服务体系

作为上海市创新创业的热土，揭牌两年多的临港新片区在数字经济的税收支持政策上也有独特思考。《关于促进中国（上海）自由贸易试验区临港新片区高质量发展实施特殊支持政策的若干意见》提出：对新片区内符合条件从事集成电路、人工智能、生物医药、民用航空等关键领域核心环节相关产品（技术）业务，并开展实质性生产或研发活动的符合条件的法人企业，自设立之日起 5 年内减按 15％税率征收企业所得税。上海税务部门则形成了支持临港新片区高质量发展的"17＋10"创新征管服务体系，聚焦征管制度创新、精简办理流程、增强管理质效、提升服务水平等多领域，主动服务和融入国家重大战略。"17＋10"税收征管服务创新举措提出："在新片区试点本市分支机构属地征管，后续又放宽了注册在新片区的分支机构属地征管条件，在"生产型企业"基础上进一步扩大试点范围。对符合新片区产业导向、信用情况良好、分支机构规模较大的，在新片区内开展实质性生产经营的纳税人，可试行分支机构属地征管"②。

3. 企业研发费用加计扣除

2021 年，企业可以提前享受研发费用加计扣除优惠。制造业企业研发费用加计扣除比例由 75％提高至 100％，并且先进制造业增值税期末留抵退税范围再次扩大，由 4 个行业扩围到 9 个行业。在政策的多重利好下，上海税务部门落实落细税务优惠，简化流程提高效率，用税收优惠反哺企业研发，提高税收征管工作效率

① 上海市人民政府. 上海市人民政府办公厅关于印发《上海市数字经济发展"十四五"规划》的通知，2022-06-13.

② 上海市人民政府网. 上海税务部门形成支持新片区高质量发展的"17＋10"创新征管服务体系，2021-12-09.

和服务质量，积极响应上海“五个新城”的发展，推动城市数字化转型和城市经济新增长极的形成。

（三）杭州的数字经济税收支持政策

在我国《数字经济及其核心产业统计分类(2021)》公布前，于 2016 年举办的杭州 G20 峰会发布的《二十国集团数字经济发展与合作倡议》对数字经济进行了定义，并得到了广泛认可。杭州作为全国电子商务发展的龙头城市，2016 年信息经济实现增加值 2 688.00 亿元，占 GDP 的 24.3%，其中电子商务产业占总增加值的 38.2%[①]。“十三五”期间，杭州大力发展数字经济，在人工智能、大数据、共享经济和工业互联网等重点领域不断发力，各种新产业、新业态和新模式不断涌现，为杭州争做“全国数字第一城”积极赋能。《2020 年杭州市国民经济和社会发展统计公报》显示，杭州市数字经济核心产业增加值 4 290 亿元，比上年增长 13.3%，高于 GDP 增速 9.4 个百分点，占 GDP 的 26.6%；数字内容、软件与信息服务、电子信息产品制造产业增加值分别为 3 113 亿元、3 441 亿元和 1 090 亿元，分别比上年增长 12.7%、12.9%和 14.7%；人工智能产业持续壮大，实现增加值 340 亿元，比上年增长 8.2%。

1. 落实落细国家对高新技术企业的相关税收优惠政策

杭州在数字经济的税收支持政策方面，积极落实落细国家对于高新技术企业的税收优惠政策，如被认定为高新技术企业的，其研究开发费用形成无形资产的按其成本的 150%摊销，未形成无形资产的按当下研发费用实际发生额的 50%加计扣除。国家重点扶持领域的高新技术企业和技术先进型服务企业，减按 15%的优惠税率征收企业所得税。对新办的集成电路设计企业和符合条件的软件企业，享受企业所得税“两免三减半”的优惠政策。对符合条件的技术先进型服务企业的职工教育经费支出，不超过工资薪金总额 8%的部分，准予在计算应纳税所得额时扣除。除研发费用加计扣除之外，杭州市政府还对在本行政区域内注册、具有独立法人资格、健全财务核算制度的中小型科技企业，国家重点扶持的“先进制造与自动化”领域的高新技术企业进行研发费用投入的财政补助。《2022 年杭州市国民经济和社会发展统计公报》显示，2022 年杭州市数字经济核心产业增加值 5 076 亿元，比上年增长 2.8%；数字经济核心产业制造业增加值 1 180 亿元，比上年增长 4.4%；高新技术产业、战略性新兴产业、装备制造业增加值分别比上年增长 1.2%、4.2%

① “中国杭州”政府门户网站. 2016 年杭州市国民经济和社会发展统计公报，2017-10-27.

和 0.4%，占规模以上工业的 70.5%、44.6%和 50.1%。

2. 对中小微企业实行特殊税收优惠

对于符合要求的小微企业，杭州市也积极落实相关税收优惠政策，鼓励创新创业和小微企业孵化，拉动投资，释放就业潜力：对年应纳税所得额低于 10 万元（含）的小型微利企业，其所得减按 50%计入应纳税所得额，按 20%的税率缴纳企业所得税。创业投资企业采取股权投资方式投资于未上市的中小高新技术企业 2 年以上的，可以按照其投资额的 70%在股权持有满 2 年的当年抵扣该创业投资企业的应纳税所得额；当年不足抵扣的，可以在以后纳税年度结转抵扣。

总体来看，杭州市对于数字经济的税收支持主要体现在以下两方面。一是贯彻落实国家的相关税收优惠。杭州市税务局根据数字经济特征和城市产业发展背景，及时按照电子商务、物联网、计算机通信设备制造、软件信息等信息经济和智慧经济的主要产业类别，梳理以结构性减税为主的增值税、企业所得税、出口退税等相关税收优惠政策 48 条。二是提高税收服务水平和征管效率，在税收征管过程中，从事前服务、事中监管和事后检查多环节确保税收优惠政策的落实，针对各区数字经济发展特色，开展个性化服务，积极推进“便民办税春风行动”。

（四）深圳的数字经济税收支持政策

改革开放四十多年来，深圳经济特区“实现了由一座落后的边陲小镇到具有全球影响力的国际化大都市的历史性跨越”[①]，从设立初期的承接香港溢出的加工业，到现在形成完整的信息通信技术（ICT）产业链，被称为中国的“硅谷”之一。《深圳市 2021 年国民经济和社会发展统计公报》显示，2021 年深圳实现地区生产总值 30 664.85 亿元，全年战略性新兴产业增加值合计 12 146.37 亿元，比上年增长 6.7%，占地区生产总值比重 39.6%；数字经济核心产业增加值突破 9 000 亿元人民币，占全市 GDP 比重升至 30.6%，总量和比重均位居中国第一。深圳市数字经济生态企业竞争力也在不断增强，入选 2021 年中国电子信息竞争力百强企业数量全国排名第一；10 家企业入选“2021 年度软件和信息技术服务竞争力百强企业”，总量位居全国大中城市第二位；6 家企业入选“2021 年中国互联网企业综合实力百强企业”，总量位居全国大中城市第四位[②]。

除了数字经济产业规模的不断扩大，不断提高的创新能力也为深圳市的数字

① 出自习近平 2020 年 10 月 14 日在深圳经济特区建立 40 周年庆祝大会上的讲话。

② 深圳市人民政府发展研究中心. 深圳数字经济发展动能加速释放，2022-11-29.

经济的发展提供了动力。截至 2021 年，深圳市 PCT 专利合作条约国际申请量已连续 18 年排名全国大中城市第一位。中国鲲鹏产业源头创新中心、全国首家开放原子开源技术服务中心、深圳市人工智能与机器人研究院等都在深圳设立启动，助力深圳数字经济的创新发展。除此之外，深圳在 5G 建设和创新应用等数字经济设施建设上也居于全国前列，2021 年，深圳市建成 5G 基站 5.1 万个，总数占到广东省近三成，基站密度位居全国第一。

1. 实行灵活的地方税收政策

深圳从改革开放初期的“加工制造”到现在的“创新之城”，打造数字经济创新发展试验区，争创全球数字先锋城市，灵活的税收政策一直在激励、引导和推动特区经济的转型升级：从改革开放初期承接产业的“三来一补”，到发展深圳制造时期的“地产地销”免征增值税政策。2000 年，《国务院关于印发鼓励软件产业和集成电路产业发展若干政策的通知》对国家规划布局内的重点软件企业实行减按 10%的低税率征收企业所得税；对新创办软件企业，自获利年度起享受企业所得税“两免三减半”的优惠政策；对软件产品的增值税实际税负超过 3%的部分实行即征即退。深圳市税务部门积极落实嵌入式软件产品增值税即征即退的税收优惠政策，为特区内的集成电路产业和软件信息产业提供了良好的营商环境。2008 年实施的《中华人民共和国企业所得税法》，为了实现新老政策的平稳过渡，国家实施了企业所得税“两过渡”政策，包括深圳在内的五个经济特区和上海浦东新区的高新技术企业以及国家重点扶持的高新技术企业可以继续享受“两免三减半”的优惠政策，深圳市税务部门也积极辅助特区内企业完成高新技术企业的资格认定，确保税收优惠政策的实施和覆盖，助力深圳高新技术产业成为特区经济发展的新支柱。

2. 推出“清单式”服务提高税务服务的效率和质量

在税收服务方面，深圳税务部门大力扶持创新型企业发展，推出“清单式”服务，让企业放心享受税费优惠；利用地理位置优势，建立税收服务粤港澳大湾区合作机制，为区域间税务协作提供示范；同时深圳税务部门也积极利用人工智能、大数据、区块链等技术，实现税收征管的数字化转型，提升审批速度，扩大区块链电子发票的应用范围，构建“税务-产业”联盟，与银行合作推出“税银互动”，营造了良好的税收营商环境，提高了税务服务的效率和质量。

(五) 海南的数字经济税收支持政策

海南是我国最大的经济特区，中共中央和国务院赋予海南更大的改革自主权，并建设海南自由贸易港。2018 年 4 月 13 日，习近平在庆祝海南建省办经济特区 30 周年大会上宣布，党中央决定支持海南全岛建设自由贸易试验区。2020 年 6 月 1 日，中共中央、国务院印发了《海南自由贸易港建设总体方案》；同年 8 月 24 日，海南公布了中英文《2020 海南自由贸易港投资指南》。2021 年 6 月 10 日，《中华人民共和国海南自由贸易港法》正式颁布，从国家层面单独为一个地区立法，赋予海南更大的改革自主权。海南正处于自由贸易港的初步建设阶段，为形成成熟的自由贸易港政策和制度体系，海南自由贸易港秉持着“境内关外”区域“一线放开、二线管住、岛内自由”理念，积极发挥自由贸易港的政策优势，努力营造国际化高水平的营商环境。2022 年，海南省的服务业对其经济增长的贡献度达到 80.5%，以服务业为主导的产业结构基本形成。

本书作者所在课题组的负责人随中国服务贸易协会专家委员会成员对海南 2025 年年底封关前自由贸易港中海口和三亚的一些企业和单位进行了调研，深入了解自由贸易港各方面发展的特殊政策落地实施情况，其中特别了解了数字经济发展的税收政策情况。

1. 以税收优惠政策汇聚数字经济发展所必需的基础资源

2020 年 7 月，海南全面深化改革开放领导小组办公室印发《智慧海南总体方案(2020—2025 年)》，将“构筑开放型数字经济创新高地”明确为四大战略定位和发展方向之一，以数字经济为代表的高新技术产业也列入了海南“3+1+1”现代化产业投资的重点。2021 年，全省数字经济增加值达 450 亿元，占全省 GDP 比重为 7%。海南着力把园区打造成自贸港做大流量的“量点”和突出实效的“亮点”，国内互联网头部企业在复兴城信息产业园和海南生态软件园集聚。2021 年，两个园区合计入驻企业超 15 000 家，实现营业收入超 3 000 亿元。海口、澄迈、三亚等地数字产业发展较快，汇聚了一批国内头部企业区域总部。全省高新技术企业增至 1 202 家、增长 43.4%。

同时，海南持续引进了中国科学院力学所、中国科学院理化所、上海交通大学等一批高校院所，打造“陆海空”未来产业：海南瞄准培育南繁产业、深海科技产业、航天航空产业，加快三亚崖州湾科技城、文昌国际航天城等园区建设；开工建设航天装配异地协同中心、海南北斗自由流、长光卫星应用等项目。据统计，崖州湾科技城累计注册企业 6 156 家，累计注册资本金为 1 064.52 亿元。2021 年，文昌航天城完成固定资产投资 18.98 亿元，是 2020 年的 3 倍。

此外，海南还率先在全省范围内试点数字货币，积极推动产业数字化转型，加速数字技术与医疗、旅游、海洋经济、热带农业和会展业的融合，发展数字经济新业态、新模式。

2. 通过税收优惠政策推动数字产业发展

自贸港政策红利的释放，助推了海南数字经济的快速发展，尤其是税收政策优惠，促进了数字经济市场主体的培育，有助于吸引高新技术企业入驻、数字人才集聚，增强数字企业活力。

中共中央、国务院印发的《海南自由贸易港建设总体方案》提出，“按照零关税、低税率、简税制、强法治、分阶段的原则，逐步建立与高水平自由贸易港相适应的税收制度”。在《中华人民共和国海南自由贸易港法》中，第四章专章阐述海南的财政税收制度，明确“鼓励海南省在国务院批准的限额内发行地方政府债券支持海南自由贸易港项目建设”；第二十六条规定，“海南自由贸易港可以根据发展需要，自主减征、免征、缓征除具有生态补偿性质外的政府性基金”；海南将实施“五税合一”的简税制，即将现行增值税、消费税、车辆购置税、城市维护建设税及教育费附加等税费进行简并，启动在货物和服务零售环节征收销售税相关工作；明确提出“海南自由贸易港依法建立安全有序自由便利的数据流动管理制度”“国家支持海南自由贸易港探索实施区域性国际数据跨境流动制度安排”；第四十四条提出，“海南自由贸易港深化人才发展体制机制改革，创新人才培养支持机制，建立科学合理的人才引进、认定、使用和待遇保障机制”。

《关于海南自由贸易港企业所得税优惠政策的通知》规定，对注册在海南自由贸易港并实质性运营的鼓励类产业企业，减按15%的税率征收企业所得税；对在海南自由贸易港设立的旅游业、现代服务业、高新技术产业企业新增境外直接投资取得的所得，免征企业所得税；对在海南自由贸易港设立的企业，新购置（含自建、自行开发）固定资产或无形资产，单位价值不超过500万元（含）的，允许一次性计入当期成本费用在计算应纳税所得额时扣除，不再分年度计算折旧和摊销；新购置（含自建、自行开发）固定资产或无形资产，单位价值超过500万元的，可以缩短折旧、摊销年限或采取加速折旧、摊销的方法。

海南自由贸易港从企业创业初期、企业成长期和企业成熟期全阶段贯彻落实国家的减税降费政策，以税收优惠促进企业的孵化与发展。除了对企业和平台的税收优惠，海南自贸港对于高端紧缺人才也施行个人所得税优惠，在海南自由贸易港工作的高端人才和紧缺人才，其个人所得税实际税负超过15%的部分予以免征。海南自由贸易港的特殊政策和法律规定，使海南享有更多的政策红利，这无疑在数字资源争夺中，使海南处于比北京更有利的地位。

（六）其他省市数字经济税收支持政策对北京的启示

1. 针对地区特点实施数字企业优惠政策

上海、杭州同属长三角城市群，深圳经济特区作为我国的对外窗口，是珠三角和大湾区的核心城市之一，而海南全岛建设自由贸易港，凭借其独特的地理位置和政策红利大力发展数字经济。全国各省市出台相关税收政策，大力支持数字经济发展，不同地区的政策力度和扶持重点不同，对于数字经济的刺激效果也存在差别。目前，国内大部分省市都是在贯彻国家减税降费政策的基础上，再制定具有地方特色的支持数字经济发展的税收优惠政策，如研发费用加计扣除，高新技术企业享受优惠的企业所得税率等。像上海临港片区，则是更具针对性地向部分企业提供税收优惠，旨在促进区域内重点产业的发展。海南和深圳作为国家级战略部署的区域，在政策实施和体系建设上"先行先试"，构建地区数字经济发展的良好营商环境。

2. 建立实施吸引数字人才的政策

除对企业的优惠政策外，数字经济人才也是各省市关注的重点。杭州的人才引进政策和高层次人才认定，上海的高层次人才、重点机构紧缺急需人才、高技能人才等人才引入落户政策，深圳的积分落户和海南的个人所得税优惠等政策都有助于区域吸纳数字经济人才。税收支持政策会带来数字经济市场主体和行业人才的流入，尤其有利于大数据、人工智能、电子商务、互联网和电子信息产业等重点领域的头部企业和科研院所的引入。由于各省市存在相互竞争的关系，因此数字经济重点领域的高端人才引入和高校研究院的入驻也需要各省市出台配套政策，推动人才培育和技术转化。其他省市已出台的相关数字经济税收政策为北京提供了参考和借鉴。

3. 依靠国家战略，积极发挥区域特色政策和制度优势

国内其他省市的数字经济税收支持政策对北京而言，既具有竞争性，又具有参考价值。立足区域数字经济发展特点，抓牢重点领域和特色发展模式，发挥龙头企业的带动作用；精准发力，政策优惠要从点到面，逐步铺开；在遵守我国税收基本制度的前提下，做好地方税与中央税的协调，贯彻落实国家减税降费的相关政策，落实、落细各项税收优惠政策。

三、北京数字企业的调研分析

为使提出的促进北京数字经济发展的税收支持政策具有针对性，作者所在课题组对北京数字企业和数字化转型企业发展中的痛点、难点进行了线上调查、线下走访和座谈。

(一) 调研内容

1. 调研背景

数字技术催生了数字应用和数字经济的快速发展。21 世纪初以来，区块链、大数据、云计算、人工智能、5G 等新兴科技不断应用于实体经济，数字经济依托信息技术不断发展。

我国在全球数字经济的发展方面是仅次于美国的第二大国，而且在网络零售市场、移动支付规模等方面位居世界第一。2021 年，全国电商交易额共计 42.3 万亿元，数字经济规模达到 45.5 万亿元，较"十三五"初期扩张了 1 倍多，同比名义增长 16.2%，占 GDP 比重为 39.8%。数据表明，我国数字经济虽然发展迅速，规模也比较大，成为推动我国经济社会发展的重要力量，但 2021 年的发展速度却低于发展中国家平均增长率 6.1 个百分点，同时我国数字经济在 GDP 中的比重低于发达国家平均增长率 15.9 个百分点，低于世界三强平均增长率 25.2 个百分点。因此，数字经济发展在对实体经济赋能、赋值、赋智上具有很大的发展空间，而北京要建设为全球数字标杆城市，也有很长的路要走。

2. 调研目的

北京数字企业调研分析的目的是：了解数字企业的诉求和经营中的困难，为北京税收支持政策的精准实施提供决策参考。

2021 年，习近平总书记在中共中央政治局第三十四次集体学习中明确提道："要把握数字经济发展趋势和规律，推动我国数字经济健康发展"。北京作为中国数字经济发展的创新引领者和产业先行者，要充分利用自身的资源优势，建立和打造中国数字经济发展的"北京样板"，成为全球数字经济标杆城市。

通过对北京相关数字企业及数字化转型企业进行调研，分析研究北京企业数字化转型发展情况以及现阶段发展存在的主要问题，总结企业对政府在数字经济领域税收支持政策的诉求，并针对调研结果提出相应的建议，以加快北京培育壮大数字经济发展、推动企业数字化转型进程，打造具有国际竞争力的全球数字经济标杆城市。

所谓数字企业(digital enterprise)，是指充分利用大数据、云计算、物联网、移动互联网、AI 等新一代信息技术带来的商业创新机会，持续赋能和优化业务流程，连接产供销产品设备和服务，积累和开发大数据资产，打造供需匹配的运营体系，不断创新商业模式和推动组织变革的企业。当然，有时也将数字企业定义为将有形企业映射到无形、虚拟的网络之中，形成的一个与现实企业相对应且密切相连的，其功能又能够局部或全部模拟企业行为的系统，又称“虚拟企业”。这两种定义本质上是一样的，即数字企业既包括数字化转型企业，也包括“虚拟企业”。本次对数字企业的调查主要涵盖以上两个方面。

3. 调研方法

本调研包括线上与线下两部分。线上为问卷调研，对北京国有、民营、外资、中外合资企业进行线上调研（见附录 A）；线下对百度有限公司、中国通用技术（集团）控股有限责任公司、海南自由贸易港中海口与三亚一些企业和单位、北京数通国软信息技术有限公司、中煤科工智能储装技术有限公司和北京宸控科技有限公司等科技型企业进行走访、学习和座谈（见附录 B）。其中，调查问卷通过设置企业性质、企业所属行业等选项，从不同维度分析各类型、各行业企业在数字经济发展过程中的情况和差异。

4. 数据来源

线上调研中，本次调研通过鱼小数平台（https://www.yuxshu.cn/）共向北京企业中高层管理人员推送链接 2 238 份，有效点击 1 166 份，最后回收有效样本 342 份。根据答题时间和答案质量又删除 42 份，最后获取样本 300 份。表 2-3 所示为调查问卷总体情况。

表 2-3　调查问卷总体情况

接触情况	数量/份
推送链接	2 238
有效点击	1 166
甄别失败/其他甄别条件失败	765
中途结束（只要是点击链接但没有完成样本的，都计入此项）	59
原始回收样本	342
根据答题时间、答案质量删除	42
成功样本	300

本次问卷调研主要面向北京企业的中高层管理人员，共包括 9 个问题、两大部

分。第一部分是样本属性信息，包括性别、年龄、企业性质、所属行业；第二部分是数字经济背景下在北京开展业务的企业发展状况调查问卷，如表 2-4 所示。涉及调研者基本情况、企业背景信息、企业业务范围、企业数字化发展现状以及企业发展数字经济的政策诉求。

表 2-4　数字经济背景下在北京开展业务的企业发展状况调研问卷

调查项目	问卷选项
目标人群	1. 调研者年龄
	2. 调研者性别
企业背景信息	3. 企业性质
	4. 企业规模
	5. 企业所属行业
企业业务范围	6. 目前公司是否有业务在北京
企业数字化发展现状	7. 企业数字化总投入占企业总投入的比重
	8. 目前企业发展的主要困难是什么
企业发展数字经济的政策诉求	9. 政府应在哪些方面加大对企业发展的支持力度
	10. 政府在数字经济发展中应在哪些方面加大支持力度

（二）调研结果统计分析

收集第一手资料是研究问题的起点。因此，本研究设计了问卷调查，问卷借助鱼小数平台进行在线发放。问卷于 2022 年 10 月 10 日正式开放，截至 2022 年 10 月 20 日，线上收集合计 300 份有效问卷。样本聚焦于数字经济背景下在北京开展业务的企业的发展状况。

1. 目标人群

目标人群集中在 31～50 岁，男性为主。从被调查者身份特征进行统计，如图 2-3、图 2-4 所示，18～30 岁的调查样本有 12 人，占总量的 4%；31～40 岁的调查样本有 112 人，约占样本总量的 38%；41～50 岁的调查样本有 136 人，约占样本总量的 45%；51～60 岁的调查样本有 33 人，占样本总量的 11%；61 岁以上的调查样本有 7 人，约占样本总量的 2%。由此可见，样本的年龄段大致呈正态分布，主要集中于 31～50 岁，占样本总量的 83%。

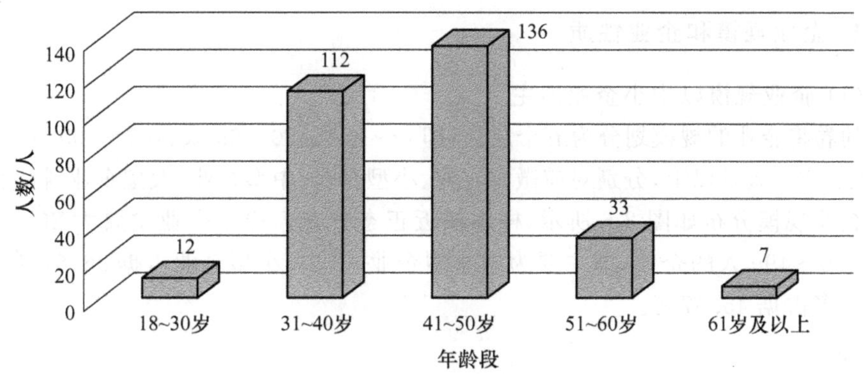

图 2-3　年龄段及人数分布

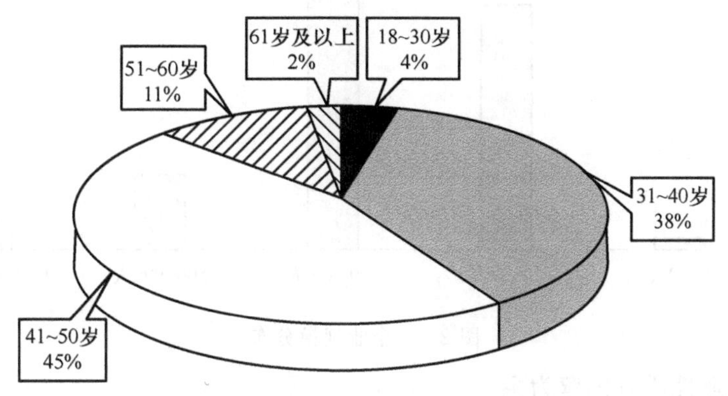

图 2-4　年龄段及比例分布饼状图

如图 2-5 所示，调查样本中女性为 113 人，约占 38%；男性样本为 187 人，占比约为 62%。性别中男性占比较大，这也基本与企业中高级管理者任职情况大体一致。

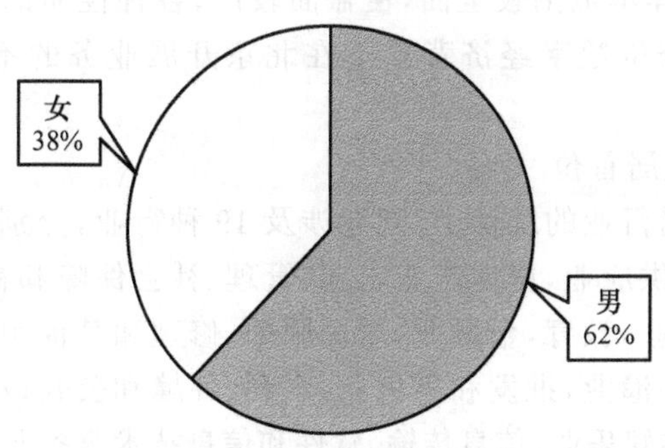

图 2-5　性别比例分布图

2. 企业规模和企业性质

(1) 企业规模以中小企业为主

问卷将企业的规模划分为五个层次,即 0～19 人、20～99 人、100～499 人、500～999 人、1 000 人及以上,分别对应微型企业、小型企业、中型企业、大型企业、特大型企业。企业规模分布如图 2-6 所示,样本接近正态分布。样本企业主要为 20～99 人以及 100～499 人的企业,即主要为中小型企业,其中,小型企业占据 36.67%,中型企业最多占据 45.67%。

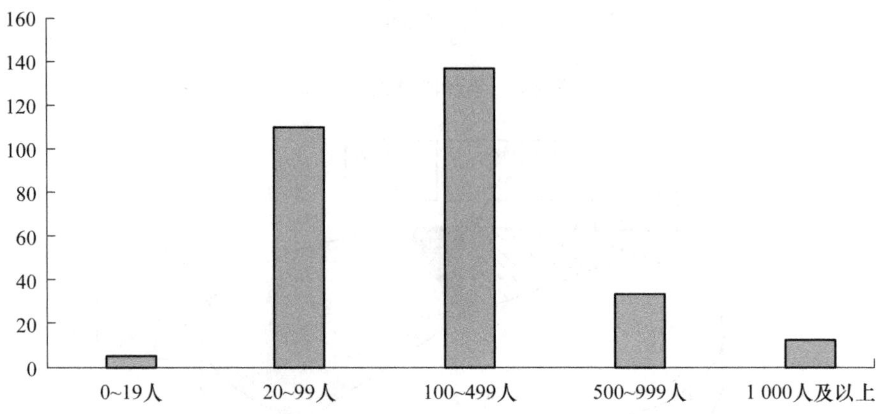

图 2-6 企业规模分布

(2) 企业性质以民营为主

在样本企业性质统计上,问卷罗列了四种类型的企业,分别是:国有企业、民营企业、外资企业、中外合资企业。经统计,民营企业样本占比最大,有 174 个,占调查总量的 58%;其次是国有企业,有 61 个,占调查总量的 20%;再次是外资企业,有 45 个,占调查总量的 15%;最后是中外合资企业,有 20 个,占调查总量的 7%。由图 2-7 可知,调查样本范围较全面,覆盖面较广,各种性质的企业都有涉猎,有利于后续进一步深入分析数字经济背景下在北京开展业务的不同性质企业的发展特点。

(3) 制造业企业居首位

在样本企业所属行业的统计上,问卷涉及 19 种行业,分别是:采矿业,电力、热力、燃气及水生产和供应业,房地产业,公共管理、社会保障和社会组织,建筑业,交通运输、仓储和邮政业,教育,金融业,居民服务、修理和其他服务业,科学研究和技术服务业,农、林、牧、渔业,批发和零售业,水利、环境和公共设施管理业,卫生和社会工作,文化、体育和娱乐业,信息传输、软件和信息技术服务业,制造业,住宿和餐饮业,租赁和商务服务业。经统计,如图 2-8 所示,制造业企业样本占比最大,有 46 个,占调查总量的 15.3%;其次是金融业企业,有 32 个,占调查总量的 10.6%;再次是电力、热力、燃气以及水生产和供应业，信息传输、软件和信息技术服务业以及科学研究和技术服务行业。由此可知，调查样本覆盖面较全，涉及范围较广泛，收集到的数据能够相对聚焦于受数字技术影响较大的服务行业以及制造业，问卷结果数据具有一定的说服力。

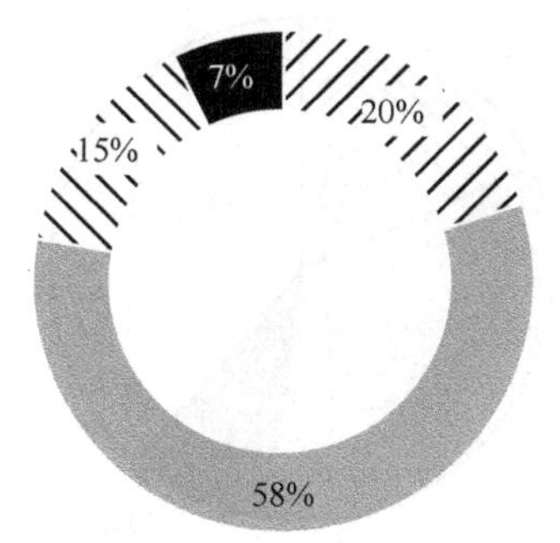

图 2-7　企业性质分布

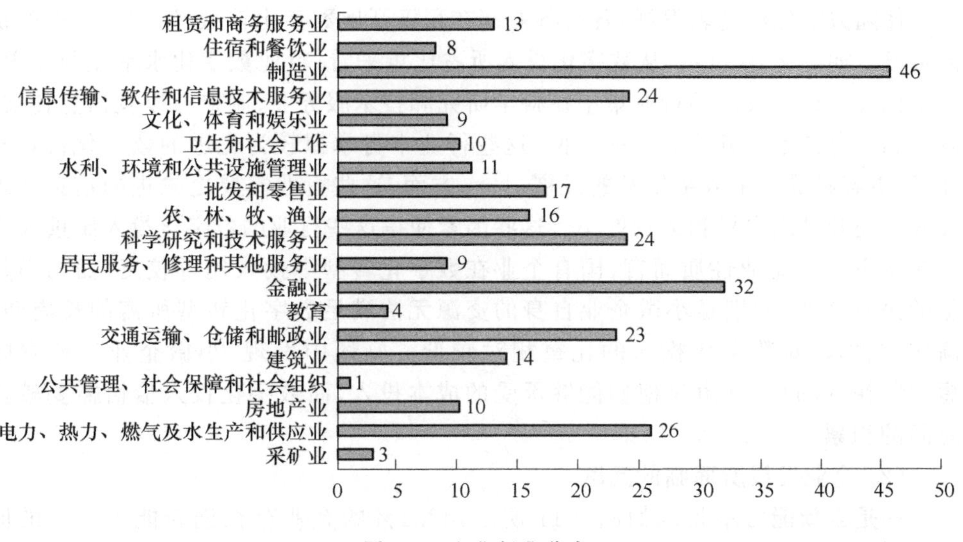

图 2-8　企业行业分布

3. 北京企业数字化转型现状分析

(1)基于总样本的数字化转型现状分析

几乎一半的企业数字化投入较低。数字化转型需要较多的前期投入，利用先进的数字技术，充分挖掘数据价值，发挥数据的驱动创新作用，进而发挥数字化转型的优势。如图 2-9 所示，从企业数字化投入占企业总投入的比重来看，48%的企业数字化总投入较低，占企业总投入的比重不足 30%，这类企业占比最高。33.67%的企业数字化投入占企业总投入的 30%～50%，14.33%的企业数字化投入占企业总投入的 50%～70%，仅 4%的企业数字化投入占总投入的 70%以上。可见，有很大比例的企业在数字化转型进程中存在资源投入较少的问题。

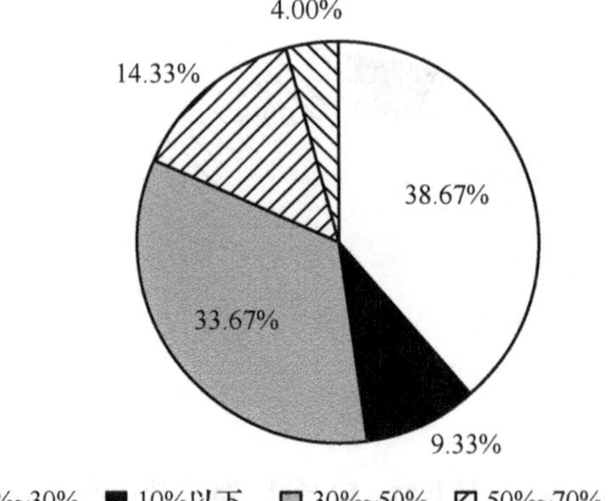

图 2-9　企业数字化投入占企业总投入比重分布情况

伴随数字经济蓬勃发展，各行各业都在积极开展数字化转型，以获取更多的价值增值。如图 2-10 所示，从数字化投入所占比重来看，行业数字化水平差距显著，数字化投入比重较高的行业集中在科学研究和技术服务业、制造业以及信息传输、软件和信息技术服务业等。一方面，这些行业本身掌握较为先进的数字化设备和技术，更容易受益于数字技术的发展；另一方面，这些行业需要更先进的信息技术投入来提升管理水平和运营效率。这些因素使得这些行业的数字化投入比重处于领先水平。就企业性质而言，国有企业在数字化转型中投入比重较高，而相当数量的民营企业、特别是小微企业自身的资源无法满足数字化转型所需的长周期、高成本投入，对数字化投入的比重相对较低。座谈中发现，小微企业一般青睐短、频、快的项目，这也是他们能够承受的成本投入，而数字化投入恰恰需要较长时间的积累。

(2) 企业发展所面临的问题

一是创新能力不足。如图 2-11 所示，42.1%的企业存在创新能力不足的问题。实体经济与数字经济的深度融合会使创新能力提升，而创新能力的提升会进一步带动数字经济的健康发展。数字经济新业态的发展过程中，一些企业数字技术的应用以及创新能力有待提升，基础优势难以充分发挥，进而可能无法享受“数字红利”。

二是技术水平较低。如图 2-11 所示，47.3%的企业存在技术水平相对较低的问题。数字经济的发展带来生产方式的变革，同时数字经济快速发展的背后需要各种资源的积累，其中离不开企业技术水平的提升和产品质量的改善。技术落后、智能化程度低、产品附加值低等问题不利于企业的经营和发展。

数字化投入比重低　　　　数字化投入比重高

企业性质	行业																		
	采矿业	电力、热力、燃气及水生产和供应业	房地产业	公共管理、社会保障和社会组织	建筑业	交通运输、仓储和邮政业	教育	金融业	居民服务、修理和其他服务业	科学研究和技术服务业	农、林、牧、渔业	批发和零售业	水利、环境和公共设施管理业	卫生和社会工作	文化、体育和娱乐业	信息传输、软件和信息技术服务业	制造业	住宿和餐饮业	租赁和商务服务业
国有																			
民营																			
外资																			
中外合资																			

图 2-10　数字化投入比重按企业性质、行业分布

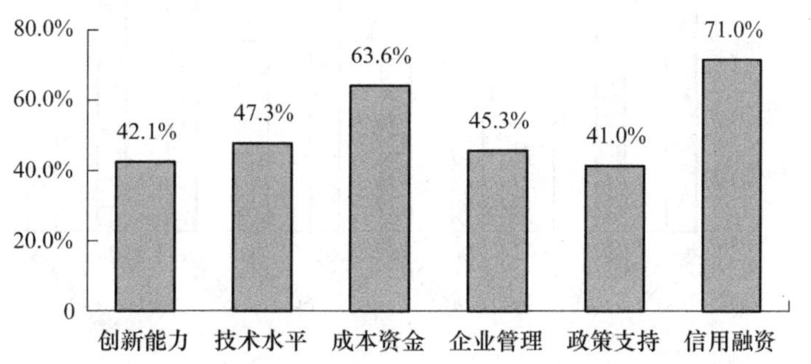

图 2-11　企业发展面临的主要困难

三是资金短缺。如图 2-11 所示，63.6%的企业存在资金短缺的难题。企业发展需要资金支持，企业数字化转型更需要资金支持。解决这一难题需要优化发展环境，降低企业数字化转型的机会成本，提供良好的营商环境。

四是缺乏战略规划。如图 2-11 所示，45.3%的企业存在缺乏战略规划的问题。经营理念、人员数字素养等方面的限制，以及落后的营销观念和方法，都会阻碍企业的数字化转型。

五是缺少政策支持。如图 2-11 所示，41.0%的企业认为其存在政策支持上的难题。政策支持可以保证企业经营的稳定性，充分释放企业在社会经济发展中的

活力，推动市场经济全面发展。

六是融资困境。 如图 2-11 所示，71.0%的企业存在融资困境，这也是被调查企业发展面临的最大困难。企业信用缺失而产生的贷款问题一直是影响我国中小企业持续发展的最大难题，应着力从供需两端加强和改善企业信用融资服务，提升金融服务效率。

(3) 企业诉求和政策建议

近半数企业希望对数字化转型企业加大支持力度。 针对企业发展困境以及疫情防控的影响，被调研企业从税收优惠、专项补贴、政府采购、知识产权、融资支持、人才引进、成果转化、市场准入、产业发展、国际化发展等 10 个方面，提出了不同的企业发展诉求。如图 2-12 所示，49.3%的企业认为政府应进一步加大对产业数字化发展的支持力度；44.0%的企业希望进一步加大税收优惠力度；42.3%的企业希望放宽一些领域的市场准入条件；40.6%的企业希望引进具有较高数据素养的企业急需人才。但在国际化发展上，企业意愿似乎并不强烈，有此项诉求的企业只占被调查企业的 10.6%。

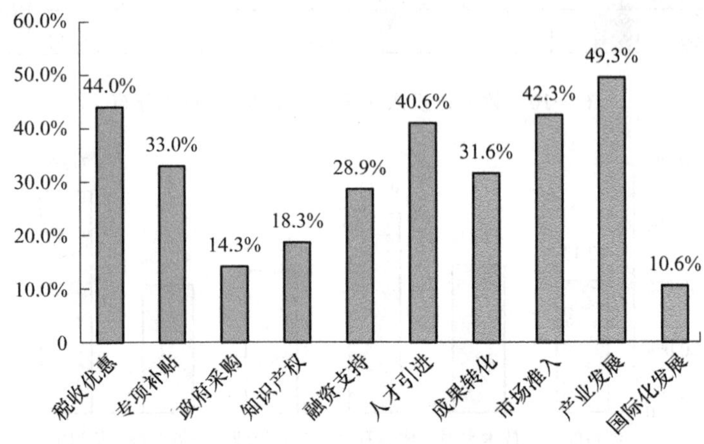

图 2-12　企业发展诉求概况

总之，政府在产业发展政策上的扶持，将加速企业所在地区产业结构升级和布局变化，有利于推动数字技术赋能、赋智、赋值的现代服务业、先进制造业和高新技术产业的发展。

(4) 来自企业的政策建议

一是形成健全的政策体系，支持各产业数字化转型的协调发展。 党的十八大以来，党中央、国务院相继出台了一系列政策措施助力数字经济发展，特别是网络强国战略和国家大数据战略，支持基于互联网的各类创新，推动工业互联网、大数据、人工智能和实体经济深度融合。针对北京数字经济发展现状以及企业发展面临的困境，应进一步完善数字经济领域政策体系，以健全的政策体系营造最优的数字经济发展环境。

二是培育数字交易市场。 如图 2-13 所示，培育数字交易市场、加大产业基金金融服务对企业支持力度，对企业来说同等重要，提出这两条建议的企业都占被调查企业的 47.7%；构建数字政府均等化服务能力、完善数字经济相关法律法规制度，对企业营建外部环境同等重要，提出这两条建议的企业也都占被调查企业的 40.0%；而提出提供政策引导和税收补贴等建议的企业仅占被调查企业 21.3%。

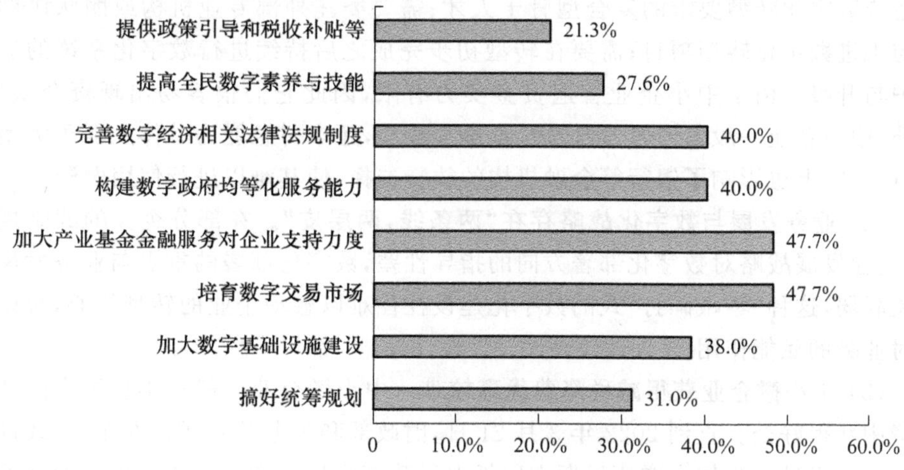

图 2-13 来自企业的政策建议

三是基于短板、差距、问题和挑战，搞好政策的统筹规划，助力数字经济的健康持续发展。此外，针对信用融资等难题，应提升政府服务数字经济能力，加大产业基金和其他金融服务对数字企业的支持力度，鼓励和引导金融机构等社会力量参与投资数字经济行业，缓解数字转型企业和数字企业技术创新过程中面临的资金短缺问题。

（三）调研所揭示的主要问题和建议

我国“十四五”规划提出“加快数字化发展，建设数字中国”，国资委也适时推出国有企业数字化转型相关建议措施。北京提出打造中国数字经济发展的“北京样板”、全球数字经济发展的“北京标杆”、建设全球数字经济标杆城市的目标。在此背景下，数字化转型逐渐成为更多企业寻求业务创新发展和运营优化的战略选择。不同行业由于各自特点不同、对数字经济的认知程度不同，行业数字化水平差距显著。其中，科学研究和技术服务业、制造业以及信息传输、软件和信息技术服务业、金融业的数字化投入较多，数字化水平较高。

1. 调研揭示的主要问题

调查显示，**中小企业数字化转型正面临着资金、技术、战略等方面的难题。**

(1)中小企业在数字化转型的资金投入方面临较大压力。企业在数字化转型过程中需要购置必要的软、硬件，用以改造甚至新建数字化基础设施；需要广泛培训员工以提高整个团队的数字素养，需要借助“引进来”和“送出去”的方式集聚一批适应数字化转型要求的复合型骨干人才；需要委托外部专业机构或团队协助设计与推进数字化转型项目；需要在转型初步完成之后持续进行数字化系统的运行维护与升级。由于中小企业普遍资金实力有限，因此它们很容易出现资金缺口。此外，中小企业一般资产轻、寿命短、竞争力较弱，还本付息能力总体上弱于大型企业，这实际上也影响了银行等金融机构的放贷选择，使其难以进行信用融资。

(2) 业务发展与数字化战略存在“两条线，两层皮”。在部分企业的战略规划中，企业发展战略对数字化部署方向的指导性差，数字化部署的重点与业务发展侧重关联弱，这种“零敲碎打”式的数字化建设往往难以触动企业的转型核心，难以发挥对业务的赋能作用。

(3) 中小微企业获得减税降费优惠较难。中小微企业一般很难从国家的减税降费中获得好处。直到 2022 年 3 月 21 日，财政部和税务总局联合发布《财政部税务总局关于进一步加大增值税期末留抵退税政策实施力度的公告》，提出两项留抵退税政策：一是小微企业留抵退税政策，即 2022 年对所有行业中符合条件的小微企业，一次性退还存量留抵税额，并按月退还增量留抵税额；二是制造业等行业留抵退税政策，对“制造业”“科学研究和技术服务业”“电力、热力、燃气及水生产和供应业”“交通运输、仓储和邮政业”“信息传输、软件和信息技术服务业”“生态保护和环境治理业”六个行业中符合条件的企业，一次性退还存量留抵税额，并按月全额退还增量留抵税额。但还是有一些中小微企业受疫情防控影响，没能熬过漫长的“疫情冬天”而倒闭了。国家统计局数据显示，在新冠疫情防控的 3 年时间里，一共倒闭近 400 万家中小微企业，注销 1 300 多万个体户。北京的中小微企业同样面临着没有收入流、成本却高企不下的状况。据 DT(DataTechnology，数据处理技术)财经数据，2017—2021 年，北京作为创业最为蓬勃的城市，倒闭的创业公司多达 4 935 家，成为中国死亡创业企业最多的城市。

2. 对策建议

调查显示，企业希望政府能够在产业发展、税收优惠、市场准入方面加大政策支持力度。基于企业面临的困境和诉求，对北京市政府支持企业数字化发展提出以下建议。

(1) 培育数字交易市场，推动数据资源产业化。充分利用北京国际大数据交易所探索建立大数据资产评估定价、交易规则等政策体系，强化关键领域数字基础设施安全保障。率先建立北京数据标准，并尽快推广为国家数据标准、区域数据标准，进而在国际数据标准的建设上占有一席之地。

（2）**提升政府服务数字经济的能力，加大对数字企业的财政支持力度。**针对中小企业难以承担长周期、大规模的数字化转型投入的问题，政府有关部门在财税方面需给予更多支持：优化调整财政资金的重点支持领域和方向，研究制定中小微企业数字化转型资金支持政策；鼓励处于数字化转型领先地位的龙头企业、平台企业设立产业数字化转型的专项基金，引导社会资本加大对产业数字化转型的投入，为产业链上各中小微企业数字化转型提供资金保障；为畅通融资渠道，政府应支持各类金融机构创新融资方式，通过信贷风险补偿、应收账款质押、融资担保等方式，优先支持重点行业及领域的中小微企业的数字化转型建设。

（3）**构建数字政府均等化服务能力。**首先，强化电子政务基础设施建设，构建多要素融合的一体化数字政府基础设施。其次，构建政务数据要素体系，提升数据面向治理的赋能支撑能力。最后，加大数字政府均等化服务能力和政策扶持力度，持续提升数字政府整体效能。

（4）**完善数字经济相关法律法规制度建设。**加快《北京市数字经济促进条例》的落地实施。一方面，应构建更完善的数据安全监管和风险防范平台，对数据的产生、存储、利用、共享、销毁的全过程进行监督，提高风险识别、评估和预警的能力，着重关注数据交易过程的合法性和安全性。另一方面，应提高数字经济所涉及的各领域和行业的数据安全意识，明确保障数据安全的必要性。

（5）**税收优惠政策前置。**新冠疫情防控期间，中央减税降费政策的落实，短期内给北京财政增收带来一定的冲击。此外，国家发展和改革委员会等八部门于2022年提出对高校毕业生从事个体经营的"3年内按每户每年12 000元为限额依次扣减其当年实际应缴纳的增值税、城市维护建设税、教育费附加、地方教育附加和个人所得税"，使财政增收的不确定性增强。因此，培育新的经济增长极数字经济是获得稳定财政收入的重要方面；而对数字企业在初创阶段给予税收支持，是使数字企业快速成长的关键。数字企业在初创阶段痛点、堵点、难点较多，而此时的税收支持政策最能支持企业迅速做强、做优、做大。

四、构建北京数字经济新生态的税收支持政策

（一）从产业角度构建北京数字经济的税收支持政策

从产业角度来看，适宜有效的税收政策对引导产业转型升级，调节产业结

构，鼓励新兴产业的产生和发展具有关键作用。北京发展数字经济新生态离不开税收政策的引导和支持。对此，构建北京数字经济新生态的税收政策从产业角度应更具针对性、普适性和引导性，充分考虑产业间差异，在合理范围内适当放宽税收优惠的受益范围和认定标准，促进传统产业的转型升级并引导新兴产业的发展。

数字经济下，数字产业化的发展催生了众多的新业态。我国“十四五”规划纲要圈定了七大数字经济重点产业，分别为云计算、大数据、物联网、工业互联网、区块链、人工智能、虚拟现实和增强现实，同时明确了到2025年数字经济核心产业增加值占GDP比重达到10%的发展目标。相比传统行业，云计算、大数据、工业互联网等新兴数字产业对数据这一生产要素的依赖程度更高，这些产业的企业效益与数字经济的发展息息相关，这要求税收政策针对不同的产业具备更高的精准性。为促进数字经济进一步发展，税率优惠及税收的抵扣和减免政策应充分考虑到产业差异，根据不同产业类别对数据要素的成本、收益及依赖程度制定不同的税收优惠政策，可以根据不同产业类别划分不同的税收减免和抵扣额度，将最大的税收力度放在最能推动数字经济发展的产业上，充分发挥税收政策在拉动数字经济增长方面的关键作用。

随着数字经济的发展，数字经济与传统产业的深度融合也为传统产业带来了深刻的变革。尤其在制造业领域，制造业数字化水平逐年上升，数据驱动、服务增值、智能主导已成为“互联网+”产业的发展趋势。而在新兴产业领域，数据已成为关键的生产要素，相比传统产业，新兴产业发展经验较少，发展基础较差，但具备很大的发展潜力。产业性质的不同决定了税收政策应用在不同产业时的重点目标不同。针对传统行业，数字经济税收应将重点放在促进产业转型与促进数字经济与实体经济深度融合上，对具备数字化转型条件的产业给予相应的税收优惠。针对新兴产业，应适当放宽税收优惠的认定标准和实施范围，充分发挥税收政策对产业发展的调整和引导作用。

数字经济的税收支持政策还应具备普适性。在数字经济的发展和互联网智能的迅速普及下，大多数产业已将数字技术运用到生产活动中，而目前的税收支持政策受益范围的认定标准相对较窄，如表2-5所示，税收优惠无法惠及更多应用数字技术与生产结合的产业，所以北京数字经济的税收支持政策应适当放宽税收政策优惠的认定条件和受益范围，将税收优惠的对象延伸到不同类别的产业，充分发挥税收政策对数字经济的引导作用。

表 2-5　我国现行数字经济税收政策的主要受益对象及内容

受益对象	优惠条件	优惠幅度
小型微利企业	从事国家非限制和禁止行业，并符合下列条件的企业： (1) 工业企业，年度应纳税所得额不超过 100 万元，从业人数不超过 100 人，资产总额不超过 3 000 万元； (2) 其他企业，年度应纳税所得额不超过 100 万元，从业人数不超过 80 人，资产总额不超过 1 000 万元	对于符合条件的小型微利企业的所得，按 50%计入应纳税所得额，按 20%的优惠税率缴纳企业所得税。2017 年，财政部发布《关于进一步扩大小型微利企业所得税优惠政策范围的通知》中规定，自 2018 年 1 月 1 日至 2020 年 12 月 31 日，将小型微利企业的年应纳税所得额上限由 50 万元提高至 100 万元
高新技术企业	(1) 企业申请认定时须注册成立 1 年以上。 (2) 企业通过自主研发、受让、受赠、并购等方式，获得对其主要产品(服务)在技术上发挥核心支持作用的知识产权的所有权。 (3) 对企业主要产品(服务)发挥核心支持作用的技术属于《国家重点支持的高新技术领域》规定的范围。 (4) 企业从事研发和相关技术创新活动的科技人员占企业当年职工总数的比例不低于 10%。 (5) 企业近 3 个会计年度(实际经营期不满 3 年的按实际经营时间计算，下同)的研究开发费用总额占同期销售收入总额的比例符合如下要求：一是最近一年销售收入小于 5 000 万元(含)的企业，比例不低于 5%；二是最近一年销售收入在 5 000 万元至 2 亿元(含)的企业，比例不低于 4%；三是最近一年销售收入在 2 亿元以上的企业，比例不低于 3%。其中，企业在中国境内发生的研究开发费用总额占全部研究开发费用总额的比例不低于 60%。 (6) 近 1 年高新技术产品(服务)收入占企业同期总收入的比例不低于 60%。 (7) 企业创新能力评价应达到相应要求。 (8) 企业申请认定前 1 年内未发生重大安全事故、重大质量事故或严重环境违法行为	(1) 高新技术企业可以申请享受减按 15%的税率征收企业所得税。 (2) 对研究开发费用实行加计扣除。企业为开发新技术、新产品、新工艺发生的研究开发费用，未形成无形资产的，据实扣除后，可按研究开发费用的 50%加计扣除；形成无形资产的，按其成本的 150%进行摊销；对于科技型中小企业，在 2017 年 1 月 1 日至 2019 年 12 月 31 日期间发生的研发费用加计扣除的比例提高到 75%

续表

受益对象	优惠条件	优惠幅度
软件企业	在中国境内依法设立的从事软件产品开发销售(营业)及相关服务,并符合(财税〔2012〕27号)文件有关规定的企业	(1) 国家鼓励的软件企业,自获利年度起,第一年至第二年免征企业所得税,第三年至第五年按照25%的法定税率减半征收企业所得税。 (2) 国家鼓励的重点集成电路设计企业和软件企业,自获利年度起,第一年至第五年免征企业所得税,接续年度减按10%的税率征收企业所得税。 (3) 符合条件的软件企业的职工培训费用,应单独进行核算并按实际发生额在计算应纳税所得额时扣除。 (4) 符合条件的软件企业按照《财政部 国家税务总局关于软件产品增值税政策的通知》(财税〔2011〕100号)规定取得的即征即退增值税款,由企业专项用于软件产品研发和扩大再生产并单独进行核算,可以作为不征税收入,在计算应纳税所得额时从收入总额中减除。 (5) 外购的软件,凡符合固定资产或无形资产确认条件的,可以按照固定资产或无形资产进行核算,其折旧或摊销年限可以适当缩短,最短可为2年(含)

资料来源:科技部,财政部,税务总局《高新技术企业认定管理办法》;财政部,税务总局《关于进一步扩大小型微利企业所得税优惠政策范围的通知》;财政部,税务总局《国家税务总局关于进一步鼓励软件产业和集成电路产业发展企业所得税政策的通知》。

(二) 从企业不同成长期角度构建北京数字经济的税收支持政策

作为新兴数字产业的组成单位,利用积极有效的税收政策鼓励相关企业发展,不仅可以推动数字经济新业态新模式的形成和发展,加速创新和技术转化的过程,释放就业空间,而且可以为地区发展涵养税源,积蓄动力。针对企业不同发展时期采用不同的税收优惠政策。

(1) **在企业成立初期**:可以对符合条件的数字经济初创企业减免企业所得税、资源税、城市维护建设税、房产税、城镇土地使用税等相关税费。落实国家级、省市级科技企业孵化器、国家备案众创空间及国家级、省级大学科技园的免征增值税、房产税、土地使用税的税收优惠,除此之外还可以放宽标准,从服务对象和孵化质量等多方面考察，惠及更多数字经济方向的科技园和孵化器。鼓励对中小高新技术企业的投资，提高创投企业或天使投资个人抵扣应纳税款的比例，进一步促进数字经济市场主体的萌发。

(2) **在企业发展期**：在积极落实研发费用加计扣除、制造业企业研发费用企业所得税 100%加计扣除、技术转让所得减免企业所得税等税收优惠政策之外，还可以针对北京重点发展的数字领域进行精准的税收优惠，如高端制造业的固定资产折旧，重大科研和技术设备进口税收的优惠等。为鼓励企业“上云”，推动工业互联网和产业数字化的发展，对于“云上”企业和数字化转型企业进行相关税费抵免的优惠；金融证券行业作为北京的特色产业优势，在促进金融科技创新的数字化进程中，北京要利用优势，以税费优惠助力金融业完成数字化转型，做好金融科技创新试点。

(3) **在企业成熟期**：需要设定标准，对重点领域的数字企业、数字产品和服务税收实施税收优惠。目前，国家对于认定的高新技术企业减按 15%的税率征收企业所得税；符合标准的高新技术企业和科技型中小企业亏损结转年限延长至 10 年，经认定的技术先进型服务企业，减按 15%的税率征收企业所得税；符合条件的先进制造业纳税人，可以自 2021 年 5 月及以后纳税申报期向主管税务机关申请退还增量留抵税额。除此之外，国家对于鼓励的软件企业和集成电路企业也有相关的税费减免政策。北京可以在贯彻落实已有税收优惠政策的基础上，根据地区发展方向和产业优势，适度扩大政策的覆盖范围或增加优惠力度。如工业互联网、大数据、区块链、人工智能等领域的龙头企业，针对性释放税收优惠功效，促进企业技术迭代，发挥带动作用，推动相关产业生态的繁荣发展。

总体来说，贯彻落实现有税收优惠是从企业角度构建北京数字经济新生态的税收支持政策的基础，在此基础上，还需要根据企业发展周期和所属的行业来制定政策，做到“由面到点，重点突出”。企业成立初期可以铺开政策受益的范围，在企业的投资和费用方面给予优惠；企业发展期，则是从产业出发，对重点产业的企业研发和技术支出等给予税收抵免或者扣除；企业成熟期，需要更精准、更集中的政策指引，出台审核认定文件，对符合标准的、重点发展的，甚至是特定区域内的企业实施企业所得税、增值税优惠等。

（三）从人才角度构建北京数字经济的税收支持政策

数字经济正在逐步成为我国经济发展的新动能，因此对于作为服务数字经济发展的重要方面——培育和吸引数字经济人才，全国各省市都在积极探索做法。除落户、住房、入学、人才补贴等支持政策之外，制定关于数字经济人才的税收优惠也将为北京创造数字人才的优势。

北京市人力资源和社会保障局于2018年2月28日印发《北京市引进人才管理办法(试行)》,通过建立优秀人才引进的"绿色通道",支持优秀创新创业团队人才引进,加大高技能人才引进力度等多种方式,为本市行政区域内各类创新主体引进紧缺急需人才。2021年7月5日,北京市人力资源和社会保障局印发《北京市引进毕业生管理办法》,旨在进一步营造发现、引进、培养、留用优秀毕业生制度环境,充分发挥高校毕业生宝贵人才资源作用,为毕业生提供良好的工作和成长环境。

海南自由贸易港于2020年1月1日至2024年12月31日期间,对在海南自由贸易港工作的高端人才和紧缺人才,其个人所得税税负超过15%的部分,予以免征。粤港澳大湾区珠三角九市于2019年1月1日至2023年12月31日期间对在大湾区工作的境外(含港澳台)的高端人才和紧缺人才给予补贴,该补贴免征个人所得税。北京在个人所得税的征收方面可以参考海南自由贸易港和粤港澳大湾区的做法,对符合要求的高端人才和紧缺人才给予一定的个人所得税优惠,或者对特许权使用费、人才补贴等项目下的部分条目免征个人所得税。

对于数字人才的培育和吸引,北京不仅需要抓住区域内的高校院所资源,积极促进数字人才培养和就业,还需要增强企业与高校的联动,使人才技能与岗位需求相匹配,同时增加岗前培训和社会培养,在数字化转型过程中减少结构性失业。

结合其他省市的经验,北京对个人所得税的优惠还需要控制在一定范围内,具体的认定标准不宜过低。北京在吸引数字经济人才时,要灵活使用政策工具,合理搭建需求型、供给型和环境型人才政策工具体系。**供给型政策工具**要加强对数字经济人才的直接扶持和培养,布局高精尖产业发展,为高水平人才提供成熟完善、富有竞争力和吸引力的职业发展机会,为优秀的创新创业项目和科研项目提供资金支持和合作交流。**需求型政策工具**要引导人才进行技术创新和成果转化,减少市场不确定性。**环境型政策工具**则要为人才发展提供良好的外部环境,重点关注人才落户、医疗、养老、金融服务、住房和子女教育等问题,发挥独特的首都文化,吸引人才聚集,激发人才潜力。

第三篇　税收支持政策的选择

新冠疫情的散点暴发和延续，使数字经济成为国民经济发展的稳定器和助推器。北京立足"四个中心"功能定位，体系化构建数字经济发展体制机制，于 2021 年提出《北京关于加快建设数字经济标杆城市的实施方案》，将通过 5～10 年的持续努力，打造引领全球数字经济发展的"六个高地"；到 2025 年，数字经济增加值达到地区生产总值的 50%左右，进入国际先进数字经济城市行列；到 2030 年，建设成全球数字经济标杆城市。通过九项重点工程推进，引领和赋能北京数字经济发展，通过税收等系列支持政策，吸引全世界人才和资本集聚北京的数字经济，将北京建设成国际数字化智能大都市、全球数字经济标杆城市、国际一流的和谐宜居之都。

北京目前财政状况如何？多大力度的税收支持政策才能既吸引资源集中于北京数字经济的发展，又不会因为产业政策的过度倾斜而影响北京整个产业生态的共同繁荣？设置一定力度的税收支持政策多久后才能达到建成全球数字经济标杆城市的目标？建成后如何巩固这一标杆地位？

一、北京财政的承受能力和涵养税源的时长估算

（一）北京目前的财政状况

财政的收入质量和自给率全国领先。由图 3-1 可知，2022 年，北京地区生产总值达到 4.16 万亿元，人均 GDP 和全员劳动生产率保持全国第一；人均 GDP 超过 2.8 万美元，一般公共预算收入达到 5 932.3 亿元，其中，信息服务业、金融业和科技服务业占全市地区生产总值的比重为 45.9%，较上年提高 2.5%。2022 年，北京税收收入占一般公共预算收入的比重为 85.2%，居全国第一位；财政自给率为 76.5%，为全国第二，仅次于上海。"十三五"期间，北京严格落实国家出台的各项减税降费政策，共减轻企业和个人税费负担超 4 700 亿元。中长期来看，减税降费将以乘数

效应引导社会投资和扩大再生产，有利于巩固消费的基础性地位，促进产业转型升级，增强经济发展后劲，为税收支持政策的实施奠定基础。

数字经济发展优势强劲。据统计，2022 年北京市数字经济实现增加值为 1.7 万亿元，占 GDP 的比重达到了 41.6%，数字经济的核心产业增加值达到了 9 958.3 亿元，占全市 GDP 比重达到了 23.9%，在全国位居首位；云计算、大数据、人工智能、区块链、网络安全等相关技术支撑产业发展水平领先全国，在“软件百强”“互联网百强”“综合竞争力百强”等国内重要榜单中入选的企业数量名列前茅。北京的基础设施建设及数字产业化能力不断夯实提升，建设完善的数字化产业链和数字生态；三次产业数字化转型持续深化，中小企业数字化赋能稳步推进，产业数字化水平显著提升；基本形成数据资源汇聚共享、数据流动安全有序、数据价值市场化配置的数据要素良性发展格局；突破制约数字经济发展的体制机制约束和政策瓶颈，建立数字贸易试验区，开展数据跨境流动安全管理试点，构建适应开放环境的数字经济和数字贸易政策体系。

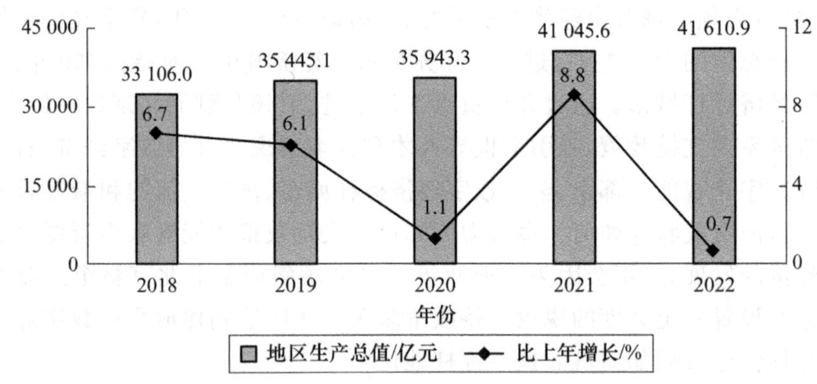

图 3-1　2018—2022 年北京地区生产总值及增长率

资料来源：北京市统计局，国家统计局北京调查总队《北京市 2022 年国民经济和社会发展统计公报》)

财政收入主要来自税收。当财政收入入不敷出时，政府就必须通过信用形式，即举借债务来筹集一部分收入。在现代经济社会，凯恩斯提出的通过财政赤字推动经济增长和维持充分就业的思想开始渗透到各国政府的宏观经济管理中，因此，无论是中央政府还是地方政府，都突破了财政收支平衡的旧信条，代之以赤字财政政策。有时，为了建设一些惠及几代人的大型公共基础设施，集中开支举借债务不可避免。

图 3-2 所示为北京 2015—2021 年财政收支。总体来看，财政收入和财政支出虽在个别年份稍有波动，但大体呈现不断增长态势。财政收入由 2015 年的 4 723.86 亿元增长到 2021 年的 5 932.31 亿元，增长 25.6%；相应财政支出由 5 737.7 亿元增长到 7 205.12 亿元，增长 25.6%。说明北京财政收支大体平衡。由此可以推断，

北京对促进数字经济发展的税收支持政策有一定的财力保障。图 3-3 展示了北京 2015—2021 年债券发行额,债券发行额度不断攀升,从 2015 年的 1 178 亿元上升到 2021 年的 3 294 亿元,增长 179.6%。尤其是在新冠疫情防控的影响下,单是 2021 年就比 2020 年增发债券 96.5%。

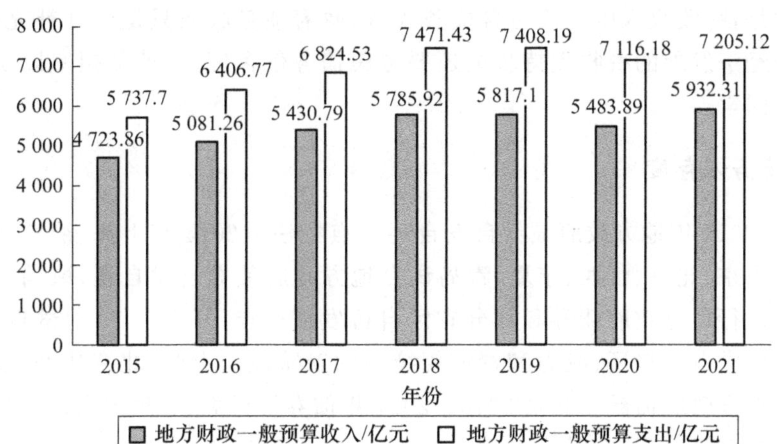

图 3-2　北京 2015—2021 年财政收入与财政支出

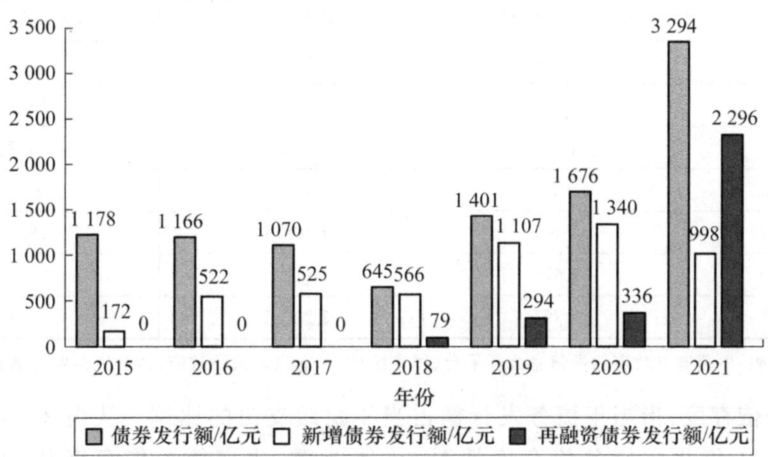

图 3-3　北京 2015—2021 年债券发行额

(资料来源:中国地方政府债券信息公开平台)

(二) 北京财政债务依存度和债务负担率

2021 年发布的《中国数字经济发展白皮书》中的相关数据显示,2020 年北京的数字经济规模已超过 1 万亿元,且数字经济占 GDP 的比重全国领先,达到 55.9%。

数据显示，数字经济在北京经济发展中占据重要位置。

在现有财政分税制框架下，北京要运用税收支持政策来促进数字经济发展，必须考虑地方财政收支状况。如图 3-2 所示，2015—2021 年，北京财政收支总体呈现增长势头，这为促进数字经济发展的税收支持政策提供了充足的财源保证。但需要注意的是，财政收入中一般包含债务收入，政府债务收入只是一种补充收入，因此对数字经济发展的税收支持政策还要考虑债务依存度、公债负担率以及公债偿债率三个因素。

1. 债务依存度

根据《2014 年地方政府债券自发自还试点办法》，2014 年上海、浙江、广东、深圳、江苏、山东、北京、江西、宁夏、青岛试点地方政府债券自发自还，取消了以往财政部代理发行地方政府债券和部分省区自行发债试点，开启了 10 地试点，进入了地方政府债券自发自还、权力和责任相统一的新阶段。由此，北京从 2015 年开始自主发行地方政府债券。北京 2015—2021 年债券发行额、财政支出以及债务依存度如表 3-1 所示。

表 3-1　北京 2015—2021 年债券发行额、财政支出以及债务依存度

年份	债券发行额/亿元	财政支出/亿元	债务依存度/%
2015	1 178	5 737.70	20.5
2016	1 166	6 406.77	18.2
2017	1 070	6 824.53	15.7
2018	645	7 471.43	8.6
2019	1 401	7 408.19	18.9
2020	1 676	7 116.18	23.6
2021	3 294	7 205.10	45.7

资料来源：中国地方政府债券信息公开平台、国家统计局、北京市人民政府；债务依存度为笔者计算。

债务依存度，指当年债务发行额占当年财政支出的比例。从表 3-1 可以看到 2015—2021 年北京债务依存度情况：总体上看，北京债务依存度从 2015 年的 20.5%到 2018 年的最低值 8.6%，再到 2021 年的最高值 45.7%，呈现出先下降后上升的“V”字形。国际公认的控制线有两个标准，即国家财政的债务依存度控制线 15%～20%、中央财政的债务依存度控制线 25%～30%。对标国家财政和中央财政债务依存度控制线，除 2018 年和 2021 年外，北京债务依存度总体上在控制线范围内上下波动，表明北京财政状态良好。但北京债务依存度在近两年有所上升，尤其在 2021 年大幅增长到 45.7%。突破了债务依存度控制线。

近几年的债务依存度有所上升的原因主要在于：国家实施积极的财政政策扶

持相关产业发展;保障民生和就业;助力生态建设;教育、医疗、乡村振兴等领域的发展。以上政策落地都需要地方财政的配合。除此之外,受新冠疫情防控影响,还增加了抗疫特别国债,向疫情严重地区倾斜,统筹安排防疫物资,帮扶困难企业等。

对于任何国家的政府而言,无论是中央政府还是地方政府,都需要时刻加强对债券发行的规模控制和运用管理,以保障公债的适度规模和恰当运用。从债务收入与财政收入的关系可以看到,对数字经济发展的税收支持政策必须转换思路,从有效使用债券资金做大经济蛋糕中寻找出路,而不是仅仅对现有蛋糕的切分。

2. 债务负担率和公债偿债率

债务负担率,指公债累计余额占当年国内生产总值的比例。如表 3-2 所示,北京 2015—2021 年的债务负担率呈现先下降后上升的趋势,2015 年达到最高值 23.1%,2018 年达到最低值 12.8%。总体而言,北京的债务负担率保持在 16%左右。债务负担率是国际上公认的政府债务警戒线,且国际安全线为 10%～30%。对标国际安全线发现,北京债务负担率较低,表明北京的应债能力较强,债务规模可以适度扩大,这对北京进一步实施积极的财政政策,如减税降费等措施以推动北京数字经济发展提供了强有力的支撑。

公债偿债率,指当年到期公债还本付息额占当年财政收入的比例。如表 3-2 所示,2015—2020 年,北京公债偿债率一直呈上升趋势:从 1.3%上升到 14.0%,但 2021 年降为 4.6%。公债偿债率国际安全线一般为 8%～10%,因此 2020 年公债偿债率脱离国际安全线,但 2021 年又回到 4.6%(国际安全警戒线)以下,说明北京对债务控制得很好。

表 3-2　北京 2015—2021 年债务余额、地区 GDP、债务负担率以及公债偿债率

年份	债务余额/亿元	地区 GDP/亿元	债务负担率/%	公债偿债率/%
2015	5 729	24 779.1	23.1	1.3
2016	3 743	27 041.2	13.8	2.5
2017	3 877	29 883.0	13.0	2.1
2018	4 249	33 106.0	12.8	6.6
2019	4 964	35 445.1	14.0	9.1
2020	6 064	36 102.6	16.8	14.0
2021	8 771	40 269.6	21.8	4.6

资料来源:中国地方政府债券信息公开平台、国家统计局;债务负担率为笔者计算。

(三) 数字企业成长平均时长和数字化转型平均时长估算

1. 数字企业成长平均时长不超过 10 年

数字企业一般实现了数字管理、数字制造和数字营销。数字企业是数字经济发展中的重要经济主体,且在一定程度上能够反映一个国家或地区的数字经济发展水平和实力大小。

数字企业借助信息通信技术(ICT)迅速成长。1999 年,马云带领团队创立了阿里巴巴,同一年马化腾推出了即时通信服务(QICQ),也就是后来的腾讯 QQ。与此同时,李彦宏也看到了中国互联网以及中文搜索引擎服务的巨大发展潜力,于 2000 年成立百度。现如今,百度、阿里巴巴和腾讯已在互联网行业中占据重要地位,并成为中国互联网在国际舞台上的一面旗帜——BAT。此外,2011 年成立的美团、2015 年由滴滴打车更名而来的滴滴出行、2015 年开发成立的拼多多等也在商业领域崭露头角。国际方面,谷歌(Google)经过 20 多年的发展,逐渐形成了包括用户、出版商和广告商三方利益相关方的平台经济生态系统,在数字经济中无处不在,并与亚马逊(Amazon)、苹果(Apple)、脸书(Facebook,现称 Meta)和微软(Microsoft)并称全球技术市场的五大科技巨头。

纵观数字企业发展历程,腾讯、百度、阿里巴巴、谷歌、苹果等这些早期发展起来的企业,现已成为国内外头部数字企业。而随后发展起来的美团、滴滴出行、拼多多等企业也抓住了数字时代发展的红利,在短短 10 年内成为数字产业领域的佼佼者,渗透到人们生活的方方面面,并推动数字经济的蓬勃发展。

此外,在世界主要经济体中,独角兽企业也迅速成长。**独角兽企业**主要是数字企业和科技型企业,是指成立时间不超过 10 年且估值超过 10 亿美元的企业。《2021 全球独角兽榜》显示,全球有 1 058 家独角兽企业,数量是 2020 年(472 家)的两倍多。其中,中国有 301 家,是排在美国之后的第二位,比 2020 年增加 74 家。

总之,数字企业在网络效应的加持下,当用户超过一定基数时,会呈现爆发式的增长。因此,可以估算出数字企业从建立到成长为一个成熟企业的大概时长不超过 10 年。同时,随着云计算、大数据、人工智能、5G 通信技术等新型信息技术的发展运用,更多的新模式、新业态将会涌现,这也将进一步加速数字企业的快速成熟。

2. 数字化转型平均时长 5～10 年

《中华人民共和国国民经济和社会发展第十四个五年规划和 2035 年远景目标纲要》明确提出,迎接数字时代,激活数据要素潜能,推进网络强国建设,打造数字经济新优势。随着政策体系不断完善，中国的数字化转型进程正加速驶入快车道。

中国从互联网＋到数字经济不断迭代升级，数字化转型不断加速，衡量数字化转型程度的数字化转型指数所包含的内容也发生了变化。如图 3-4 所示，根据《数字化转型指数报告 2021》腾讯研究院将数字化转型指标体系从 2020 年前的四个指标，即数字文化、数字产业、数字政务、数字生活，转变为 2021 年的三个层次，即基础设施层、平台层和应用层，反映了数字经济与实体经济深度融合的变化。我国主要城市的数字化转型指数持续提升，2021 年第一季度为 307.26，同比增长 207.4%。如图 3-5 所示，2020 年和 2021 年，北京、上海和深圳构成数字化转型第一梯队，北京和上海轮番上位，深圳一直稳居第三。

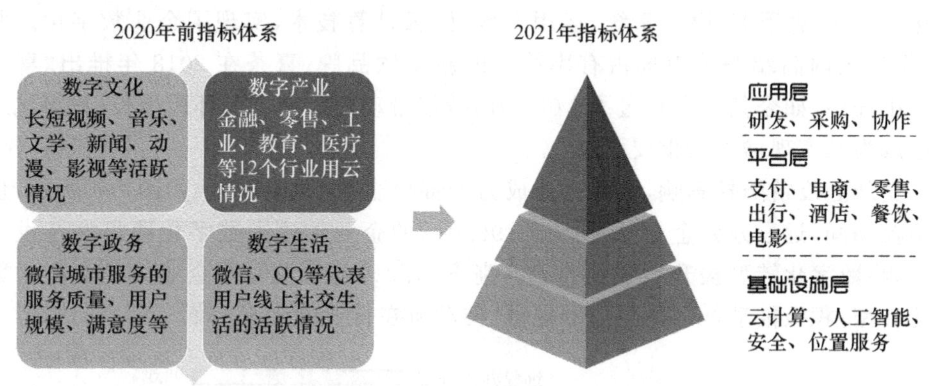

图 3-4　2020 年前后数字化转型指数所包含内容的变化情况

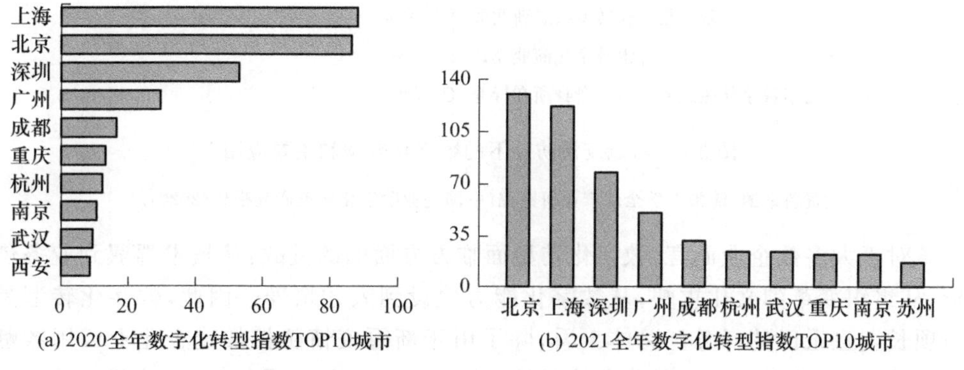

图 3-5　2020 年和 2021 年数字化转型指数 TOP10 城市

(1) 金融服务业方面。中国建设银行 2011 年启动“新一代核心系统”建设，到 2017 年全部实现主体功能，大约用了 6 年时间。该系统是展现数字化转型成就的核心平台，建立了国内金融业规模最大的私有云。

(2) 制造业方面。2012 年是美的集团数字化转型元年，随后美的开启数字化转型进程。2020 年至 2022 年实现了 100%业务运行数字化、70%决策行为数字化。而海尔早在2005年就启动了全面面向互联网的企业战略转型，随后，构建了数字与智能化的运行体系，包括智能互联的生产工厂，创立了“人单合一”模式。

(3) **零售行业方面**。2010年，苏宁易购网站上线、徐庄数据中心建立，苏宁正式进入互联网转型的发展时代。随后，苏宁提出“智慧零售”战略、“智慧零售大脑”。在2021年的《中国500最具价值品牌》分析报告中，苏宁易购以品牌价值3 291.56亿元蝉联零售行业第一。

(4) **其他行业**。小米用9年时间通过建设开放型组织平台完成数字化转型，物联网平台链接设备数量超过1.7亿台。顺丰是运营数字化转型的典范，2007年至2022年顺丰不断进行数字化转型实践，如上线OA(Office Automation，办公自动化)、SAP(思爱普)财务系统，运用大数据、云计算技术，实现了企业数字化。此外，作为国内高端茶饮市场占有率第一的新茶饮品牌，喜茶在2018年推出“喜茶GO”小程序，如今其用户超过了1 000万，持续带动门店销售的环比增长，数字化运营已成为其实现增长的重要引擎。

受新冠疫情防控影响，远程办公成为大部分企业的“刚需”。如图3-6所示，疫情防控期间，远程办公企业达98.0%；96.0%的企业加速了数字化项目的建设和上线，将数字化转型提升到企业的战略高度；4.2%的行业领军企业立足自身的数字化转型，积极推动数字化生态圈建设，推动所在行业的生态变革。

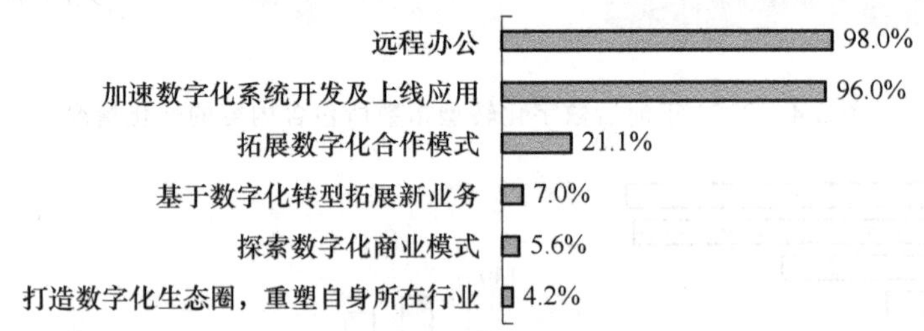

图3-6 新冠疫情防控下的数字化转型和主要应用

(资料来源：清华大学全球产业研究院《中国企业数字化转型研究报告(2020)》)

对于大多数企业而言，数字化转型面临方方面面的挑战：从技术驾驭到业务创新，从组织变革到文化重塑，从数字化能力建设到人才培养。因此，数字化转型是一项长期且艰巨的任务。总体上看，除了由于新冠疫情防控加速企业上云用数赋智之外，企业数字化转型所花费的时长大体为5～10年。现如今，全球新一轮科技革命和产业变革正在加速推进，以人工智能、大数据、云计算、区块链为代表的新兴技术与传统行业的融合给行业发展提供了巨大动力，数字化转型已成为产业变革的主旋律，这将进一步加快数字化进程。

(四) 税收支持政策时长估算

近年来，中央和地方政府不断出台相关的税收支持政策以推动数字经济的发展。2016 年，国务院印发《关于深化制造业与互联网融合发展的指导意见》。2017 年，财政部和税务总局发布《关于进一步扩大小型微利企业所得税优惠政策范围的通知》，并规定 2018 年 1 月 1 日至 2020 年 12 月 31 日，将小型微利企业的年应纳税所得额上限由 50 万元提高至 100 万元。2018 年，财政部、税务总局和科技部发布公告提出，企业的研发费用未形成无形资产计入当期损益的，在按规定据实扣除的基础上在 2018 年 1 月 1 日至 2020 年 12 月 31 日再按照实际发生额的 75%在税前加计扣除。对于科技型中小企业，在 2017 年 1 月 1 日至 2019 年 12 月 31 日期间发生的研发费用加计扣除的比例提高到 75%。对于符合条件的软件企业实行“两免三减半”的税收优惠政策。2023 年 3 月 27 日，财政部和税务总局发布《关于进一步完善研发费用税前加计扣除政策的公告》，其中规定：企业开展研发活动中实际发生的研发费用，未形成无形资产计入当期损益的，在按规定据实扣除的基础上，自 2023 年 1 月 1 日起，再按照实际发生额的 100%在税前加计扣除；形成无形资产的，自2023 年1 月 1 日起，按照无形资产成本的 200%在税前摊销。

随着税收优惠政策的出台，“十三五”期间，在包括税收优惠在内的多项政策助力下，我国科技创新加快推进，有力促进了新产业、新业态、新商业模式等的蓬勃发展，驱动了现代产业体系的快速构建。2016—2020 年，数字经济相关的计算机通信和其他电子设备制造业、互联网及其服务业等七类行业快速成长，税收年均增长 7.2%，增速快于全国总体水平 3 个百分点；特别是信息传输、软件和信息技术服务业税收年均增长 12.1%，增速快于全国总体水平 7.9 个百分点。增值税发票数据显示，2020 年高技术产业销售收入同比增长 14.7%，增速快于全国平均水平 8.7 个百分点。根据科技部发布的数据，高新技术企业从 2012 年的 3.9 万家增长至 2022 年的 40 万家，中小型科技企业达到了 50 万家，贡献了全国企业 68%的研发投入，762 家企业进入全球企业研发投入 2 500 强。此外，《专精特新中小企业发展报告(2022 年)》指出，自 2019 年培育工作开展以来，专精特新“小巨人”企业认定数量累计 8 997 家，截至 2021 年年底，专精特新“小巨人”企业实现全年营收 3.7 万亿元，同比增长超 30%，全国有 32 万家企业提前享受研发费用加计扣除政策优惠，减免税额 3 333 亿元，其中 18.6 万户制造业企业享受减免税额 2 259 亿元。

数字经济发展在政策支持下初见成效。数字经济产出从 2016 年的 22.6 万亿元增长到 2021 年的 45.5 万亿元，占 GDP 的比重从 30.3%上升到 39.8%，如图 3-7 所示。2021 年，数字经济核心产业销售收入同比增长 30.7%，且两年平均增长 22.8%，比全国企业销售收入增速快 8.6 个百分点。其中，智能设备制造同比增长

64.3%,互联网相关服务增长61.5%,软件开发增长28.2%。图3-7揭示了中国数字经济近年来的变化情况。2016—2021年间,数字经济发展规模增长了约一倍,由2016年的22.6万亿元增长到2021年的45.5万亿元,数字经济增长率呈现"V形"变化,由2016年的21.5%下降到2020年的最低点9.5%之后,又于2021年达到16.1%。

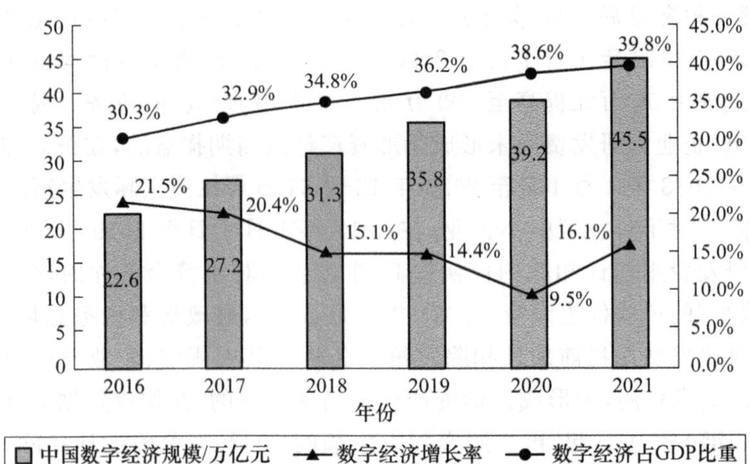

图3-7 2016—2021年中国数字经济规模增长率及占GDP比重

(资料来源:中国信息通信研究院《中国数字经济发展报告(2022年)》)

由此可见,自国家出台相关税收优惠政策以来,我国数字经济迅速发展,并已在我国国民经济中占据重要地位。根据上述已出台的国家税收支持政策文件和上述数字行业发展的相关数据分析,支持数字经济发展的税收支持政策时长约为3~5年,在此期间企业可以充分享受政策红利并加快企业发展,也可以发挥税收支持政策对数字产业的推动扶持作用,政策实施时长适中可以加大其政策的灵活性,更好地促进数字经济持续发展。

二、数字经济发展与税制调整中的公平与效率兼顾

要推动数字经济持续深入发展,建立健全与数字经济相适配的税收制度是重要前提和保障。税收制度随着社会经济制度的变化而与时俱进,但税收制度无论怎样变化,公平、效率和中性的原则几乎是一成不变的。数字经济彻底颠覆了农业经济和工业经济的公平观,为了保持与技术和商业的同步发展,税收制度必须进行创新和变革。数字经济使国家经济从主要依靠制造业与出口的经济转变为一个被服务、消费和创新共同推动的经济。由于数字经济本身对传统资源的节约和对创

新的永久性支撑，因此各国在数字经济领域的竞争异常激烈。对此，习近平指出："加快数字经济、数字社会、数字政府建设，推动各领域数字化优化升级，积极参与数字货币、数字税等国际规则制定，塑造新的竞争优势。"①

数字税，又称数字服务税，是指一国政府向提供搜索引擎、在线广告、数据服务、社交媒体等数字服务且达到一定条件的企业征收的税款。关于是否对数字企业进行征税，各国从自身利益出发对此争论不休。G20国际税收研讨会认为，不应专门向数字经济征税，也不应有针对数字经济的特殊财政规定。但仅仅从税收角度，对数字经济实行隔离保护是远远不够的。现在越来越多的传统工业正在变得越来越数字化。"利润应在经济活动发生地和价值创造地征税"成为国际税收领域的重要原则之一。

针对数字贸易产生的诸多税收问题，舍恩伯格教授提出预提税方案，只要一国发生交易活动，对方国家有权对该笔交易的收益征税，因此，来源地国家对外国企业利润征收预提税，打破了常设机构的局限性。欧盟委员会专家组认为，对于数字化的企业，不应该实行特殊的税收制度。如此一来，税收所秉持的公平与效率原则就受到了挑战，因为许多数字企业虽然获得巨额的收入，但通过互联网在全世界范围内引起税基侵蚀利润转移问题，所以，**针对数字经济发展的不同阶段采取不同的税收政策应该是可行的选择。**

表3-3为2017年超大型跨国数字企业收入和纳税情况。

表3-3　2017年超大型跨国数字企业收入和纳税情况

公司	收入/亿英镑	纳税/亿英镑	纳税占收入比例/%
谷歌	76	0.49	0.6
脸书(现称 Meta)	13	0.16	1.2
亚马逊	87	0.045	0.1
eBay	10	0.016	0.2

资料来源：中国信息通信研究院《全球数字经济新图景(2020年)》。

对数字经济在发展初期给予全方位的政策支持，特别是税收方面的支持，以使数字经济快速发展，让数字企业迅速占领全球市场。这是税收支持政策的效率体现，因为以互联网为载体的数字企业只有迅速做强、做优、做大，才能巩固其胜者的地位。美国作为数字经济发展大国，在数字企业发展初期采用税收支持政策，使美国的超大型互联网企业数量居全球之最，且业务广泛覆盖全球主要国家和地区。2017年，谷歌、脸书(现称 Meta)、亚马逊、eBay等超大型跨国数字企业在获取高额收入的同时，纳税占收入比例却不足2%，最低的亚马逊竟然只有0.1%，远低于传

① 习近平总书记2020年4月10日在中央财经委员会第七次会议上的讲话。

统企业，如表 3-3 所示。当然，收入中还包括借助传统经济对数字经济的税收漏洞而获得的利益。

我国虽然是数字经济第二大国，但许多方面还处于数字经济发展的初期，因此，对于我国来说，要在 2030 年将北京建成全球数字经济标杆城市，就必须对数字经济采取税收优惠政策。

（一）不同税收优惠政策之间的公平与效率兼顾问题

税收优惠政策会产生一定的经济效应，即税收优惠政策的实施对社会经济生活的初始影响和继发性影响，以及各种不同的税收优惠政策相互之间的引致关系、互补关系和排斥关系。税收优惠是一种正负效应都非常明显的政策工具。

1. 税收优惠政策的正面效应

（1）税收优惠创造收入的“自偿”效应

通常，税收优惠以牺牲一定的税收利益为代价，加大了政府的财政负担，甚至把财政拖入困难的境地。但税收优惠在减少财政收入的同时，也会形成一种收入“自偿”机制。供给学派的代表人物保罗·罗伯茨指出：减税的直接损失，即初期的税收收入减少，可能通过增加收入和提高储蓄而完全实现自我补偿。当税收优惠作用在商品课税上时，假设其他条件不变，成本会相应下降，使生产经营者愿意且能够扩大生产，增加社会供给；当税收优惠作用在所得税上时，会直接或间接地将政府放弃的税收收入转移到纳税人身上，从而提高社会投资、消费倾向，扩大社会需求。

倘若为支持数字经济发展，对新成立的数字企业采用免税优惠，这种做大蛋糕的方式并不需要政府付出什么，利益导向机制会使数字企业聚集足够的投资，使产业迅速做大、做强和发展。美国作为数字经济大国，早在 1998 年颁布的第一项电子商务法案《互联网免税法案》中就提出在现行税收的基础上不针对互联网交易增加新的税种，禁止各州和地方政府对互联网接入服务征税。这一税收支持政策使美国超大型互联网企业数量发展为全球之最，且业务广泛覆盖全球主要国家和地区。这为我国数字经济的发展提供了借鉴。

收入的“自偿”效应有助于鼓励储蓄和投资，刺激供给与需求，能有机地调节经济总量，从而形成税收激励—经济增长—财政收入增加的良性循环机制。例如，由于新冠疫情防控的影响，国务院提出“深入落实月销售额 15 万元以下的小规模纳税人免征增值税、小型微利企业减征所得税、研发费用加计扣除、固定资产加速折旧、支持科技创新进口等税收优惠政策”[①]，使我国既维持了就业，也保障了疫情防控期间的经济增长。

(2) **税收优惠的结构调整效应**

首先，税收优惠对产业结构及其优化有着直接和间接的影响。税收优惠主要通过对某些需要优先发展的产业给予税收激励，使投资这些产业的资金得到较高的税后利润，从而刺激资源向这些产业流动，达到调整和优化国家产业结构的目的。从国际经验来看，世界各国普遍认为所得税优惠政策在调节新增投资的税后收益率、诱导投资流向与规模上具有独到的作用。为此，大多数国家都通过所得税的优惠政策来体现国家的产业倾斜。

(3) **税收优惠的社会公平效应**

在所得税方面，可以通过规定起征点、免征额、减税、免税以及累进税率等优惠措施，照顾低收入者。通常采用的方式是规定免征额或扣除项目，通过缩小税基，达到减轻税负的目的。此外，累进税率虽然不直接表现为免税或减税，但“量能纳税”的设计原则仍然能够体现对低收入者的税收优惠。

2. 税收优惠政策的负面效应

(1) **从纳税人的角度来看，某一特定税收优惠不一定会对纳税人的投资决策产生决定性影响。**在发展中国家，所得税优惠对投资的影响较为有限，因为在发展中国家特别是低收入国家，经济效益普遍低下，加上其他一些限制因素，投资者只能获得很少或根本得不到所得税优惠的好处。

(2) **政府税收优惠的成本较高。**税收优惠直接导致政府财政收入减少，在保持财政收支平衡的前提下，财政收入的减少必然意味着财政投资的减少。这将给公平原则和经济发展带来难以预见的负面影响。不同国家、不同省市之间的税负差异是企业为避税而迁移的动因之一。税收优惠使税法的执行复杂化，以致税收体系更加复杂，税收制度更加不稳定。

3. 不同税收优惠政策的公平与效率问题

(1) **偏离公平的税收优惠政策一定要设定适当的时间节点。**短期内，这些税收优惠政策会达到政府预设的目标；一旦超过一定的时间节点，政策的负效应便显现出来，导致资源配置效率下降，削弱非受惠人的竞争地位。例如，我国改革开放初期，为吸引外资，税收优惠政策只惠及外国投资者，使本国企业处于不利的竞争地位，这时受利益机制的驱使，一部分企业将“内资”变为“外资”，曲线投资到国内，以享受税收优惠。此外，流转税的税负转嫁复杂，当经济不景气、供大于求时，生产

---

① 国务院办公厅.国务院办公厅关于进一步加大对中小企业纾困帮扶力度的通知，2021-11-10.

经营者的税收负担很难被转嫁出去，会加重经营者的负担；反之，当供小于求时，税收负担就会由消费者承受。实践证明，从经济全球化角度来考量企业竞争力，以直接税为主体的税制对企业的国际竞争力更有利。

(2) **所得课税可能是未来数字经济发展的主要课税形式。**数字经济和经济全球化两大变化将带来人类经济社会活动乃至经济运行模式（包括商业模式、制造模式和消费模式）的颠覆性改变。所得课税在数字经济背景下变得十分重要。所得课税是以纳税人各项所得或收益为课税对象的税种的统称。数字经济的发展冲击着以企业和个人为主体的所得税等税制体系。从新的国际税收原则和税收制度的发展趋势看，数字经济发展更加集中于分配环节和消费环节，通过 B2B、B2C 或 C2C，相应地减弱生产和流通环节的税收。对企业来说，增值税的负担大于所得税，因为增值税的征收与经营的结果没有直接关系，只要有销售行为或者收入就要交税。而所得税针对企业经营的利润所得和个人所得征税，需要做成本的扣除，有收益或者利润才征税。因此，增值税更有利于增加政府收入，而所得税更有利于生产经营者。因此，企业所得税在数字经济条件下，应像个人所得税那样，实行超额累进制，这样才能缓解快速扩大的收入差距。

（二）中国各省市之间的公平与效率兼顾问题

1. 各省区市为争夺数字资源进行全方位竞争

我国自改革开放以来，各省市之间的竞争就从来没有停止过。当然，正是这种竞争推动了中国经济的高速发展。在数字经济发展的今天，各省区市都根据《“十四五”数字经济发展规划》的总体要求，“在京津冀、长三角、粤港澳大湾区、成渝地区双城经济圈、贵州、内蒙古、甘肃、宁夏等地区布局全国一体化算力网络国家枢纽节点，建设数据中心集群，结合应用、产业等发展需求优化数据中心建设布局”，继续在数字经济发展上规划布局。推行普惠性“上云用数赋智”服务，推动企业上云、上平台，降低技术和资金壁垒，加快企业数字化转型。

“减税降费”具体包括“税收减免”和“取消或停征行政事业性收费”两部分。在我国自 2018 年以来实行多轮减税降费政策的同时，各省市为了促进数字经济的发展，也纷纷出台了一些税式支出政策，使数字经济在新冠疫情防控中逆势增长的势头更加强劲。图 3-8 展示了 2020 年与 2021 年中国部分省市数字经济规模、占比、增速。经济发展水平较高的省区市数字经济发展水平也较高。2020 年和 2021 年全国分别有 13 个和 16 个省区市的数字经济规模超过 1 万亿元，其中，2020 年经济规模超过 1 万亿元的省区市包括广东、江苏、山东、浙江、上海、北京、福建、湖北、四川、河南、河北、湖南、安徽，2021 年增加了重庆、江西和辽宁。从经济贡献看，北京、上海和天津数字经济占 GDP 的比重均超过 50%，数字经济成为拉动地区经济的主导力量。从发展速度看，贵州和重庆数字经济增长一直较快，在 2020 年同比增速超过 15%的基础上，2021 年同比增速超过 20%。

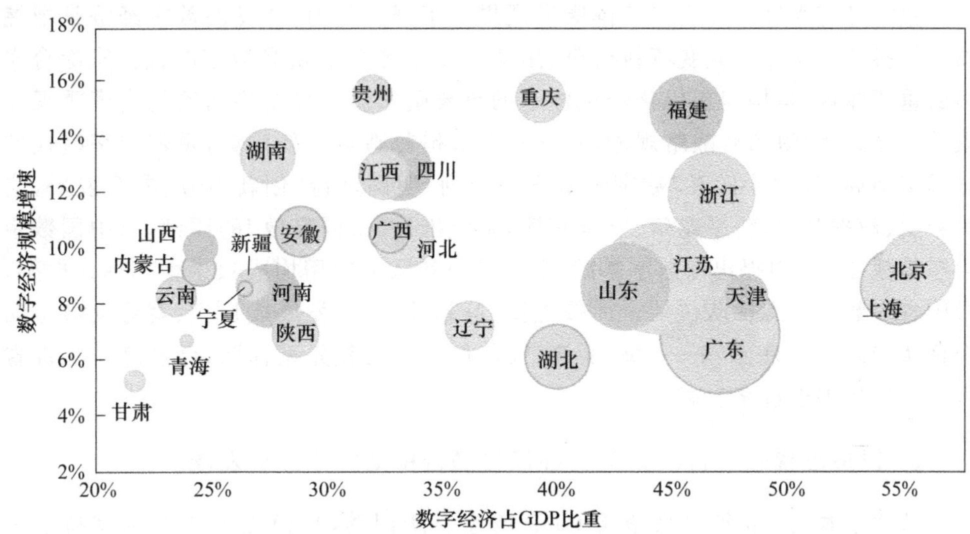

(a) 2020年我国部分省区市数字经济规模、占比、增速

数字经济规模增速

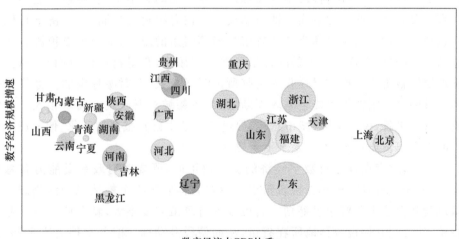

数字经济占GDP比重

(b) 2021年我国部分省区市数字经济规模、占比、增速

图 3-8　2020 年与 2021 年中国部分省区市数字经济规模、占比、增速

（圆圈大小表示数字经济规模）

从数字经济发展的总体情况看，北京数字经济发展走在了全国的前列，成为全国数字经济发展的先导区和示范区的目标正在逐步成为现实，提前两年实现《北京促进数字经济创新发展行动纲要（2020—2022 年）》中提出的数字经济增加值占地

区 GDP 的比重达到 50%的目标。在数字经济竞争力指数排名中,北京排在全国首位,前五位分别为北京、上海、深圳、广州和杭州。在世界银行发布的《2020 年营商环境报告》中,北京作为样本城市,进入全球前 30 名。

数字经济为经济社会持续健康发展提供了强大动力。"发展数字经济是把握新一轮科技革命和产业变革新机遇的战略选择。数字经济是数字时代国家综合实力的重要体现,是构建现代化经济体系的重要引擎。世界主要国家均高度重视发展数字经济,纷纷出台战略规划,采取各种举措打造竞争新优势,重塑数字时代的国际新格局。"①《"十四五"数字经济发展规划》明确坚持"创新引领、融合发展,应用牵引、数据赋能,公平竞争、安全有序,系统推进、协同高效"的原则。《中国数字生态指数 2021》中提出由数字基础、数字能力和数字应用构成数字生态理论框架,中国省级数字生态梯队包括全面领先型、赶超壮大型、发展成长型、蓄势突破型四个梯队,其中,北京、广东、上海、浙江、江苏位列全面领先型梯队,已经基本实现省内小循环的理想数字生态。

2. 以适度税收支持政策与首都优势融合推动数字经济发展

从北京看,2019 年以来全市 GDP 增速有所回落,规模以上工业利润持续下降,原始创新动力不足,科技创新支撑产业发展驱动力不足,发展新动能还需大力培育。财政收入增长的不确定性依然突出。在财源建设方面,受经济下行压力加大、新冠疫情冲击、减税降费和外省市招商等因素的影响,部分重点税源企业收入贡献下降明显,企业用脚投票的外迁形势不容乐观,存量财源稳定面临一定压力,新增财源自落地到形成财政收入贡献所需时间较长,对财源稳定的支撑作用短期内不够明显。刚性支出资金需求不断增大,各领域对财政资金需求很大。从财政支出构成来看,民生保障、城市运转、促进各区基本公共服务均等化、债务还本付息等刚性支出占比较大,财政紧平衡矛盾突出。

总之,北京在规划对数字经济的支持政策时,既要对财政承受能力有总体估算,也要兼顾自身的税收支持政策出台后对其他省区市可能造成的深刻影响。增量风险和存量难题要通盘筹划。若税收支持政策力度不大,就会使一些企业用脚投票,迁移到其他税收洼地所在省市,从而使税基动摇。但若支持力度足够大,不仅能使本市的数字经济获得发展,而且能吸引其他省市的人才和资本等大量聚集于本市。实际上,各省区市为避免生产要素外流,都会千方百计地运用税收支持政策促进数字产业发展。这样一来,各省区市的恶性竞争就不可避免了。为避免恶性竞争导致的"合成谬误",北京不能大力度地采用税收支持政策,只能与其他省市保持平衡,发挥首都四个功能区的独特优势,来吸引全国乃至全球生产要素集聚北

① 国务院.国务院关于印发"十四五"数字经济发展规划的通知,2021-12-12.

京，特别是数字人才集聚北京。

（三）数字经济条件下不同税种之间的兼顾问题

数字经济时代，经济发展的强度由市场的牵引力、政府的推动力、科技的创新力和数字产业的带动力凝聚而成。政府的推动力表现在税收上，就是运用宽松的税收政策涵养税源，推动数字经济赋能实体经济更好、更快发展。我国税收实行分税制，北京作为一级地方政府可以动用的税种主要包括地方税，以及中央与地方共享税中归地方政府支配的部分。因此，可由北京市政府运用的税收政策空间十分有限，做好不同税种之间的兼顾十分关键。

1. 北京市政府可运用的税收空间

在促进北京数字经济发展的税收支持政策中，传统产业税收作为地方税的税种主要包括契税、土地增值税、城市维护建设税、耕地占用税、城镇土地使用税、房产税、车船税、印花税、资源税、环境保护税等 10 个税种。表 3-4 所示为中央和地方共享税中地方政府可动用的税收分成部分。

表 3-4　中央和地方共享税中地方政府可动用的税收分成部分

税种	地方政府	中央政府	中央和地方共享税特别说明
增值税	50%	50%	不含进口环节由海关代征的部分
企业所得税	40%	60%	中国铁路总公司（原铁道部）、各银行总行及海洋石油企业缴纳的部分归中央政府，其余部分共享
个人所得税	40%	60%	—
资源税	100%（除海洋石油企业）	100%（海洋石油企业）	海洋石油企业缴纳的部分归中央政府，其余归地方政府
城市维护建设税	100%（除中国铁路总公司、各银行总行、各保险总公司）	100%（中国铁路总公司、各银行总行、各保险总公司）	中国铁路总公司、各银行总行、各保险总公司集中缴纳的部分归中央政府，其余部分归地方政府
印花税	100%（除证券交易印花税）	100%（证券交易印花税）	证券交易印花税归中央政府，其他印花税收入归地方政府

若能对数字经济的发展提供更多的财政支持，则培育地方主体税种，扩大地方税种收入是重要的选项之一。根据中央和地方的事权和支出责任比例进行动态调整，提高共享税的地方分成，相应减少转移支付比重，充分发挥中央和地方的积极性。充分考虑征管成本等因素，按照先易后难原则，逐步将部分应税消费品征收环

节后移至销售环节，并将其作为地方税源，引导地方改善营商环境、增加就业、扩大消费。研究新立法，开征遗产税和赠与税作为中央和地方共享税，以地方为主。

从北京来看，财政运行目前面临许多新的不确定因素。落实中央各项减税降费政策措施，短期内对地方财政收入增收带来一定的冲击。新冠疫情是二战以来最严重的全球危机，尽管其在我国得到有效控制，但在国际上快速扩散蔓延，使世界经济下行风险加剧，对北京经济社会发展也产生了较大的影响，从而使财政收入增长不确定性增强。2020 年，财政部向北京下达抗疫特别国债资金 338 亿元，剔除按中央政策预留市级的 67.6 亿元，其余的 270.4 亿元已全部下达各区，用于重点区域、交通设施、市政设施等基础设施建设以及抗疫相关支出。2022 年前 6 个月，北京三大主体税种中，增值税下降 41.6%（主要受大规模留抵退税政策的影响），个人所得税、企业所得税保持增长态势，分别增长 11.2%和 7.6%。财政收入完成2 530.5 亿元，同口径增长 1.2%，税收占比 84.6%。全市一般公共预算支出3 960.6 亿元，增长 6.6%，其中：卫生健康支出增长最快，达 391.9 亿元，增长24.1%；其次是交通运输支出，达 288.5 亿元，增长 21.2%；排在第三位的是教育支出，达551.7 亿元，增长6.1%。由此可以看到，新冠疫情防控对北京经济的影响较大。

2. “六税两费”的落地实施

2022 年，为进一步应对疫情对生产发展的影响，特别是提高小微企业的抗疫能力，在免征小规模纳税人增值税基础上，落实《财政部 税务总局关于进一步实施小微企业“六税两费”减免政策的公告》精神，北京税务局对于小微企业“六税两费”减征比例的规定为：对增值税小规模纳税人、小型微利企业[①]和个体工商户，减按50%征收资源税、城市维护建设税、房产税、城镇土地使用税、印花税（不含证券交易印花税）、耕地占用税和教育费附加、地方教育附加。执行期限为 2022 年 1 月 1 日至 2024 年 12 月 31 日。

此外，2022 年面对新冠疫情多地散发、经济下行等状况，中央财政加大小微企业、制造业等行业企业增值税期末留抵退税政策力度。将先进制造业按月全额退还增值税增量留抵税额政策范围，扩大至符合条件的小微企业（含个体工商户）和制造业（含个体工商户）等行业企业，并一次性退还企业存量留抵税额。提前退还大中型企业存量留抵税额。随后，增值税留抵退税政策扩围，新纳入 7 个行业，包括“批发和零售业”“农、林、牧、渔业”“住宿和餐饮业”“居民服务、修理和其他服务业”“教育”“卫生和社会工作”和“文化、体育和娱乐业”企业（含个体工商户）。

---

① 小型微利企业，是指从事国家非限制和禁止行业，且同时符合年度应纳税所得额不超过 300 万元、从业人数不超过 300 人、资产总额不超过 5 000 万元等三个条件的企业。

3. 数字经济条件下的增值税

增值税作为一种多环节税种，其最终税负由消费地的消费者承担，很难对个别增值税纳税人给予税收优惠。许多国家没有对跨境电子商务形式入境征税，并且大多数国家对所有境外增值税纳税人向境内消费者(B2C)销售货物或提供服务的形式都没有征收增值税。对 B2C 入境商品，服务执行目的地原则几乎完全失效，主要是税收征管方面的问题，如缺乏一个有效管控税源的税收征收主体。

增值税在世界上已经存在了 60 多年，但与直接税相比仍然历史短暂。目前，增值税以极快的速度在全球范围内扩张，已经有 150 多个国家和地区实施了增值税，其中 100 多个国家和地区是在过去 25 年里引入的。引入增值税有利于筹集国家预算资金。技术的变革强化了企业向全世界消费者进行销售的能力，而无需在消费者所在国构成实体存在，因而常常导致消费者所在国无法对进入本国的货物或服务的流转征收增值税。

增值税的扩张和跨境经营活动的增加引发了新的问题，即跨国公司在开展国际业务时，必须应对两个或两个以上不同的增值税管辖区域。缺乏国际公认的原则，诱发了双边或多边征税；或者相反，双边或多边都不征税。在全球数字环境下实现增值税领域的国际合作，将对上述问题的解决起到一定的作用。G20 国际税收研讨会认为：仅仅出于税收目的而对数字经济实行“隔离保护”是不可行的，因为现在越来越多的传统工业正变得越来越数字化。欧盟委员会专家组认为，不应对数字化企业实行特殊的税收制度。

数字世界中各国之间没有边界。电子商务的特点是：业务量大，而且没有关税壁垒；交易金额小，但利润空间大；销货方和购货方的身份难以确认。由于数字经济的全球性特征，因此增值税立法应当同步，从而避免双边征税和双边不征税的发生。增值税法律应当与其他税种的法律一致，使用相同的税收原则定义征税地点，适应企业发展变化的步伐，通过技术手段降低征税成本和税法遵从成本[①]；要对增值税制度进行修改，建立简洁、明确、均衡、中性和可持续的增值税制度。

当前增值税立法面临的最大任务和挑战是设计一个简单且防伪的税收制度。金融危机的爆发迫使各国政府加大税收征管力度。对于私人消费者获取的数字产品或服务，人们可以合理地推断消费活动发生于消费者常驻地，或者在一个特定的情况下，消费活动可能发生在消费者常驻地之外的场所。因此，B2C 很可能通过代理实现数字产品或服务在某地的销售，这为主张增值税的实质性管辖权奠定无可争议的基础。

---

① 〔奥〕迈克·兰，〔比〕伊内·勒琼. 全球数字经济的增值税研究. 国家税务总局税收科学研究所，译. 经济科学出版社，2017：210.

实体管辖权是指一国对应税客体强制征税的权利。执行管辖权是指一国对其拥有实体管辖权的税收进行强制征收的权力。步入数字经济社会，不能因全球增值税的解决方案不完善而限制创新者、初创企业或想利用全球经济优势的企业发展。为促进实体管辖权和执行管辖权的有机结合，在B2C的环境中，不论企业从何处取得数字经济活动所得或者在哪里进行B2C数字销售，都应承认该企业在该国具有所得税和增值税关联，因此在该国负有税收遵从义务。

对此，奥地利经济学家迈克·兰给出如下建议：一是入境货物的增值税应当在进口环节征收，任何低价值进口物品的起征点应设定在税收收入高于税收征收成本的水平；二是销售方向其他国家的销售者销售货物时应缴纳增值税，特别对于低价值货物；三是对入境B2C服务，应当向销售方征收增值税；四是在通过在线市场或中介机构出售或提供商品或服务的情况下，应考虑由市场经营者或中介机构的经营者缴纳增值税[①]。

经济合作与发展组织（OECD）指出，为确保增值税的有效征收，应通过国际间的密切合作提升税务机关的执法能力，尤其是加强信息交换领域和协助追缴税款方面的合作。欧盟有一个超国家的法律框架，即各成员国的税务机关建立的一个强有力的信息交换框架，在该框架下，成员国之间可以进行涉税信息交换和税务互助，促使成员国更好地遵守相关规章制度。

南非一项重要的增值税改革，就是要求外国电子服务实体企业销售的所有电子服务在南非注册并缴纳增值税。这些销售要么客户是南非居民，要么就是根据南非法律规定通过银行登记或授权进行支付的，但是只要当这些服务的年价值超过5万兰特（约4 496美元）时，就应在南非注册并缴纳增值税。这些规则适用的电子服务包括：游戏和赌博、网上拍卖、各种形式的电子书、在线学习、社交网站的订阅和微支付、手机应用程序、电子学术期刊、网络研讨会等。这项增值税的要求不管是对企业还是对消费者都适用。南非的这项增值税改革经验，对于增值税体系具有普遍意义，也为其他国家提供了一张可选择的增值税改革蓝图[②]。

4. 应对数字经济税收挑战的国际“双支柱”方案

为解决数字经济发展中的税收问题，包括中国在内的G20成员国领导人于2013年委托经济合作与发展组织推进税基侵蚀和利润转移（BEPS）十五项行动计划。2021年10月，136个包容性框架成员辖区达成全面共识，形成《关于应对经济数字化税收挑战“双支柱”方案的声明》。该声明已经通过20国集团（G20）财长和央行

---

① ［奥］迈克·兰，［比］伊内·勒琼. 全球数字经济的增值税研究. 国家税务总局税收科学研究所，译. 经济科学出版社，2017：203-204.

② ［奥］迈克·兰，［比］伊内·勒琼. 全球数字经济的增值税研究. 国家税务总局税收科学研究所，译. 经济科学出版社，2017：196.

行长会议审议，并由G20领导人在罗马峰会上核准通过。

支柱一：新的征税权分配机制。认为数据与土地、劳动力、资本、技术等生产要素一样，应当获得利润回报；用"收入额"替代"实体存在"作为企业在市场辖区连接度的判断标准；满足条件的跨国企业即使在"使用或消费商品或服务"市场国没有应税实体，只要营业额与利润超过一定门槛，就需要将部分利润分配给市场国征收所得税。

支柱二：国际税收核心规则延伸到税基和税率等税负要素，企业所得税全球最低税率锁定15%。只要跨国公司全球整体税负低于全球最低税率，该公司所在国就有权对该笔利润补征税款。

"双支柱"最新提案要求缔约方撤销数字服务税以及其他类似的单边措施，并承诺未来不再引入类似措施。2021年7月，欧盟委员会表示，将暂缓推出原定于7月底出台的数字税征收计划。

5. 数字基础设施企业与境外非居民企业所得税的纳税

(1) **数字基础设施企业应获得所得税优惠。**我国现有的税收优惠政策一般适用于高新技术企业、科技研发型企业等，并且高新技术企业所得税优惠存在较高的政策门槛，因此享受扶持政策的企业多为发展成熟的企业，而初创企业无法享受该类优惠。数字经济涉及的不只是技术和软件等的研发创新，还包括数据产业，如对数据的处理和分析等，这些独属于数字经济的业务也会产生一定的成本，而我国目前并未针对这些方面制定专属的税收优惠政策。此外，《中华人民共和国企业所得税法》中对国家重点公共设施项目制定"三免三减半"的税收优惠，但在《公共基础设施项目企业所得税优惠目录》中没有与数字经济相对应的基础设施类别。所谓"三免三减半"是指符合条件的企业从取得经营收入的第一年至第三年可免征企业所得税，第四年至第六年减半征收企业所得税。除国家重点公共设施项目，从事节能环保、沼气综合利用、海水淡化等行业的企业也能享受上述"三免三减半"的优惠。一些专家估算，这些税收优惠政策可使企业每年的利润增加20%。

(2) **境外非居民企业应在境内进行纳税。**数字经济条件下，境外的非居民企业通过对境内客户数据进行分析处理而获取的利润，应在境内进行相应的收益分配与纳税。虽然《国家税务总局关于发布〈特别纳税调查调整及相互协商程序管理办法〉的公告》(税务总局公告〔2017年〕第6号)对无形资产收益分配方法提出了建设性指导意见，要求其资金成本的回报应符合相关功能及相应风险，注重无形资产的价值贡献，但对于客户在交易中贡献的数据价值如何划分利润归属，并未给出明确的政策规定。

6. 个人所得税

企业数字化转型使得对数字化人才的需求呈现爆发式增长。多数企业选择

“内部调动＋外部引才”方式，组建“复合型”数字化转型工作团队，并同步推进复合型数字化人才的培养。数字化转型为企业团队成员结构带来较为明显的变化：一方面，更多的标准化工作由数字化系统代为处理，进而释放出一定的劳动力；另一方面，由于数字化转型需求，企业对数字化人才的需求量大幅增加。

在某些方面，所得税和增值税有共同的“基因组成”。美国经济学家罗伯特·海格和亨利·西蒙斯提出了个人所得税定义（一般称为海格-西蒙斯定义），即“个人所得税是以下两点的代数和：(1)消费中可行使权利的市场价值；(2)期初和期末产权留存价值变化”。这一定义用代数方法表示成 $Y=C+S$，其中，Y 为收入，C 为消费，S 为储蓄。这一公式揭示了个人所得税税基包含增值税税基或消费税税基，二者的主要差异在于储蓄量。

数字经济条件下，所得税比增值税更关注关联方税基分配，因而更关注关联方交易估值。因为在所得税制下，独立交易原则的运用决定了应归属于各关联实体的利润和最终应承担的纳税义务。但在增值税制下，价格对最终纳税义务的影响程度不足以导致应税的两方关联实体全额免除进项税。因为增值税是从最终消费环节而非中间流转环节征收的，所以当增值税不能有效地维持多级征收机制时，生产和销售环节中应至少有一笔交易无需缴纳增值税，这样增值税链条就被破坏了，真正的挑战随之而来。

数字经济社会下，个人所得的来源更为广泛，有一部分来源于传统的劳动、资本、土地和技术等生产要素，还有一部分来源于数据。数据作为一种新的生产要素，已经成为数字经济时代最核心的生产要素。数据在其应用中将会为其所有者带来源源不断的收入，从而成为个人所得税的重要来源。

7. 研发费用加计扣除等鼓励创新政策可能面临税制设计悖论

政府出台优惠政策旨在促进企业加强技术研发，提高产品、服务质量，但多数企业可能将研发力量投入数字租金的攫取上，即利用数据优势强化垄断利益，侵蚀其他产业利润或侵害消费者权益。

数字经济的大部分商业模式通过交易平台将资源的供需方联系在一起，资金由资源需求方通过第三方支付平台支付后返还网络交易平台，扣除平台收入后余下部分进入资源供给方账户。从资金流向来看，第三方支付平台、网络交易平台和资源供给方都是纳税主体，根据其是否为法人机构而负有增值税、个人所得税或企业所得税等相应税种的纳税义务。

例如，数字企业提供数据分析业务而取得的收入，在征税时难以确定是按照销售收入计税还是按照提供服务收入计税。此外，目前我国的税收政策并不能应用于对跨境数字服务征税，对数字化商品和服务如何征税也没有明确的税法规定。

2022 年 1 月 1 日实施的对在中关村国家自主创新示范区核心区（海淀园）注册

的居民企业，出资与国家或北京市自然科学基金联合设立开展基础研究、关键核心技术攻关的公益性基金的支出，允许享受研发费用加计扣除，加计扣除比例按企业适用的现行研发费用加计扣除政策规定执行。

“十三五”期末，我国间接税比重仍然偏高，2020 年直接税收入占全部税收收入的比重为 37.2%，间接税所占比重高达 62.8%。而 2019 年的经济合作与发展组织成员国同口径平均值，直接税所占比重为 55.0%，间接税所占比重为 45.0%。从各税种收入占税收总收入的比重看，2020 年我国个人所得税所占比重为 7.5%，企业所得税所占比重为 23.6%，财产税（房产税、城镇土地使用税、车船税、车辆购置税）所占比重为6.1%。2019 年的 OECD 成员国同口径平均值，个人所得税所占比重为 32.4%，企业所得税所占比重为 13.2%，财产税所占比重为 7.6%。与 OECD 相比，我国个人所得税所占比重显著偏低，企业所得税所占比重显著偏高，财产税所占比重略低。

北京可从美国的政策实施中得到启示。美国电子商务的市场体系、法律体系、政策体系、税收体系等都较为完善，其颁布的第一项电子商务法案是《互联网免税法案》，该项法案明确提出不针对互联网交易开征新税种，这一政策在美国数字经济发展初期极大地推动了电子商务的发展。但该法案也导致数字经济和实体经济之间税负不公平的问题，于是美国政府在 2014 年又出台《市场公平法案》，提出由各州或地方政府针对电子商务公司开征消费税。随着数字经济的不断发展，美国逐渐寻找促进数字经济发展的政策引导路径，建立了较为规范的税收政策体系。

三、照顾性税式支出与激励性税式支出的权衡

数字化推动了经济转型，特别是中小企业的经济转型。数字经济的不断发展，给人们的生产、生活带来了翻天覆地的变化。例如，手机 APP 的出现，不仅改变了企业的营业模式，而且改变了消费者购物、享受服务和支付的方式。

税式支出也被称为税收支出，是政府为了实现特定的政策目标，通过制定与执行特殊的税收法律条款，给予特定纳税人或纳税项目各种税收优惠待遇，以减少纳税人税收负担而形成的一种特殊的财政支出。它是国家为达到特定政策目标主动放弃的税收收入。

任何国家的税收制度都可以分为两大部分：一是为确保国家财政收入而设置的与税基、税率、纳税人、纳税期限等相关的条款，被称为“正规”税制；二是为改善资源配置、提高经济效率，或照顾纳税人的困难而设置的税收优惠条款，以减少纳税人的纳税义务、主动放弃财政收入为特征，即所谓的税式支出。税式支出是对“正规的、标准的、基础的或一般可接受的”税制结构的背离。

税式支出在性质上属于财政补贴的范畴。税式支出是采取税收豁免、优惠税率、纳税扣除、投资抵免、退税、加速折旧等形式减免纳税人的税款的支出。而直接财政支出是在将纳税人的税款收缴国库后，通过财政预算安排的支出，是税法体系的有机组成部分。

(一) 照顾性税式支出与激励性税式支出

1. 照顾性税式支出

照顾性税式支出是针对纳税人由于客观原因在生产经营上发生临时困难而无力纳税情况采取的照顾性措施，其目的是扶植国家希望发展的亏损或微利企业以及外贸企业，使国民经济各部门保持基本平衡。新冠疫情暴发以来，全国各地为疫情防控而停工隔离，疫情得到控制后，由于全面复工复产十分困难，因此，我国及时出台减税降费一系列政策，从而避免了一部分企业特别是中小企业的破产，使企业成本激增状况得到了一定程度的缓解。

2. 激励性税式支出

激励性税式支出也叫刺激性税式支出，是用来改善资源配置、提高经济效率的特殊减免规定。其主要目的在于正确引导产业结构、产品结构、进出口结构以及市场供求，促进纳税人开发新产品、新技术以及积极安排劳动者就业等。当前，数字经济已经成为推动全球经济的重要引擎和新的增长点。《中华人民共和国国民经济和社会发展第十四个五年规划和2035年远景目标纲要》提出，要以数字化转型整体驱动生产方式、生活方式和治理方式变革，打造数字经济新优势。对此，激励性税式支出将起到重要作用。

根据支出对象不同，激励性税式支出分为两类：第一类是针对特定纳税人的税式支出，即不论其经营业务的性质如何，都可依法得到优惠照顾(如残疾人企业)；第二类是针对特定课税对象的税式支出，即不论是什么性质的纳税人，都可享受优惠待遇。这是税收优惠的主要方面。对数字经济的税式支出就属于对特定课税对象的税式支出。

分配制度要发挥激励作用，让一切劳动、知识、技术、管理、资本的活力竞相迸发，让一切创造社会财富的源泉充分涌流。随着互联网的发展，以数据为关键生产要素的数字经济正在成为新型经济形态，数据对提高生产效率的乘数作用日益凸显，成为最具时代特征的新的核心生产要素。党的十九届四中全会首次将“数据”作为重要的生产要素，正是与时俱进完善分配制度的生动体现。

除发挥市场机制本身的引领作用之外，政府的税收导向作用对数字经济的激励在产业发展初期也起着十分关键的作用。例如,美国作为数字经济发展第一大国,在电子商务发展初期的1998年颁布的《互联网免税法案》明确提出,在现行税收的基础上不针对互联网交易增加新的税种,禁止各州和地方政府对互联网接入服务征税。这一政策在美国数字经济发展初期极大地推动了电子商务的发展,并将互联网访问附加税免征的时间延长至2011年11月1日。不过,很多人对美国的《互联网免税法案》存在望文生义的误解。其实,该法案只对网络服务提供商从公众那里取得的接入费不收税,不适用于对利用互联网取得的收入课征的所得税等情况。

(二)建立以激励性为主的税式支出结构

无论是照顾性税式支出还是激励性税式支出,都是为了涵养税源,兼顾效率与公平,让社会财富充分涌流。由于税式支出从本质上看毕竟是一种财政支出,因此,控制税式支出在财政支出中的比重十分重要——它是保障全社会公共产品和公共服务供给的前提。此外,在税式支出内部,需要处理好照顾性税式支出与激励性税式支出的比重,权衡好二者之间的关系。

照顾性税式支出一般具有一定的支出刚性,因为它是针对由客观上不可避免的原因造成的纳税人生产经营上发生临时困难而无力纳税的情况采取的措施。虽然这种措施具有短期性和临时性,但有时也会由于情况的变化而具有经常性或长期性。例如,为帮助企业纾困解难,促进企业创新,2019年我国全年减税降费2.36万亿元,其中新增减税1.93万亿元[①];2020年我国全年新增减税降费超2.5万亿元;2021年全年新增减税降费约1.1万亿元,其中支持小微企业发展税收优惠政策新增减税2 951亿元;2022年国务院提出对涉及科技、就业创业、医疗、教育等11项税费的优惠政策延续至2023年底。

激励性税式支出的弹性比照顾性税式支出的弹性大,对于社会生产发展的影响和促进作用也更大。无论是数字产业化还是产业数字化,激励政策的实施都将极大地促进数字经济的发展。“提升社会服务数字化普惠水平。”“加快推动文化教育、医疗健康、会展旅游、体育健身等领域公共服务资源数字化供给和网络化服务,促进优质资源共享复用。”“充分运用新型数字技术,强化就业、养老、儿童福利、托育、家政等民生领域供需对接,进一步优化资源配置。”[②]

在税式支出总量一定的情况下,如果照顾性税式支出所占比重大,那么,激励性税式支出的份额必被挤占,所占比重自然很小。然而,一个社会的税式支出从理

---

① 财政部.国务院关于2019年中央决算的报告,2020-06-20.

② 国务院.国务院关于印发“十四五”数字经济发展规划的通知,2021-12-12.

论上讲应该是激励性税式支出占有较大比重，而照顾性税式支出占有较小比重。但实际经济运行中，往往是照顾性税式支出所占比重较大，因为这对社会经济的稳定特别是就业的稳定起着至关重要的作用；至于激励性税式支出，只能量力而行，暂时占据较小比重。

由此可见，北京市对数字经济采取支持性税收政策时，必须将激励性税式支出放在首位，同时兼顾照顾性税式支出。近年来数字经济发展非常迅速，特别是在疫情防控期间，数字经济的发展进一步加速。从图 3-9 可以看到，我国数字经济以远高于 GDP 的增速快速发展：从 2015 年高于 GDP 增速 8.8 个百分点到 2020 年高于 GDP 增速 6.7 个百分点。尤其是 2020 年，数字经济增速达到 9.7%，是同期 GDP 增速的 3.2 倍。

若税式支出总量不确定，则照顾性税式支出与激励性税式支出政策的实施可能会造成财政的常年较大赤字，进而造成一定程度的通货膨胀。因此，北京要建成世界数字标杆城市，必须控制好二者所占的比例。

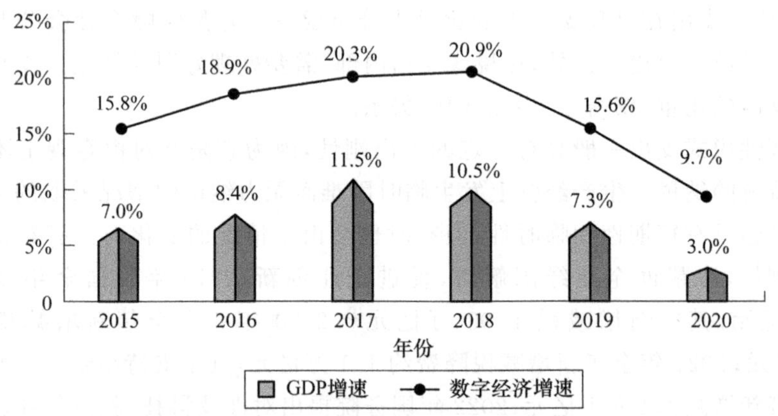

图 3-9　中国数字经济增速与 GDP 增速

（资料来源：中国信息通信研究院《中国数字经济发展白皮书（2021 年）》）

（三）税式支出政策调整的与时俱进

《中华人民共和国国民经济和社会发展第十四个五年规划和 2035 年远景目标纲要》对 2021 年以后五年乃至十五年的税制改革作出了系统谋划和战略部署，提出了明确目标，为进一步优化税制指明了方向、提供了根本遵循。

1. 数字经济对传统税制的挑战

数字经济的出现和发展使税收中性原则受到了挑战。税收中性原则是指税收应该在不同商业活动之间保持中立，不扭曲或尽可能少地扭曲市场机制作用。数字经济税收问题在一定程度上影响了经济效率。一方面，与数字经济发展不相适配的税收体系扭曲了市场机制，对市场效率造成了直接的负面影响。另一方面，数字经济对税收体系的冲击导致政府丧失了大量税收收入，甚至损害了税收制度的可持续发展，将影响政府提供公共服务、完善经济发展环境的能力，进而间接损害经济增长的潜力。图 3-10 所示为数字经济对税收公平的影响。一方面，造成国家和地区层面的税收分配不公平；另一方面，造成产业、企业和个人层面的税收负担不均衡。

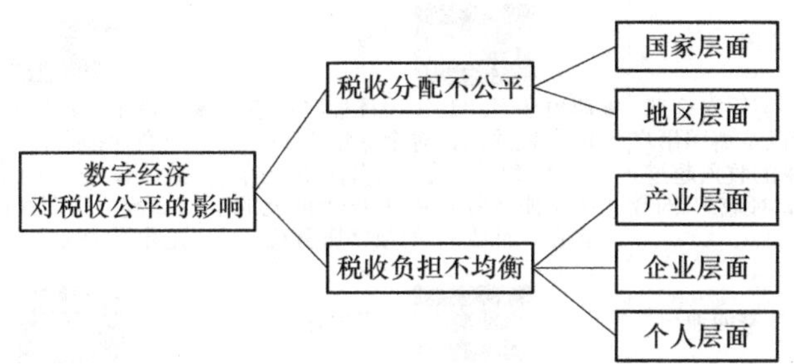

图 3-10　数字经济对税收公平的影响

（资料来源：中国信息通信研究院政策与经济研究所《数字经济对税收制度的挑战与应对研究报告（2020 年）》）

数字经济高度依赖无形资产、数据和用户，且高度跨区域流动，这些特征会引起税基侵蚀和利润转移，从而给国际税收带来冲击。目前，越来越多的国家已开征或准备启动数字税，但国际上对数字税的内涵尚未达成共识，在纳税主体、收益归属、税收征管等方面仍存在争议。

2. 数字税征收的意义

数字税的征收对企业所在国具有重要意义：一方面有利于维护社会公平，为所有企业提供公平的竞争环境；另一方面有利于打击恶意税收筹划，避免某些数字企业的避税行为，增加各国政府财政收入，特别是在疫情防控期间各国为弥补巨额财政亏空，急需寻找新的税源。

3. 各国征收数字税的探索与实践

(1) 数字税的征收国家

在国际组织数字税立法进程迟缓的背景下，一些国家出于舒缓财政压力、提升本土数字产业竞争力等考量，先行开征数字税。截至 2020 年年底，已开征数字税的国家有 14 个。图 3-11 所示为部分国家数字服务税政策对比。受欧洲部分国家数字服务税征税提案的启发以及欧盟和亚洲部分国家行动的影响，更多国家计划征收数字服务税，有些国家已经向国会提交提案，探索建立应对数字经济的相关税制。

<table>
<tr>
<td>
法国
◆2019年7月，法国通过数字服务税法案，对全球年收入超7.5亿欧元且在法国境内年收入超过2 500万欧元的数字企业，征收3%的数字服务税</td>
<td>
意大利
◆2020年1月1日起，意大利向全球年收入超过7.5亿欧元且在意大利境内年收入超过550万欧元的大型科技公司，按照3%的税率征税</td>
<td>
奥地利
◆2020年1月1日起，奥地利对全球年收入超过7.5亿欧元且在奥地利提供在线广告服务的销售收入超过2 500万欧元的在线广告服务提供商，征收5%的数字服务税</td>
</tr>
<tr>
<td>
英国
◆自2020年4月1日起，英国对全球年收入超过5亿英镑以及英国用户参与应税活动所带来的收入超过2 500万英镑的企业，征收2%的数字服务税</td>
<td>
西班牙
◆西班牙于2020年10月批准数字服务税法案，对全球年收入超过7.5亿欧元且来自西班牙的数字服务收入超过300万欧元的企业，征收3%的数字服务税</td>
<td>
印度
◆印度于2016年6月1日起开征平衡税，对企业提供在线广告服务所取得的收入征收6%的平衡税；2020年4月1日起，平衡税征税范围进一步扩大至电子商务，税率为2%</td>
</tr>
<tr>
<td>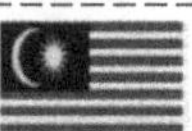
马来西亚
◆马来西亚自2020年1月1日起，对于向马来西亚消费者提供数字服务的年销售额超过50万令吉的外国服务提供商，征收6%的服务税</td>
<td>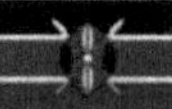
肯尼亚
◆肯尼亚《2020年财政法案》中引入了数字服务税，自2021年1月1日起，将对在肯尼亚境内通过数字市场提供服务所产生的收入征收1.5%的数字服务税</td>
<td>
澳大利亚
◆自2017年7月1日起，向澳大利亚居民销售进口服务和数字产品所获取的年营业额超过7.5万澳元的境外企业，需在澳大利亚注册并缴纳商品和服务税，适用税率为10%</td>
</tr>
</table>

图 3-11　部分国家数字服务税政策对比

（资料来源：中国信息通信研究院政策与经济研究所《数字经济对税收制度的挑战与应对研究报告（2020 年）》）

2020 年以来，数字经济在加速经济复苏方面发挥了重要的作用。这也促使更多国家跟进数字税的征收。总体来看，已开征数字税的国家基本是数字经济发展较弱，但数字经济消费规模较大的国家。跨国数字企业从中赚取了丰厚利润，但逃避了大量的缴税责任。这些国家采取单边行动，向跨国数字巨头征收数字税，从而为处于发展期的本国数字企业的发展赢得了宝贵时机，但也面临跨国数字企业母国贸易报复的风险。例如，法国数字服务税法案所涉及的企业大部分为美国企业，其征收的数字税甚至被人们称为“GAFA”税。由于触动了美国互联网巨头的利益，因此美国政府以数字税违反国际税收主流原则、美国科技企业遭遇不公正待遇为由，开启反制措施。

（2）数字税的征收种类

以新加坡、新西兰、俄罗斯、斯洛伐克等为代表的国家对非居民企业征收其向本国用户提供的相关数字服务的消费税或增值税；以印度为代表的国家征收的平衡税；以法国、英国、意大利等为代表的国家征收的基于特定数字服务收入门槛而设立的数字服务税。总体来看，印度以及部分欧洲国家推出的数字税实际上是基于一定门槛而设立的新税种，税基是企业的营业收入而非利润，并根据数字企业的全球营业收入和在纳税国家的营业收入等条件设立一定标准的起征点，以探索解决跨国数字企业避税问题。

(3) 数字税的征收对象

数字税的征收对象不是数字科技公司，而是数字科技公司的特定商业模式，主要包括在线搜索引擎、社交媒体平台、在线中介平台、数字内容流媒体、在线游戏、云计算服务、在线广告服务等。从当前数字税的征收实践看，各国在制定数字税方案时也都注明了数字化企业的特定商业模式。各国提出的数字税政策，主要针对“达到一定规模”的数字企业，是为了在一定程度上保护本国处于发展初期的数字科技企业。数字税是加强数字经济治理的举措之一，未来各国及地区对数字治理将愈加重视，平衡风险防范与发展的诉求愈加迫切，各国征收数字税将成为必然趋势。

(4) 数字税的征收时间

2021 年 10 月 8 日，OECD 宣布，迄今为止，占全球 GDP 总量超过 90% 的 136 个国家及司法管辖区已同意实施 OECD 提出的“双支柱”国际税改方案，国际社会长久以来对跨国互联网公司征收数字税的分歧和博弈或能通过多边协调得到化解。该协议计划于 2024 年正式实施。

结合我国减税降费的背景以及数字经济发展状况，目前我国开征数字税的时机尚不成熟：有利方面是征收数字税可挽回税收损失；不利方面是征收数字税将阻碍我国数字企业的快速成长。“双支柱”落地之年由 2023 年延期到 2024 年，对我国数字企业来说有了一定的回旋余地。当然，我国必须在现有的税收制度框架下，加快完善符合我国国情且与 OECD/G20“双支柱”内容相衔接的数字税制度，确保数字企业与传统企业税负均衡，促进数字经济和税制体系的均衡发展。OECD/G20 征税权的划分如表 3-5 所示。

表 3-5　OECD/G20 征税权的划分

措施	内容
金额 A	新规则要求跨国企业即使不在市场国设立任何机构、场所或常设机构，也要将自己的一部分利润以金额 A 的形式分配给市场国。适用对象是年度**全球营业收入超过 200 亿欧元**，同时税前销售利润率在 10% 以上的跨国企业（采掘业和受监管的金融服务不包括在内）。未来如果进展顺利，营业收入的门槛将**降为 100 亿欧元**。2021 年 10 月 8 日的“新声明”在7月份声明的基础上，进一步确定适用范围内的跨国企业要拿出**营业收入 10%以上部分（剩余利润）的 25%分配给**拥有联结度的市场国。

续 表

措施	内容
金额 B	对分销机构从事的基础营销和分销活动设定固定的回报率,使相关报酬标准化,以简化独立交易原则的运用。目前该部分的具体方案还在研究之中。
税收确定性	允许发展中经济体采用一种被称为"选择性约束性**争端解决机制**",即只有在当事国双方主管税务当局都同意的情况下才可以使用这种约束性争端解决机制。这是发展中经济体在包容性框架的谈判中努力争取的结果。

资料来源:《关于应对经济数字化税收挑战双支柱方案的声明》。

总体来看,北京数字经济的发展迫在眉睫:既要按时启动国际"双支柱"政策,又要应对国内其他省市的数字支持政策,特别是在海南自由贸易港的建立使海南拥有北京难以比拟的政策优势的情况下。因此,建立精准、适度的促进数字经济发展的税收支持政策是当务之急。

四、税收优惠政策对北京数字企业的创新激励效应分析

数字经济是北京经济社会发展的重要支撑,其发展水平和竞争力处于全国领先水平。因此,从某种意义上来说,北京市政府对数字经济的税收支持政策,将对全国起着引领和标杆作用。税收优惠政策对数字企业的激励效应大小,是决定税收优惠政策力度大小的关键。

为进行分析,选取 2012—2021 年北京数字经济上市公司数据,通过构建双重差分模型(DID)分析税率优惠对企业研发投入的激励效应。研究结果表明,税率优惠对数字企业研发投入具有激励作用。同时,运用最小二乘法(OLS)进一步分析税收优惠政策对北京认证为高新技术企业的数字企业创新的激励效应。结果表明:加大企业所得税税率优惠能够提高数字企业创新研发投入。其中,企业所得税税率优惠对数字民营和国有企业创新研发投入均具有正向作用,且税率优惠的激励作用具有差异性,因此对数字民营企业创新投入的激励效果更明显。

(一) 理论分析与研究假设

促进企业研发投入的税收优惠政策以所得税优惠政策为主,也包括增值税免税、即征即退、期末留抵退税和关税减免等政策。所得税优惠政策的形式主要包括税基式、税额式和税率式三类,其中:税基式优惠政策旨在削减计税基础;税额式优惠政策旨在直接减少企业所得税额;税率式优惠政策旨在降低企业所承受的所得

税税率。

本节主要研究税率式优惠政策，高新技术企业所得税税率优惠属于税率式优惠政策。税率优惠是直接优惠的主要方式，是我国高新技术企业普遍享有的税收优惠政策。《中华人民共和国企业所得税法》提出，国家重点扶持的高新技术企业，可减按15%的税率征收企业所得税。高新技术企业是研发投入的主要力量，而研发投入占比是认定高新技术企业的重要条件。2017年，国家推出的《"大众创业 万众创新"税收优惠政策指引》中提出，我国对高新技术企业减按15%的税率征收企业所得税，同时扩大高新技术企业的认定范围，且针对创新的新生力量，如技术先进型服务企业、新办软件企业和满足条件的集成电路企业等，给予低税率或免税优惠。税率优惠在实践中取得了显著成效，调研数据显示：2016年，41.9%的已认定高新技术企业享受15%的税率优惠；55%的已认定技术先进型服务企业享受15%的税率优惠，而其余未能享受税率优惠的企业多数是因为其当年发生亏损或弥补以前年度亏损后应纳税所得额为0。

综上，本节提出假设H1：**高新技术企业所得税税率优惠政策在使用时对数字企业的研发投入具有激励作用。**

（二）研究设计

1. 样本选取

税率优惠属于较为普遍应用的激励企业创新的优惠方式。我们选取国泰安(CSMAR)数据库中118家北京数字经济上市公司作为样本，以2012—2021年为研究周期，来验证税率优惠政策对北京数字企业创新的激励效果。为保证数据的完整性和实证结果的可靠性，对收集到的原始数据进行了如下处理：①考虑到研发投入效果需要一段时间才能显现，剔除上市时间不足三年的公司；②剔除研发投入数据缺失的公司。数据主要通过Excel和Stata进行处理，为防止异常值对实证结果的不利影响，对所有连续变量在1%和99%分位上进行了缩尾处理，最终得到940条样本的面板数据。

2. 变量定义

(1) 创新投入

使用数字企业研发投入代表数字企业创新投入。根据国泰安数据库中北京市上市数字经济企业的研发投入数据，考虑企业规模因素，构建"数字企业创新投入"指标：企业研发投入与企业年初总资产的比值。

（2）**税率优惠**

高新技术企业享受15%的企业所得税税率，与正常的25%的税率相比，税率优惠给企业节约的资金可表示为

$$净利润\times(25\%-15\%)\ /\ 企业年初总资产$$

注意：用相对值表示是为了消除企业规模对研发投入的影响。

（3）**享受高新技术企业的税率优惠政策划分**

由于企业在申报高新技术企业认定并通过税务部门审核的当年即可享受高新技术企业所得税税率优惠，所以本节设置虚拟变量Post对企业是否享受高新技术企业所得税税率优惠政策进行区分：北京数字经济上市公司本身被认定为高新技术企业，即享受高新技术企业所得税税率优惠的，其Post值定义为1；北京数字经济上市公司本身未被认定为高新技术企业，即未享受高新技术企业所得税税率优惠的，其Post值定义为0。

虽然国家早在2008年就出台了高新技术企业享受15%的税率优惠政策，但2015年才扩大了认定范围，加大了宣传力度，使更多的企业参与了高新技术企业认定。可见，2015年是高新技术企业税率优惠政策变化的关键一年。因此，本节以2015年为政策变化分界点，通过设定虚拟变量After来验证高新技术企业税率优惠政策对企业研发投入的影响：2015年及以后，After定义为1；2015年之前，After定义为0。

（4）**企业年龄**

企业年龄是衡量企业发展的一个重要指标，本节用当前年份与企业上市年份的差计算企业上市年龄，即企业年龄。企业上市时间长短是影响企业研发投入的重要因素。由于研发投入短期内效果不明显，故选取上市时间在3年以上的企业作为研究对象。

（5）**企业财务杠杆**

企业的研发活动具有风险性，如果企业的资金来源中负债比例过高，那么会进一步加大企业的财务风险，进而影响企业的研发投入。可见，企业的财务杠杆是影响企业研发投入的重要因素。

（6）**资产回报率**

资产回报率用每单位资产创造的净利润来衡量，可以有效地反映企业创造价值的大小。研发投入是企业创造价值的选择，一般认为，企业价值越大，研发投入越多。

（7）**营业成本率**

营业成本率用营业成本与营业收入的比值表示。该指标可以评价企业对成本费用的控制能力和企业的经营管理水平，促使企业加强内部管理，节约支出，提高

经营质量。

(8) 所有权性质

根据实际控制人产权性质,企业分为国有企业、民营企业和外资企业。

(9) 企业规模

企业规模利用企业总资产的对数来衡量。

表 3-6 所示为分析中所用的主要变量符号及定义。

表 3-6 主要变量符号及定义

变量符号	变量名称	变量说明
Innovation	创新投入	企业研发投入/企业年初总资产
Tax	税率优惠	[净利润×(25%-15%)]/企业年初总资产
Age	企业年龄	当年年份-企业上市年份
Size	企业规模	以营业收入的对数值表示
Roa	资产回报率	净利润/总资产
Lev	企业财务杠杆	企业年末负债总额/企业年末总资产
Cost	营业成本率	营业成本/营业收入
Pe′	所有权性质	实际控制人产权性质为国有,取 1;反之,取 0
Type	行业类型	虚拟变量

3. 描述性统计

由表 3-7 可以看出:post 的平均值为 0.604,意味着享受税收优惠政策的数字企业约占全部样本的 60%,由此表明,全部样本中享受高新技术企业税收优惠政策的数字企业较多,即北京数字企业大多属于高新技术企业;创新投入的标准差为 0.034,说明北京数字企业之间的技术创新情况差异较小。

表 3-7 样本的描述性统计

变量	观察值	平均值	标准差	最小值	最大值
Innovation	940	0.047	0.034	0.001	0.163
Tax	940	0.002	0.013	-0.079	0.019
Post	940	0.604	0.489	0	1
After	940	0.751	0.433	0	1
Size	940	9.119	0.569	8.047	11.438
Roa	940	0.023	0.131	-0.795	0.19
Lev	940	0.336	0.212	0.033	1.165
Cost	940	0.598	0.2	0.040	0.967

续表

变量	观察值	平均值	标准差	最小值	最大值
Pe	940	0.213	0.409	0	1
Age	940	11.584	5.249	3	29

(三) 税收优惠激励企业创新效应的实证检验

1. 双重差分模型构建

双重差分法(DID)的基本思路是:通过对比准自然实验对实验组和控制组在政策实施之前和之后的差异性影响,识别出变量间的因果关系,这种处理方法可以排除遗漏的宏观变量以及制度变量对结果的可能影响,从而产生一致估计。2008年1月1日起实施的《中华人民共和国企业所得税法》提出,国家需要重点扶持的高新技术企业,减按15%的税率征收企业所得税。2017年,国家推出的《"大众创业万众创新"税收优惠政策指引》中提出,扩大高新技术企业的认定范围。这两条政策是全国性政策,基本没有企业可以对它的制定和颁布产生影响。所以,对微观层面的高新技术企业而言,政策的颁布以及认定范围的扩大是外生事件。因此,本节讨论的"高新技术企业15%的税率优惠对数字经济企业创新的作用"是一个外生的准自然实验。

运用双重差分模型检验2012—2021年118家北京数字经济上市公司税率优惠对数字企业研发投入的激励效应。模型设定如下:

$$\text{Innovation}_{i,t}=\alpha_0+\alpha_1\times\text{Post}_{i,t}+\alpha_2\times\text{After}_{i,t}+\alpha_3\times\text{Post}_{i,t}\times\text{After}_{i,t}+\alpha_4\times\text{Size}_{i,t}+\alpha_5\times\text{Lev}_{i,t}+\alpha_6\times\text{Cost}_{i,t}+u_t+u_k+\varepsilon_{i,t}$$

其中,$i=1,2,3,\cdots,118$,表示符合条件的118家上市高新技术数字企业中的任一家;$t=1,2,3,\cdots,10$,表示2012—2021年间的任一年;u_t 为时间效应,反映时间上的差异;u_k 为行业效应,反映行业间的差异;将940个样本分为14个行业,故 $k=1,2,3,\cdots,14$;$\varepsilon_{i,t}$ 为误差项。

2. 实证分析结果

(1) DID估计结果

表3-8第(1)列为不加入其他解释变量的情况,此时税收优惠政策的实施使北京数字企业创新投入增加了0.010 3,且在1%的水平上显著;而表3-8第(2)列为加入了其他解释变量的情况,此时税收优惠政策与企业创新投入存在显著的正相关关系,说明国家对高新技术企业给予15%的低税率显著地促进了数字企业创新投入的增加。

表 3-8　双重差分估计结果

变量	(1) innovation	(2) innovation
c. treat # c. after	0.010 3*** (3.599 1)	0.008 7*** (3.091 6)
Size	—	−0.004 3 (−1.407 5)
Lev	—	−0.006 0 (−0.968 9)
Cost	—	0.002 8 (0.303 0)
_cons	0.042 8*** (32.132 7)	0.082 7*** (3.046 2)
N	939	939
r^2_a	0.811 5	0.815 9

注：① 括号内的数值为 t 统计量；

② 带“***”的数据表示在 1%的水平上显著。

(2) 平行趋势检验

以 2011 年为基期，由表 3-9 所示的检验结果可知，2015 年的优惠政策推广对数字企业研发投入的影响是显著的。

表 3-9　平行趋势检验

年份	统计数值
2012_Innovation	0.009 9 (1.212 1)
2013_Innovation	0.008 1 (1.056 8)
2014_Innovation	0.012 7* (1.694 5)
2015_Innovation	0.015 0** (2.103 3)
2016_Innovation	0.020 1*** (2.713 0)
2017_Innovation	0.022 1*** (3.033 6)
2018_Innovation	0.015 2** (2.157 6)

续 表

年份	统计数值
2019_Innovation	0.014 7**
	(2.150 4)
2020_Innovation	0.018 9***
	(2.707 4)
2021_Innovation	0.016 1**
	(2.197 5)
Size	−0.003 9
	(−1.283 0)
Lev	−0.005 8
	(0.949 2)
Cost	0.002 7
	(0.295 9)
_cons	0.073 9***
	(2.645 5)
N	939
r^2_a	0.816 1

注:① 括号内的数值为 t 统计量;

② 带“***”的数据表示在1%的水平上显著,带“**”的数据表示在5%的水平上显著,带“*”的数据表示在10%的水平上显著。

3. 最小二乘法模型构建

为进一步验证税收优惠对数字企业创新投入的影响,评估税率优惠的真实创新效应,本节采用最小二乘法(OLS)构建如下计量模型:

$$\text{Innovation}_{i,t}=\beta_0+\beta_1\times\text{Tax}_{i,t}+\beta_2\times\text{Age}_{i,t}+\beta_3\times\text{Size}_{i,t}+\beta_4\times\text{Roa}_{i,t}+\beta_5\times\text{Lev}_{i,t}+\beta_6\times\text{Cost}_{i,t}+\beta_7\times\text{Pe}_{i,t}+u_t+u_k+\mu$$

其中,数字企业创新投入(Innovation)为被解释变量;税率优惠(Tax)为解释变量,用10%的税前利润与企业年初总资产的比值表示。其余为控制变量:i 表示上市高新技术数字企业;t 表示年份;u_t 为时间效应,反映时间上的差异;u_k 为行业效应,反映行业间的差异;μ 为随机干扰项。

在样本选取上,由于获得高新技术企业认定资格的企业可享受15%的税率优惠,因此选取2012—2021年北京获得高新技术企业认定的数字企业面板数据,共568条,来探究税率优惠对创新投入的激励效应。

4. 实证结果与分析

(1) 相关性检验

皮尔森相关系数(Pearson correlation coefficient)检验的目的是初步检查变量之间能否相互影响,即变量相互作用的可能性,不反映因果关系。通过相关性分析可初步判断假设是否合理,以及变量之间是否存在多重共线性。通过观察计量模型中各变量的 Pearson 相关系数矩阵,发现除了资产回报率与税率优惠之间的相关系数绝对值较高之外,其他变量之间相关系数的绝对值一般都在 0.5 以内,表明变量间不存在严格的多重共线性问题。将资产回报率(Roa)这一控制变量剔除后,得到表 3-10 所示的相关系数矩阵。

表 3-10　相关系数矩阵

变量	Innovation	Tax	Age	Size	Lev	Cost	Pe
Innovation	1.000	0.000	0.000	0.000	0.000	0.000	0.000
Tax	0.035	1.000	0.000	0.000	0.000	0.000	0.000
Age	−0.122***	−0.087**	1.000	0.000	0.000	0.000	0.000
Size	0.109***	0.074*	0.278***	1.000	0.000	0.000	0.000
Lev	0.011	−0.477***	0.155***	0.403***	1.000	0.000	0.000
Cost	−0.319***	−0.242***	0.329***	0.397***	0.432***	1.000	0.000
Pe	0.005	0.055	0.638***	0.400***	0.197***	0.348***	1.000

注:带“***”的数据表示在 1%的水平上显著,带“**”的数据表示在 5%的水平上显著,带“*”的数据表示在 10%的水平上显著。

此外,用控制变量的方差膨胀系数(Variance Inflation Factor,VIF)衡量模型多重共线性严重程度,从而确保估计结果的可靠性和真实性。VIF 值越大,共线性问题越明显,通常以 10 作为判断边界。多重共线性检验结果如表 3-11 所示,控制变量企业年龄(Age)、企业规模(Size)、企业财务杠杆(Lev)、营业成本率(Cost)、所有权性质(Pe)的值均小于 10,VIF 的平均值为 1.53,因此本节的回归模型并不存在严重的多重共线性问题。

表 3-11　多重共线性检验结果

变量	VIF	1/VIF
Age	1.40	0.711 998
Size	1.60	0.626 672
Lev	1.85	0.540 681
Cost	1.34	0.744 043
Pe	1.39	0.718 037

(2) **实证结果分析**

一是全样本基本回归,即从全样本视角考察税率优惠对高新技术企业创新投入的影响。表 3-12 中“模型(1)”一列的结果显示,在未控制相关影响因素的条件下,税率优惠的系数为 0.391 6,通过 5%的显著性水平检验,表明**数字企业所得税税率优惠每增加 1%,数字企业创新投入增加 0.39%**。实证结果表明,提高企业税率优惠可以显著激励数字企业的创新投入,假设 H1 得证。表 3-12 中“模型(2)”一列的结果显示,在控制相关影响因素的条件下,税收优惠的系数为 0.614 0,通过 1%的显著性水平检验,表明在综合考虑相关影响因素的条件下,提高企业所得税税率优惠能够提升数字企业创新研发投入,该结果与模型(1)基本一致,同样验证了假设 H1。从控制变量角度看,数字企业规模越大、发展越成熟,企业创新投入越少,即数字企业在成立初期为了适应市场需求和增强自身竞争力,对技术创新投入较多,但是随着自身的发展和技术的不断成熟,为确保股东投资效益最大化,会逐步降低研发和创新投入。企业财务杠杆与营业成本率对创新投入有负向影响,但均未通过显著性水平检验。

表 3-12 税率优惠与企业创新投入

变量	创新投入	
	模型(1)	模型(2)
Tax	0.391 6**	0.614 0***
Age	—	−0.000 7***
Size	—	0.025 2***
Lev	—	0.006 6
Cost	—	−0.010 3
行业效应	控制	控制
年份效应	控制	控制
_cons	0.048 3***	−0.157 5**
R^2	0.080 2	0.253 0
N	568	568

注:带“*”“**”“***”的数据分别表示在 10%、5% 和 1% 水平上显著。

二是分样本回归。由于产权属性不同的企业享受的税率优惠对数字企业创新投入的影响可能存在差异,因此本节根据股权性质将样本企业划分为国有企业、民营企业和外资企业。考虑到外资企业样本过少,因此下文仅针对国有企业和民营企业作进一步研究。表 3-13 的“(1)”“(2)”“(3)”“(4)”列的结果显示,税率优惠的系数估计值均为正,说明企业所得税税率优惠能够提高数字民营企业和国有企业的创新投入,因此假设 H1 成立。对比表 3-13 的列“(2)”和列“(4)”可以发现,税率优惠对数字民营企业创新投入的激励效应强于数字国有企业(0.632 4>0.020 9)。

在表 3-13 的列“(1)”和列“(2)”中,企业税率优惠的估计值并不显著,这表明降低国有企业的实际税负对创新投入的激励效应并不明显,这可能与国有企业样本量较少有关,也可能与国有企业利润分配政策有关。

表 3-13 产权异质性回归结果

变量	国有企业		民营企业	
	(1)	(2)	(3)	(4)
Tax	0.045 8	0.020 9	0.453 7***	0.632 4***
Age	—	−0.001 9*	—	−0.000 9
Size	—	0.028 6***	—	0.021 8**
Lev	—	−0.021 9*	—	0.006 0
Cost	—	−0.018 1*	—	−0.014 3
行业效应	控制	控制	控制	控制
年份效应	控制	控制	控制	控制
_cons	0.044 1***	−0.203 7***	0.056 7***	−0.121 3*
R^2	0.720 2	0.350 2	0.181 8	0.256 8
N	129	129	416	416

注:带“*”“**”“***”的数据分别表示在10%、5%和1%的水平上显著。

(3) 稳健性检验

一是双向因果效应检验。如果两个变量互为因果,则任意一个变量都可以作为对方的解释变量,那么任何一个单向回归都存在内生性问题。例如,企业减税降费力度越大,企业创新投入越高;反之,企业创新投入越高,越有可能享受更多的税收减免。故本节在基础回归模型中,加入滞后一期的税率优惠变量进行稳健性检验,在表 3-14 的列“(1)”和列“(2)”中,滞后一期的税率优惠的系数估计值为正,表明企业税收减免能够激励数字企业下期增加研发投入,该结果与基本回归得到的结论基本一致。

表 3-14 加入滞后变量的回归结果

变量	创新投入	
	(1)	(2)
Tax	0.407 4*	0.379 7
控制变量	未控制	控制
行业效应	控制	控制
年份效应	控制	控制
_cons	0.053 2***	−0.089 7***
R^2	0.097 8	0.205 7

注:带“*”“**”“***”的数据分别表示在10%、5%和1%的水平上显著。

二是排除其他重要政策变动影响的检验。本研究在初始回归时使用2012—2021年北京获得高新技术企业认定的数字企业作为样本进行研究，在此期间与企业创新投入相关的研发费用加计扣除比例得到提升，财税〔2017〕34号文率先将科技型中小企业的扣除比例提升至75%，释放政策信号，而后财税〔2018〕99号文将适用范围扩展至全部企业。由于国家的一些相关政策可能会影响企业创新投入，因此为保证实证结果的准确性，排除重大政策变动的影响，本节将研究区间缩减为2017—2021年，进行稳健性检验，具体的研究结果如表3-15所示。可见，缩短年限后，企业所得税税率优惠对企业创新投入的影响结果与本节假设H1一致，因此结论具有稳健性。

表3-15　缩短年限后的回归结果

变量	创新投入	
	(1)	(2)
Tax	0.681 7*	0.517 3*
控制变量	未控制	控制
行业效应	控制	控制
年份效应	控制	控制
_cons	0.043 1***	−0.091 2*
R^2	0.228 1	0.294 3

注：带“*”“**”“***”的数据分别表示在10%、5%和1%的水平上显著。

(四) 研究结论及政策建议

1. 研究结论

(1) **税率优惠政策对数字企业创新投入具有显著的激励效应。**通过构建双重差分模型，区分了北京数字企业中的高新技术企业与非高新技术企业，对照分析了15%的高新技术企业税率优惠政策对数字企业创新投入的影响。结果表明，税率优惠政策对数字企业创新投入具有显著的激励效应。

(2) **企业所得税税率优惠能够提高数字企业创新投入，且对民营企业创新投入的激励效应强于国有企业。**为进一步分析税收优惠政策对北京市认证为高新技术企业的数字企业创新投入的激励效应，通过构建最小二乘法模型，建立全样本基本回归，**发现数字企业所得税税率优惠每增加1%，企业创新投入增加0.61%。**这表明在综合考虑相关影响因素的条件下，提高企业所得税税率优惠能够提升数字企业创新投入。通过分样本回归，发现企业所得税税率优惠能够提高数字民营企业和国有企业的创新投入，并且税率优惠对数字民营企业创新投入的激励效应强于数字国有企业。

2. 政策建议

北京市政府应继续深化税收优惠政策改革，强化研发税收激励效果。在财政允许的前提下，对数字企业制定科学合理的研发费用加计扣除政策，以确保数字企业获得创新产出，更大程度地发挥税率优惠对企业创新投入的激励效应。

(1) **扩大企业所得税税率优惠覆盖范围。**上述实证研究结果显示，企业所得税优惠政策显著促进了数字企业的创新投入。这说明当前实施的企业所得税税率优惠有效激励了数字企业的创新投入。因此，需进一步扩大企业所得税税率优惠覆盖范围，加大对数字企业的支持力度，以充分发挥企业所得税优惠政策的激励效应。建议将针对高新技术企业的所得税优惠税率(15%)扩围至其他非高新技术数字企业，加大激励数字企业进行创新研发的力度，在提升数字企业的技术创新能力的同时，减小企业研发风险，减轻企业创新研发负担，降低研发成本。

(2) **制定更具针对性的税收优惠政策措施。**数字企业具有创新性强、技术范式变化快、平台效应明显等特征，因此需要出台更具针对性和更加合理的税收优惠政策措施。同时，从实证研究结果来看，税率优惠的激励效应具有差异性，相比数字国有企业，税率优惠对数字民营企业的激励效应更大。因而，要着重增强税率优惠对国有数字企业创新投入的促进作用，也要提高对低研发强度企业的税收优惠力度，以促进企业创新研发。此外，数字民营企业创新投入的积极性相对较高，要充分利用这一特点，为数字企业发展创造良好的营商环境，进一步加快北京打造全球数字经济标杆城市进程，推动北京数字经济高质量发展。

五、通过数字孪生城市建设树立北京数字标杆

(一) 数字孪生城市内涵

“数字孪生城市是指在网络数字空间再造一个与现实物理城市匹配的数字城市，通过构建物理城市与数字城市一一对应、协同交互、智能操控的复杂巨系统，使其与现实物理城市平行运转，通过虚拟服务现实、数据驱动治理、智能定义一切等运行机制，实现城市全要素数字化和虚拟化、全状态实时化和可视化、城市运行管理协同化和智能化，形成物理维度上的实体世界和信息维度上的虚拟世界同生共

存、虚实交融的城市发展新模式。”①

《中华人民共和国国民经济和社会发展第十四个五年规划和2035年远景目标纲要》首次提出要“探索建设数字孪生城市”“因地制宜构建数字孪生城市”，将建设数字孪生城市作为国家发展战略。2020年，中国新型智慧城市投资总规模约为2.4万亿元人民币。据有关方面预测，到2030年，数字孪生技术的应用将为城市规划、建设、运营节省成本达2 800亿美元。

数字孪生城市要实现三大愿景：(1)城市生产运行高效集约；(2)城市生活空间宜居便捷；(3)城市生态环境可持续发展。智能、绿色可持续是未来城市发展的方向，也是数字孪生城市建立的初衷。从全球市场规模来看，2020年数字孪生市场规模为31亿美元，预计全球数字孪生市场将以58%的复合年增长率增长，到2026年将达到482亿美元②。

数字孪生因感知控制技术而起，因综合技术集成创新而兴。数字孪生城市是在城市累计数据从量变到质变，在感知规模、人工智能等信息技术取得重大突破的背景下，建设新型智慧城市的一条新兴技术路径，是城市智能化、运营可持续化的前沿先进模式，也是一个吸引高端智力资源共同参与，从局部应用到全局优化，持续迭代更新的城市级创新平台。从技术角度看，数字孪生城市涵盖“云—网—端”，成为数据驱动决策、技术综合集成的智慧城市综合技术支撑体系。从城市发展看，数字孪生城市是未来实体城市的虚拟映射对象和智能控体，是虚实对应、相互映射、协同交互的复杂巨系统。实现数字孪生城市的“六化发展”，即支撑城市全要素数字化和虚拟化、城市全状态实时化和可视化、城市管理决策协同化和智能化，驱动城市智能运行、迭代创新。

构建数字世界是为了更好地服务于现实物理世界。现实物理世界因为数字世界变得高效而有序。从制造业逐步延伸拓展至城市空间，深刻影响着城市规划、建设与发展。数字孪生城市是智慧城市发展的新阶段，也是数字城市发展的高级阶段。图3-12中，《北京市“十四五”时期智慧城市发展行动纲要》提出：积极探索建设虚实交互的城市数字孪生底座。北京作为国际大都市，承袭几千年的文化底蕴，正在通过智慧城市建设和数字孪生城市建设，蜕变为世界数字标杆城市，从而成为智能、绿色、宜居的国际大都市。

---

① 数字经济发展研究小组，中国移动通信联合会区块链专委会，数字岛研究院《中国城市数字经济发展报告(2019—2020)》。

② 世界经济论坛，中国信息通信研究院《数字孪生城市：框架与全球实践洞察力报告(2022年4月)》。

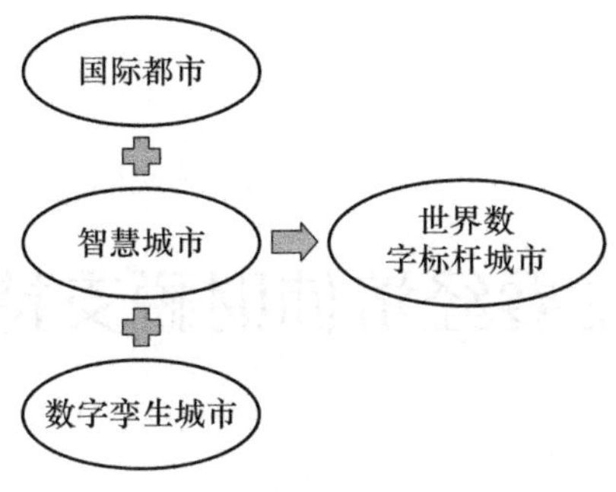

图 3-12　北京世界标杆城市建设过程

(二)通过数字孪生城市建设打造世界数字标杆城市

全球数字经济标杆城市由政、产、学、研各方共同发布的《全球数字经济标杆城市北京宣言》提出,为打造数字经济发展的"北京标杆",北京市政府在《北京市关于加快建设全球数字经济标杆城市的实施方案》中分三个阶段推进建设,一是到 2022 年继续巩固国内数字经济标杆城市地位;二是到 2025 年成为国际先进数字经济城市;三是到 2030 年建设成为世界数字经济标杆城市。目前,第一步基本实现,而第二步和第三步需要科技研究重心转型的支撑,将主要研究重心由应用研究转移到应用研究与基础研究相互协调、并驾齐驱上来,才能使北京在世界数字城市建设中脱颖而出,成为标杆并屹立不倒。

目前北京数字企业作用显现,带动产业数字化及企业数字化转型。数字基础技术类企业融资带动企业快速成长,数字赋能类企业多行业布局,数字平台类企业保持增长,新模式、新应用类企业产品落地加速。北京 2018—2021 年期间数字经济核心产业新设企业年均增长 1 万家,全市数字经济核心产业规模以上企业达 8 000 多家。大型企业数量逐年增多。收入千亿级企业由 2018 年的 2 家增长到 2021 年的 5 家;百亿级企业由 2018 年的 39 家增长到 2021 年的 58 家;十亿级企业由 2018 年的 286 家增长到 2021 年的 386 家。北京国际大数据交易所、上海数据交易所等陆续揭牌成立,数据交易模式加快探索。北京国际大数据交易所基于"数据可用不可见,用途可控可计量"的新型交易范式,从技术、模式、规则、风控、生态等方面,加快建设多层级、安全、负责任的数据交易体系。

建立北京数字孪生城市,将会通过对北京使用资源的可感、可视、可算、可用、可控,从而使北京降低数字化发展的试错成本,尽快在全球树立起数字标杆城市,并持续发展、屹立不倒。而这一切需要制定一系列政策对数字经济提供广泛而坚定的支持。

第四篇　国际主要经济体财税支持政策及其借鉴

当前，数字经济已成为世界各国博弈的主要领域。数字经济使人类社会的生产方式、生活方式和社会治理方式发生深刻变革，日益成为推动经济社会高质量发展的关键力量。因此，各主要国家和地区，如美国、欧盟、英国、法国、印度、日本等，基于数字经济发展的需要，采取或支持或限制的税收政策。我国城市，尤其是北京，要促进数字经济快速发展，成为全球数字经济标杆城市和国际一流的和谐宜居之都，从别国政策中获得对数字经济发展的税收政策启迪，进而制定适宜北京数字经济发展的税收政策是非常必要的。

一、主要经济体数字经济发展情况

（一）引领全球的美国数字经济

美国是世界上较早关注数字经济发展并出台相关规制的国家。早在20世纪80年代初期美国就提出了“信息高速公路”的概念，旨在为数字经济腾飞奠定基础。近年来，美国数字经济规模蝉联世界第一。中国信息通信研究院发布的《全球数字经济白皮书(2022年)》显示，2021年美国的数字经济规模达到15.3万亿美元，占GDP的比重超过65%，在国民经济中占据主导地位。美国的数字经济发展迅猛，据美国经济分析局网站数据显示，从2012年到2021年，美国的GDP平均增速为2%，与此同时，数字经济增速异军突起，平均增速超过6%。此外，美国的数字贸易发展侧重于数字服务贸易，如图4-1所示，美国数字贸易出口额占国际服务贸易的比重逐年提高，2020年和2021年的占比水平均超过75%。

美国的互联网企业整体处于全球领先地位。截至2021年12月底，全球排名前十位的互联网巨头中有8家来自美国，分别是苹果、微软、谷歌、亚马逊、Meta、奈飞、PayPal、英特尔。此外，美国在信息通信领域的发展全球领先，从2010年美国国家电信和信息管理局发布的《数字国家：21世纪美国通用互联网宽带接入进展》到2014年发布的《探索数字国家：拥抱移动互联网》，美国政府近年来一直着力推动国内电信行业的发展。2021年，美国的互联网普及率高达90%，高出全球平均水平25个百分点，固定宽带网络平均下载速率与移动宽带网络平均下载速率均处于世界领先地位，其宣布成立6G联盟的目的就是确保未来10年中，美国依然能够在下一代通信技术中保持领先地位。在软件与信息技术服务领域，美国通过发布《知识产权和国家信息基础设施》《数字千年版权法》等文件，强调了知识产权、技术创新、信息安全的行业理念，进一步规范了行业标准。

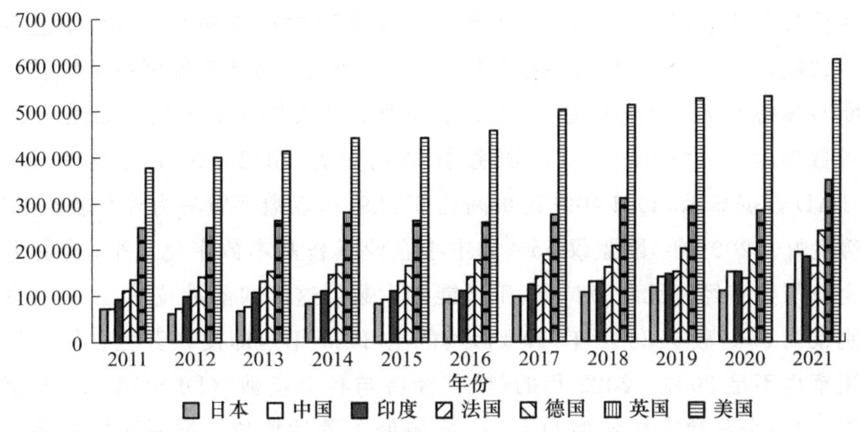

图4-1　部分国家可数字化交付服务①国际贸易出口额情况（单位：百万美元）

（二）欧盟及内部主要国家

欧盟十分重视数字经济发展，积极实施数字主权战略。1993年，欧盟在《成长、竞争力与就业白皮书》中首次提出关于欧盟的社会信息化建设，加快信息基础设施建设。从2010年开始，欧盟不断出台数字相关战略，如《欧洲数字议程战略》《单一数字市场战略》《欧洲产业数字化规划》和《数字贸易战略》等，在欧盟内部逐步破除阻碍数字经济发展的壁垒，加强成员国之间战略层面的合作，并于近年来逐渐开始推动数字相关产业的立法，在数据保护、非个人数据流动、数字作品版权、虚假信息等方面发布条例来规范数字行业的发展。

实施数字经济发展战略。2020年，欧盟接连不断地发布用于指导欧洲适应数

① 可数字化交付服务贸易的统计口径以联合国贸易和发展会议（UNCTAD）为准，内容包括：保险服务，金融服务，电信、计算机和信息服务，知识产权使用费，个人、文化和娱乐服务，其他商业服务。

字时代的总体规划，如《塑造欧洲的数字未来》《欧洲新工业战略》《欧洲数据战略》《人工智能白皮书》等，旨在重新定义并扩大其数字主权，建立基于规则和标准的数字空间框架。同时，欧盟陆续发布《欧洲数据战略》《数据治理法案》和《数据法案》草案，不断完善数据要素相关战略部署，促进欧盟内数据共享、欧盟外数据价值释放和数据隐私保护成为布局重点，持续推动欧盟单一数据市场建设。葡萄牙在2021 年上半年担任欧盟轮值主席国期间，全力推动《数字市场法》和《数字服务法》的立法进程。这是 20 多年来欧盟在数字领域的首次重大立法，是在数字经济反垄断规制领域进行的自我革新。2022 年 10 月，欧盟理事会正式通过《数字服务法》，建立针对不同类型中介服务的分层责任框架，助力构建更加安全的在线环境。与美国注重数字技术创新不同，欧盟把更多的注意力放在数据安全与数字经济立法保护等领域，意在打破互联网企业垄断，推动欧洲数字经济健康可持续发展。

欧盟具备数字经济发展基础，但数字企业后续发展劲头不足。如图 4-2 所示，欧盟可数字化交付服务出口占服务贸易比重在 2012—2021 年均大于 50%，UNCTAD 数据显示，2021 年其比重高达 65.29%，以数字贸易为外在表现形式，发展态势良好。2021 年，欧盟仅 55%的中小企业具备基本数字化水平，其余 45%的中小企业与数字经济无缘；对于人工智能和大数据这两项前沿技术，欧盟企业利用率分别仅为 8%(截至 2021 年)和 14%(截至 2020 年)，即便在芬兰、丹麦等国，企业利用率也不足 30%。2022 年的《数字经济与社会指数》(DESI)显示，欧盟在数字技能、中小企业数字化转型乃至 5G 领域处于落后地位。据胡润研究院发布的《2023 全球独角兽榜》统计，截至 2022 年 12 月 31 日，美国拥有 666 家“独角兽”企业，而欧洲仅有 165 家。

如图 4-2 所示，作为欧盟最大经济体，德国可数字化交付服务高于欧盟平均水平，发展态势良好。德国最早提出工业 4.0 概念，现已有 75%的德国企业制定了数字化战略，力争使德国跻身数字经济领域领先的国家之列。中国信息通信研究院《全球数字经济白皮书(2022 年)》显示，2021 年德国数字经济占 GDP 比重位列全球第一。2021 年，德国发布《联邦政府数据战略》，强化数据收集和使用，增强数据能力，使德国成为欧洲数据共享和创新应用的领导者。2022 年，德国发布的《数字战略(2025)》，涵盖数字技能、基础设施及设备、创新和数字化转型、人才培养等内容，旨在进一步提升德国数字化发展能力。

法国作为世界主要经济体，欧盟第二大经济大国，数字经济发展水平常年位于全球前 10。共研网发布的《2023—2029 年中国数字经济市场深度调查与市场年度调研报告》显示，2021 年，法国数字经济规模达到 13 637 亿美元，位列全球数字经济规模第六位，数字经济占 GDP 比重达 40%以上。法国作为欧盟最主要的国家之一，其数字经济发展过程中遇到的问题和欧盟基本上是一致的。主要表现为：数字经济竞争力不足，在与美双边经贸中处于数字逆差状态。

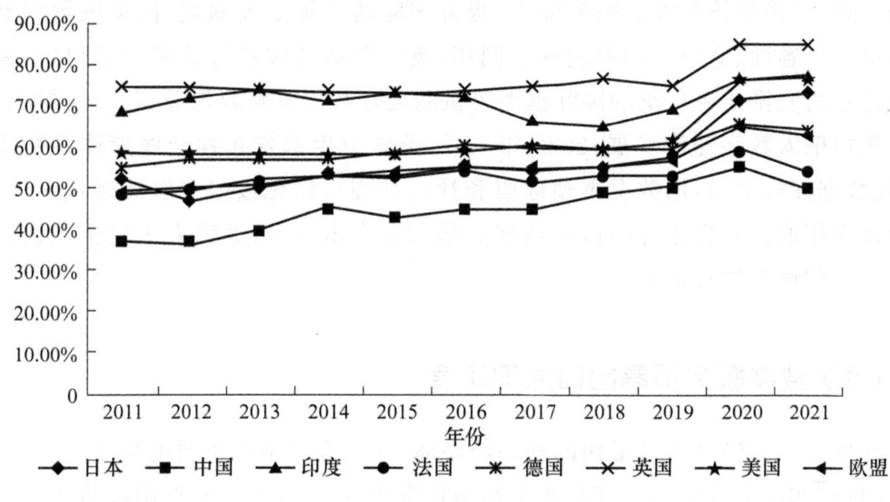

图 4-2 部分经济体可数字化交付服务出口额占服务贸易出口额比重

（三）最早提出数字经济发展规划的英国

英国是全球最早推出数字经济规划的国家，结合自身在服务业、软件等领域的优势，其数字产业化发展全球领先。中国信息通信研究院发布的《全球数字经济白皮书(2022 年)》显示，2021 年英国数字经济规模为 2.17 万亿美元，位列全球第五，2021 年英国数字经济规模占英国 GDP 的比重超过 65%，数字经济已经成为驱动英国经济发展的核心动力。如图 4-1 和图 4-2 所示，英国可数字化交付服务出口额居于全球第二位，仅次于美国，且其可数字化交付服务出口额占服务贸易出口额的比重超过了美国、欧盟。

英国积极布局数字产业发展战略。《英国数字战略 2017》从连接战略、数字技能与包容性战略、数字经济战略、数字转型战略、网络空间战略、数字政府战略和数据经济战略等七大方面进行战略布局。先后发布《产业战略：人工智能领域行动》《国家计量战略实施计划》，加大研发经费的投入，加大人才引进和培育力度，布局人工智能等数字产业。2017 年，《数字经济法》的出台，确定了网络服务商应该为消费者提供宽带、保护儿童免受网络色情影响、打击盗版侵权行为，确定了将电子书纳入公共借阅法案的范围，以及保护公民不受垃圾邮件和骚扰电话的侵犯等。该法案针对数字经济发展过程中如何构建法律框架、明确监管机构职能等问题进行了规定，弥补了相关领域的法律空白，有利于减少数字经济发展的不确定性。

2022年，英国提升了数字经济的战略定位，发布了新版《英国数字战略》，该战略聚焦完善数字基础设施、发展创意和知识产权、提升数字技能与培养人才、畅通融资渠道、改善经济与社会服务能力、提升国际地位等6大领域，使英国数字经济发展更具包容性、竞争力和创新性。同年，英国和新加坡签订数字经济协定，承诺将通过双边安排或更广泛的国际框架等机制促进数据监管政策兼容。英国的各产业也积极融入数字经济发展，2022年6月，英国卫生部宣布社会医疗体系数字化战略《数据拯救生命：用数据重塑健康和社会护理》，强化数据在医疗领域的应用，助力发现新的治疗方法，同时，从数据隐私和安全出发，帮助病人更安全地访问及掌握自身健康及护理数据。

（四）数字服务贸易出口大国印度

印度是全球经济增长最快的新兴经济体之一，也是全球重要的数字经济大国。自21世纪初以来，印度的GDP年平均增长率为6%～7%。根据国际货币基金组织公布的全球购买力平价数据，印度是仅次于中国和美国的世界第三大经济体，也是成长最快的世界主要经济体。印度经济的发展，主要倚重的是服务业，其占国内生产总值的近60%，其中IT软件服务业最为耀眼。根据联合国贸易和发展会议(UNCTAD)的数据，2021年印度数字交付服务贸易出口额占其服务贸易出口的比重为76.94%，而同期全球平均水平为62.77%，可见印度数字交付服务贸易发展水平高于全球平均水平。

由图4-1和图4-2可知，印度的可数字化交付服务贸易出口额总体呈增长态势，出口额从2005年的373.64亿美元增长到2021年的1 851.58亿美元。从出口额占其服务贸易的比重来看，印度的可数字化服务贸易占据了服务贸易的绝对比重，2021年占比达76.94%，可见印度服务业的高速发展主要是由于与数字化有关产业的推动。从进出口额的对比来看，印度的可数字化交付服务出口额远大于进口额，呈贸易顺差状态，且顺差一直在拉大，可见印度凭借信息科技及大量受过教育并懂英语的青年，逐步发展为全球企业客户服务和技术支援等“后勤工序”的软件外包中心，但其国内在互联网经济的发展上并不顺利。信息通信技术(ICT)作为可数字化交付服务贸易中的一种，得益于数字化转型，ICT行业在印度发展迅速，出口规模一直扩大，2021年ICT出口总额达816.80亿美元，而2005年仅166.98亿美元。印度的ICT出口占世界服务贸易的比重保持在35%上下，可见印度的ICT行业发展较为迅速，出口规模远超中国。

(五) 受数字经济发展裹挟的日本

日本数字经济发展相对滞后。其数字行政虽起步早却推进难，数字平台规模小，数字支付普及慢。在数据的占有和使用方面，日本未抢到先机，与美国的GAFA和中国的BAT相比，处于被动落后局面。为了推进日本数字经济的发展，2019年日本前首相菅义伟上台后提出创设数字厅，把分散在内阁府、总务省、经济产业省等部门的数字政策集中起来，实现一元化。2020年9月，数字厅以“前所未有的速度”宣告成立，之后便忙于制定日本的数字战略。

日本的数字交付服务贸易出口总体上呈现正增长趋势，占其服务贸易的比重也从2010年的48.4%增长到2020年的71.6%，值得关注的是2019年到2020年的转变，占比从2019年的56.7%增长到2020年的71.6%，增长了近15个百分点，其中最重要的原因是疫情防控期间人们改变了消费行为和模式，交易从线下改为线上，数据要素作为交易对象，变得前所未有的重要。日本可数字化交付服务的贸易进口额大于出口额，一直处于贸易逆差状态，且逆差程度不断加大。

2005—2021年，日本的ICT产业实现了跨越式的增长，从2005年的13.96亿美元增长到2021年的102.44亿美元，增长了6倍多。就ICT服务出口额在日本服务出口总额的占比来看，ICT在2005年占比为1.4%，而到2021年占比为6.1%，上升了4.7个百分点。这与日本聚焦数字技术创新、产业数字化和数字社会建设，推动数字技术与经济增长、社会治理的深度融合，发展数字经济分不开。而新冠疫情的暴发，促使线下活动转为线上，直接提升了日本企业内部进行数字化转型的内在需求，通过数字化，实现企企互联，产学互通，激发出新的价值和文化理念。

二、主要经济体的数字经济税收相关政策

(一) 支持政策

1. 美国的数字税收支持政策

美国的数字税收支持政策大致可分为减税、免税、税收抵免等，如表4-1所示。

表 4-1　美国对数字经济的税收政策

时间	政策	主要内容	备注
1978 年	降低电子信息产业投资收益税率	由 48%降至 20%，引导市场投资	减免税、加速折旧、R&D 费用的税收优待、投资抵免、科研专项准备金等
1981 年	《经济复兴税法》	实施试验研究费减税制度，对高出以往 3 年平均研究费用支出的部分给予 25%的减税，刺激研发与技术创新	
1986 年	大幅缩短研究设备器械折旧年限	加速设备更新	
20 世纪 90 年代	改革电信法案，对新兴互联网公司免征营业税	不断促使全美企业向互联网产业进行投资	
2007 年	首项电子商务法案——《互联网免税法案》	对互联网不开征新的税种，极大促进了电子商务的发展	
2009 年	《美国复兴与再投资法案》	推出 7 870 亿美元的财政投资方案，重点投资在基建与科技领域	
2012 年	《2012 年度预算》	研发费用增量抵免政策长久化	
2014 年	《市场公平法案》	对电子商务公司征收消费税，将其管辖权归还各州或地方政府	
2018 年	《美墨加协定》	明确规定不得对经由电子传输的数字产品征收任何形式的关税或其他费用，避免对电子交易施以非必要的管制，目的是通过构建一体化的全球数字市场，确保美国互联网产业的全球收益	
2019 年	在法国确定数字服务税方案后立即启动“301 调查”	明确反对任何形式的数字服务税，并认为数字服务税不过是新形式的贸易壁垒	
2020 年	退出数字服务税谈判； 对欧洲、印度等多个已征收或准备征收数字税的贸易伙伴开启“301 调查”，根据调查结果决定是否对其征收报复性关税	为全球解决方案的达成带来挑战； 确保美国互联网产业的全球收益	

(1) **减税**。1978 年，美国降低电子信息产业投资收益税率，由 48%降至 20%，引导市场投资；1981 年，美国推出《经济复兴税法》，实施试验研究费减税制度，对高出以往 3 年平均研究费用支出的部分给予 25%的减税，刺激研发与技术创新。

(2) **免税**。20 世纪 90 年代，改革电信法案以及对新兴互联网公司免征营业税等措施的实施，不断促使全美企业向互联网产业进行投资。1998 年，美国推出首项电子商务法案——《互联网免税法案》，明确对互联网不开征新的税种，极大促进了电子商务的发展。2018 年的《美墨加协定》，明确规定不得对经由电子传输的数字产品征收任何形式的关税或其他费用，避免对电子交易施以非必要的管制，目的是通过构建一体化的全球数字市场，确保美国互联网产业的全球收益。2019 年，美国在法国确定数字服务税方案后立即启动"301 调查"，明确反对任何形式的数字服务税，并认为数字服务税不过是新形式的贸易壁垒。2020 年，美国退出数字服务税谈判，为全球解决方案的达成带来挑战。

(3) **税收抵免**。美国 2012 年发布的《2012 年度预算》，实现了研发费用增量抵免政策长久化，旨在推动数字技术研发与创新。

2. 英国政府的税收支持政策

英国政府设置数字税安全港、"专利盒"制度和其他特定规则，为数字企业的发展提供税收支持，如表 4-2 所示。

表 4-2　英国数字经济税收支持政策

类别	内容
研发费用加计扣除	中小型企业的研发费可享受扣除 125％的加计费，如若企业的亏损无法抵扣税费，那么经过认定，每支出 1 英镑研发费可以享受的税收返还金为 32.63 便士。大企业的研发费可以享受扣除 30％的加计费；如若企业亏损不足以抵扣，那么在职工相关费用偿清后，可以享受返还 10％的税收扣除额
"专利盒"制度	企业拥有由英国知识产权局或欧洲专利局授权的合格专利时，由该专利产生的公司利润（包括销售产品或服务收入）可按 10％法人优惠税率缴纳公司所得税
中小企业税收支持政策	对有困难的中小企业给予房产和商业等税收减免，对实质性控股股东的外国资本的税收加以减免；对购买小企业新股份的投资者，由该股份产生的资本利得可以享受减免税的待遇；英国母公司收到的海外股息应免于缴纳英国企业所得税；财务公司的税收免除，允许高税率子公司通过低税率 CFC（受控外国企业）实现融资
对文化创意产业的税收政策支持	对电影产业实施大力度的税收减免政策，英国电影制片人可为耗资 2 000 万英镑以下的电影申请享受 25％的税款减免；可为耗资超过 2 000 万英镑的电影申请享受 20％的税款减免。政府根据电影门票价格向电影播放公司征收伊迪税，并将税款全部资助国家电影投资公司英国电影学院制片委员会和英国电影与电视艺术学院。电视、动画片和游戏业也可以享受税收减免
数字税的双重阈值标准	英国于 2020 年 4 月 1 日正式开征数字税，针对被认为从"用户参与"中获得重大创造价值的数字业务在英国范围内所获收入按照 2％进行征税，并对应税收入设置了双重阈值标准：企业在全球范围内的业务活动年收入至少达到 5 亿英镑，与英国用户参与相关的年营业收入至少达到 2 500 万英镑。满足上述条件的企业在英国国内产生的首笔 2 500 万英镑收入将获得免税优惠，确保数字税不会给中小企业带来不合理的税收负担和发展阻碍

(1) **数字税安全港**。英国政府设置数字税安全港，允许亏损或者利润极低的

企业选择另一种特殊计算方法来避免面临税负与企业支付能力完全不成比例的风险。按照如下公式计算数字税：

数字税＝利润率×(营业收入－税收优惠)×政府规定的最低折扣水平

(2) **“专利盒”制度**。企业拥有由英国知识产权局或欧洲专利局授权的合格专利时，由该专利产生的公司利润(包括销售产品或服务收入)可按10%法人优惠税率缴纳公司所得税。

(3) **研发费用加计扣除**。中小型企业的研发费可享受扣除125%的加计费，如果企业的亏损无法抵扣税费，那么经过认定，每支出1英镑研发费可以享受的税收返还金为32.63便士。大企业的研发费可以享受扣除30%的加计费；如若企业亏损不足以抵扣，那么在职工相关费用得以清偿后，可以享受返还10%的税收扣除额。除此之外，还有文化创意产业的税收减免政策和专门支持中小企业发展的税收政策。

3. 日本的税收支持政策

日本对数字产业、企业、研究开发的税收支持政策如表4-3和表4-4所示。

表4-3 日本对数字产业的税收支持政策

序号	政策
1	为鼓励软件研发提供政策支持，将**云环境下的软件研发纳入税收抵免范围**，实现硬件研发和软件研发“两手抓”。此次税改以多种形式助力企业科研活动与数字化发展，具有重要的**政策导向性**
2	对利用数字化技术进行业务转型的企业，允许其将购置成本的5%或3%进行税收抵免，或者提取30%的特别折旧，将软件研发费用纳入研发类税收抵免范围
3	推动税收管理数字化，鼓励部分税款线上支付，推动税收相关文件的存储、扫描电子化，取消国家涉税文件加盖印章的规定
4	为培育、发展数字经济，把企业推动数据共享和扩大云服务等相关系统的开发纳入税收支持政策。新大纲计划对通过云服务实现与其他公司数据共享的企业，把设备投资额的3%从法人税中减免；对与集团公司以外企业进行数据共享的，在3%的基础上再扣除5%
5	该项税收减免措施还可以根据企业要求，改为提前折旧抵税和延迟纳税期限的方式

表4-4 日本2019—2021财年针对企业科研活动的主要税收激励措施

年份	2019财年	2020财年	2021财年
主要税收措施	(1)委托大企业和研发初创企业进行特定研发活动，最高抵免额度提升至法人税应纳税额的10%；(2)特定研发初创企业的最高税收抵免提升至法人税应纳税额的40%；(3)高水平研发活动将获得额外税收抵免	(1)对特定初创企业，投资额的25%可从法人税应纳税额中扣除；(2)对5G领域设备等部分投资行为，可以进行15%的税收抵免或提取30%的特别折旧	扩大研发成本认定范围；对在低迷经济环境中继续扩大研发的企业，其投资额的30%可从法人税应纳税额中扣除

日本的《2021 年度税制改革大纲》自 2021 年 4 月 1 日起开始实施。为助推数字经济发展，日本税制改革创设了所谓的“数字化转型投资促进税制”，并扩展“进行研究开发时的税额抵免制度”（以下简称“研究开发税制”）的适用范围，鼓励企业在受疫情影响经济困难的情况下继续维持和增加研发投入。

（二）限制政策

1. 美国

为避免数字经济发展中出现较为严重的企业垄断现象，美国税收政策从 2010 年以来开始由支持政策向限制政策转变。2014 年，美国出台《市场公平法案》，开始对电子商务公司征收消费税，将其管辖权归还各州或地方政府；2019 年，美国政府再次发起对数字企业的大规模、高强度的反垄断调查，调查重点指向谷歌、亚马逊、脸书（现称 Meta）、苹果等科技巨头的滥用市场支配地位、打压竞争者、阻碍创新等行为；2021 年，美国信息技术与创新基金会（ITIF）发布《〈数字市场法〉：欧洲的预防性反垄断法》，该法案代表了平台监管方式由事后监管向事前监管的转变，标志着预防式反垄断原则的兴起。

2. 欧盟

欧盟在 2018 年提出数字服务税草案，拟调整对大型互联网企业的征税规则：一是长期解决方案，改革欧盟公司所得税适用于数字活动的规则，推动欧盟成员国对产生于其境内的互联网公司的利润征税[①]；二是临时解决方案，规定任何一个欧盟成员国均可对发生在其境内的互联网业务产生的利润征税（现行规则下，互联网企业只需在其总部所在地一次性交税），并提议统一按营业额的 3%征税，而非以利润为着眼点，且仅适用于全球年营业收入超过 7.5 亿欧元、在欧盟达到 5 000 万欧元的数字企业，吹响向数字服务征税的号角。欧盟内部对该提案的看法分歧严重，各成员国政府对如何定义数字服务无法达成一致，且招致爱尔兰、卢森堡等低税率成员国的反对，最终提案没有获得通过。但欧盟开征数字服务税的提议产生了深远的国际影响，实质性地推动了国际税制改革进程。

3. 英国

英国于 2020 年 4 月 1 日正式开征数字税，针对被认为从“用户参与”中获得重大创造价值的数字业务在英国范围内所获收入，按照 2%进行征税。同时，英国设

---

① 纳入征税范围的互联网公司需要满足如下条件之一：在一个成员国内年收入超过 700 万欧元；在一个纳税年度内在成员国内有 10 万名以上的用户；在一个纳税年度内在一个成员国达成超过 3 000 份数字服务商业合同。

置了双重阈值标准:企业在全球范围内业务活动的年收入至少达到 5 亿英镑,与英国用户参与相关的年营业收入至少达到 2 500 万英镑。满足上述条件的企业在英国国内产生的首笔 2 500 万英镑收入将获得免税优惠,确保数字税不会给中小企业带来不合理的税收负担和发展阻碍。

4. 法国

法国的税收限制政策集中体现为数字税的落地实施。2019 年 7 月 11 日,法国参议院通过数字税法案,全球首部数字税法落地实施。根据法国数字税法案,数字税的征收对象主要是三类数字服务商——定向网络广告商、以广告为目的的用户数据销售商以及网络中介平台。数字税法案的核心是对网站服务提供者的数字广告以及跨境数据流动的交易行为征税。法国只对全球年收入超过 7.5 亿欧元且在法国境内收入超过 2 500 万欧元的互联网企业征收数字税,除一些美国数字巨头外,法国部分广告企业也在其中。

5. 意大利

意大利于 2020 年 1 月 1 日开始对全球年收入超过 7.5 亿欧元且至少有 550 万欧元来自意大利的互联网科技公司征收 3%的数字服务税。

6. 印度

印度作为发展中国家,在本国拥有大量的数字经济服务的消费者资源。2016 年,印度单边实施税率为 6%的平衡税,这使得印度成为世界上对数字经济征税的先行者,对数字服务企业和数字经济活动加征关税,以避免避税行为的发生,并为其他国家提供了范本。印度采取的数字税收政策如表 4-5 所示,其数字服务税课税范围和税率情况如表 4-6 所示。

表 4-5　印度采取的数字税收政策

事件	2016 年实施平衡税	2020 年 4 月 1 日起开征 2%的数字税	印度 2022 和 2023 财年报预算
内容	**纳税主体**:提供特定服务(在线广告)的非居民纳税人,付款人为扣缴义务人。 **课税对象**:在线广告,包括“提供的所有数字化广告,或为在线广告活动提供的所有设施或服务(含中央政府所规定的其他相关服务)”。 **计税依据或征税方式及扣除**:向两类付款方(开展商业活动或者专业活动的印度居民,或在印度境内拥有常设机构的非居民)提供特定服务所取得的收入总额或应收账款总额的 6%。 **可扣除**:已缴平衡税的收入不再征收企业所得税	对在该国境内提供数字服务、本地年销售额超过 2 000 万卢比(约合 26.2 万美元)的**外国企业**征收**2%**的数字税。这是印度政府继 2016 年对提供广告及其衍生业务的外国数字企业额外征收 6%的数字税后,再度出台的相关税收政策	数字资产转让收入征收30%的税。 加密货币在被赠与时,将对接收者征税

表 4-6 印度数字服务税课税范围和税率情况

税种名称	税率	课税门槛	课税范围	纳税方法	课税环节
平衡税	普通业务 2%；特定业务 6%	本地年销售额超过两千万卢比	非居民企业境内提供数字服务；2%主要适用于电商平台类交易；6%主要适用于广告类业务	数字企业按年申报纳税	由居民纳税人或在印度有常设机构的非居民纳税人在向非居民企业支付时代征，按年申报纳税
源头代扣税	企业 2%	—	在线销售商品；在线提供服务；借助电子商务运营平台在线销售或提供商品，以上形式的混营	电子商务运营商代扣代缴	收款时代扣，每月 7 日前代缴，每三个月申报一次
	个人 1%、5%、10%	—	特定数字商品和服务，税率根据卖方销售额大小及买方是否通过永久账号支付而适用不同税率		

三、政策借鉴和对北京的启示

(一) 从国际上看北京数字经济税收政策体系尚未形成

北京数字经济税收政策体系尚未形成。与美欧相比，北京的数字经济起步较晚，相应地，数字经济发展相关政策的制定也相对滞后。这就使得北京数字经济税收政策未形成系统化的体系，难以对全国及其他各省的数字经济税收政策起到良好的辐射带动作用。

1. 对数字企业缺乏多样性的税收支持政策

北京的数字税收政策整体以税收减免为主，缺乏多样性的税收支持政策，不能充分发挥其在激励技术创新、鼓励研发投入等方面的支持和引导作用。在现行税制下，数字经济相较传统经济，享受的税收优惠相对较少，从纳税原则的角度分析，无论是根据受益原则，即纳税人享受的公共产品和服务的规模，还是根据支付能力原则，即纳税人具有的支付税收的能力，或是根据价值补偿原则，即消费者在享受数字服务的同时为数字企业生产价值，数字企业在发展到一定规模后，都应承担更多的纳税义务。此外,数字税收优惠政策较为单一,也降低了北京在引进数字经济企业方面的吸引力。

2. 数字交易性质判定难点使传统税收征税范围不再适用

数字经济交易方式模糊了传统税收政策中关于各类所得的界限,但我国仍未形成针对数字经济行为的特定税收政策。由于具有区别于传统经济行为的特殊性,大多数情况下一项数字经济交易往往涉及不同的业务类型,因此很难根据现行税收政策中笼统的征税范围判定某项数字经济交易的性质以运用具体的税率进行征税。

3. 数字企业税收征管上的两难

作为数字商品及服务消费大国的我国,基于国家治理和税收公平的要求以及我国数字经济的实际情况调整相关税制、完善税收体系十分必要,即可以缓解我国数字企业税收征管上的两难:一方面,可以保护我国规模较小、处于初创期和发展期的数字企业,为我国数字产业创造适宜的税制环境;另一方面,可以有效地打击跨国数字巨头的逃税和避税行为。

4. 数字经济税收政策未与国际接轨

数字经济使原有税制不适应时代特征,个人、企业(单位)、政府三者的刚性关系减弱,经济社会发生的这种深刻变化要求对税制进行调整。同时,全球各国相继发布的数字税征收方案,可能会对我国数字企业的国际化产生不利影响,倒逼我国数字经济税收制度不断与国际接轨。因此,北京要成为全球数字经济标杆城市,当地的服务贸易创新发展试点地区应该作出表率。

(二)主要经济体的数字经济税收政策对北京政策制定的启示

1. 数字经济税收支持政策需多元协同

在国际化发展的今天,若政府的税收减免既要使企业受益,又不想引起其他国家的报复,就必须对数字企业采用多样化的税收支持政策。美国作为市场经济大国,在这方面的支持政策尤为丰富。美国的数字税收支持政策包含税收减免、税收抵免、税率差异等,政策覆盖范围广,支持力度大,能够有效实现政策间的互补。北京现有的数字税收支持政策相对而言较为单一,为更好地推动数字企业的发展,可以借鉴国际多元政策思路,丰富数字税收支持政策种类。例如,细化完善科技研发费用税收抵免政策,鼓励科技研发投入;对性质相同或者相似的税种采用不同的税率,鼓励传统企业数字化转型。

2. 加强对数字经济行为中纳税主体的认定

随着数字经济的发展壮大,数字经济交易双方利用纳税主体漏洞,逃避纳税义务问题愈发严重,这会让我国税收承受较大的损失,应尽快完善线上交易平台中对纳税主体的认定,赋予在线交易平台代征增值税的权利,将在线上交易平台进行交易并达到一定条件的自然人纳入纳税主体认定范围,加强对利用数字技术隐匿真实身份以逃避纳税义务行为的监督和规范。

3. 数字税采取双重阈值标准,遵循利润来源地原则

借鉴英国对数字企业的税收支持政策,与其他税收改革一致,宜采用"渐进式"开征方式,对不同规模的企业设立分级税收指标,遵循"宽税基,低税率,严征管"的原则,分行业、分规模实行税收减免等激励措施,以激励中小数字企业的创新发展。为充分保护中小企业的发展环境,实现数字经济的长期稳定创新发展,数字经济的税收限制政策需要有的放矢、精准施策,从而保证数字经济发展的安全性与稳定性。可以在北京采取区域性试点,在数字经济示范区先行试验,再推广至全市,进而推广至天津、河北乃至全国。要根据利润来源地原则对税收政策进行调整。

4. 注重结构性减税

为增强数字经济对国民经济的引领作用,利用结构性减税支持数字经济的发展是重要的一环。印度将减税作为财政刺激政策的主体,通过减税鼓励企业生产和居民消费,增强国民经济发展的动力。但印度不是对所有商品都实行税收减免,而是采用结构性减税的方法,做到有增有减,或是减税力度各不相同,从而实现调整产业结构、促进经济健康发展的政策目标。由于税收支持政策不仅能够促进高新技术产业的进步,也能够保障事关国计民生的基础产业的发展,因此相关产业基本能享受支出加计扣除、优惠税率、免征额、加速折旧等税收优惠政策。

第五篇 税收支持政策的实施环境

北京要促进数字经济的快速发展，应给予数字企业一定的税收优惠政策，必须权衡以下几个方面的问题：北京与世界贸易对象国之间的税收关系；数字产业与其他产业之间的税收关系；北京与国内其他各省、区、市之间的税收关系；不同企业纳税人之间的税收负担；未来数字经济税收制度的调整。只有充分协调好各方的税收生态关系，才能使税收支持政策的积极效应充分发挥出来，使北京如期建成世界数字经济标杆城市。

一、北京与世界贸易对象国之间税收关系的政策权衡

（一）数字经济背景下的税收效应

在新冠疫情防控和逆全球化的影响下，数字技术驱动的新一轮全球化却始终保持高速发展态势，基于互联网及数字技术的数字经济已经成为全球经济发展的新动能。但是由于数字经济本身的特征，传统的税收规则和秩序已不再适用，因此全球在税收政策及税收治理方面的无序竞争、税基侵蚀利润转移等造成了经济资源的过度投入和税收利益的无谓损失。

当前的全球税收治理整体处于数字经济变革引发的浪潮中，面对制度规则与新经济现象之间的碰撞、旧秩序和外部冲击之间的冲突，全球的税收治理和税收支持政策的制定正处于一种“应对—适应—调整”的动态博弈中。大量的经济资源和社会财富处于税收治理的公共领域，各个国际治理主体源源不断地投入物质资源以攫取公共领域的税收利益，势必带来一些税收规则的变化。

1. “流动税基”的不断增加

众所周知，数字经济以数据资源为关键要素，以现代网络为主要载体，其技术、

商品与服务已经在多个产业、多个方向、多个链条加速渗透,比传统的贸易更具便捷性和易得性,各要素环节在国际的流动会更加频繁。这无疑会增加各个地区、各个国家税基的不确定性,导致世界范围内的流动税基进一步加大,使各国征税面临困难。

2. 各国税收政策相互影响程度加深

在数字经济和全球化的大背景下,各国经济依存关系密切,相互影响加深,各国的经济政策也进一步互相影响。一方面,一国的经济政策会受到其他国家经济政策的影响,并因此削弱政策在国内的效应;另一方面,一国的经济政策对其他国家的影响加深,有可能不利于他国经济的发展,从而引发国际矛盾和冲突。对税收政策来说,更是如此。国与国之间的税收政策和制度不仅会对本国的经济和利益产生影响,而且会对其他国家和国际经济产生广泛的影响。例如,主权国家或地区通过减税、免税等各种税收优惠政策,乃至提供避税港等制度性或政策性行为来吸引别国或地区的税源,这样虽然会为主权国家创造在世界范围内套取税收利益的机会,但也不可避免地对其他国家的经济效率、税收收入及税制公平产生影响。因此,税收政策的有效性和制定的目标不仅要受制于国内的种种因素,也要受制于相关国家的政策选择。此外,政府与纳税人之间、政府与政府之间也都存在着博弈行为。

3. 国际税收竞争的运行机制

假设在全球竞争市场上只有甲、乙两个国家,资本和要素在两国的竞争环境下可以自由流动。若甲国率先采取降低税率或者制定税收优惠措施等差异性税收政策与乙国进行竞争,则甲国税后的资本收益增加,从而吸引乙国要素重新选择而流向甲国。如此,甲国的这种竞争就侵蚀了乙国税基,影响了甲、乙两国竞争市场中的资本分布。此时,若乙国也使用竞争手段与甲国竞争,则国际税收竞争产生了。综上所述,国际税收竞争就是通过各国建立本国的税收优势造成的税收政策差别来实现的。

一个国家不主动采取任何税收优惠政策就能在竞争中获胜是最理想化的状态。但在国际竞争市场中,当一国不采取税收优惠政策而其他国家采取行动时,那么没有采取优惠政策的国家就会在竞争中遭受损失;当一国政府采取税收优惠政策而其他国家没有采取行动时,那么有优惠政策的国家必然会在竞争中获利;当一国政府采取税收优惠政策而其他国家也采取行动时,起码本国在竞争中不会损失较多。由此可见,在不知道其他国家是否采取税收优惠政策的情况下,本国实施优惠政策是最佳的选择。

（二）北京税收政策在国际税收协调中面临的问题

地方政府的税收优惠政策是我国在新时期较为重要的公共政策规划。党的十九届五中全会中明确提出“完善现代税收制度，健全地方税、直接税体系，优化税制结构”等内容。**地方税收优惠政策是随着改革开放下放给地方政府的一项权利。**一方面，随着社会经济的发展，一些经济自主决策权被下放到地方政府，地方政府的经济发展得到释放；另一方面，地方政府在享有一定税收收益的同时，还承担着巨大的维持和促进本地区公共服务的责任。由此，能否采取有效的政策手段来促进当地的经济发展、提高当地财政能力，便成为地方考量政府决策的重要因素。

自2021年8月北京提出建设全球数字经济标杆城市目标并发布实施方案以来，北京的数字经济发展进一步提速，据统计，北京2022年全年数字经济实现增加值1.7万亿元，占全市地区GDP的比重达到41.6%，比上年提高1.2个百分点。为了进一步促进区域数字经济发展，吸引数字人才，地方政府税收支持政策的提出势在必行。但地方税收优惠政策是一把双刃剑，在促进发展的同时也会带来一定的消极影响。

1. 短期税收减少

税收是我国财政收入的主要部分，占我国财政收入的80%以上。对于地方政府来说也大概如此。作为北京吸引数字企业、数字人才的税式支出形式，地方性税收支持政策的实施必然会直接导致地方财政收入的减少。这种区别于直接财政支出的直接税收优惠政策，同时涉及税收收入过程和补贴过程，相当于会计中的“坐支”，具有隐蔽性和不可控性。

2. 加剧地区之间税收优惠政策的竞争

税收支持政策的实施可以吸引资本、人才和技术资源流入该地区，使地区数字经济活力持续增强。而资本、人才和技术资源是有限的，这就引发了各地方政府之间甚至国际之间的争夺。在我国，各级政府之间可以依靠减税、免税这些政策进行竞争，而放眼国际，各个国家的数字经济发展状况和产业结构等方面差距较大，不同国家的不同经济情况决定了各国国内不同的税制结构，若北京的地方性税收支持政策倾斜，则北京与国际的竞争将进一步加剧。

3. 政策作用相互抵消

任何一项税收支持政策在对享受优惠政策的纳税人发挥积极作用的同时，也会对不享受政策的纳税人产生逆向作用，导致其损失。同时，任何一项新政策的出台,都会对已有的政策产生正面的或是负面的影响。

4. 政策落实难度较大

目前,我国尚未效仿欧盟推行数字税。国内的数字经济还处于方兴未艾阶段,技术和市场规模以及落地应用都还有很大空间,对于数字税更是处于研究阶段,因此我国需要不断借鉴国际经验,寻找合理的税收制度设计依据,探讨符合我国国情的制度。在这种情况下,北京实施地方性税收支持政策,创造“税收洼地”,将存在一定难度。

(三) 北京地区性税收政策的国际协调

近年来,区域一体化程度不断加深,世界各国争相掠夺国际市场份额,贸易自由化成为促进发展的重要途径,各国的自由贸易区也纷纷建立。自由贸易区主要分为两类:国家间自由贸易区和国内自由贸易区。其中比较成功的是北美自由贸易区、中国-东盟自由贸易区和中欧自由贸易区。北京要打造国际数字经济标杆城市,在出台地方性税收支持政策的同时,也要考虑国际的税收协调。

1. 北京-北美自由贸易区税收协调

北美自由贸易区是典型的南北双方为共同发展和繁荣而组建的区域经济一体化组织,既有经济实力强大的发达国家美国和加拿大,也有经济发展水平较低的发展中国家墨西哥,区内成员国的综合实力和市场成熟程度差距很大。美国作为北美自由贸易区的主导者和数字经济第一大国,在应对数字经济税收问题上也一直走在世界前列。北美自由贸易区的基本目标是在三个成员国之间实现贸易和投资的自由化,其协定不是成员国之间的税收协调,而是允许成员国自由保持本国的税收政策,它依靠双边条约来约束可能出现的问题。北京数字经济的高速发展势必会招致美国的遏制,导致区域性税收制度明显对投资方向、投资规模等决定产生扭曲,税收制度也会因此改变。

2. 北京-欧盟税收协调

欧盟的税收协调从其前身欧共体成立之后就开始了。欧盟根据各成员国的协商意见,以指令的形式建议各成员国采纳实施税收协调,以规范和实现征收某些相同的税种,其已初步构成一种超国家的税收制度,这对其成员国乃至欧盟的经济都产生了十分积极的影响。同时,欧盟积极推进对外合作:2002 年 3 月,与 12 个地中海沿岸的国家商议决定加快建立欧盟和地中海沿岸国家自由贸易区的步伐;2022年9 月,与南美洲的智利宣布建立全面合作伙伴关系,逐步实现全面自由贸易;等等。北京在地方性税收政策方面也可以同欧盟合作，进一步加强双方的经济合作和联系，共同发展数字经济。

3. 北京-东盟税收协调

由于东盟包含的国家大多为发展中国家，各国的税收环境不同，税收规范程度也有很大区别。例如，马来西亚税收规范程度较低，对于税收优惠较为随意，而新加坡对税收优惠的规定非常严格且明确。中国与东盟各国的税收优惠普遍向高新技术产业倾斜，自贸区内各成员都在利用大幅度的税收优惠措施来吸引投资，造成了中国和东盟之间一定的税收竞争。但是，近些年来，中国经济快速发展，劳动力素质不断提高，技术水平更是逐步提升，在数字经济方面发展迅速，因此，与早期完全依赖于税收优惠政策不同，现在的中国正在逐步缓和与东盟之间的税收竞争，并创造与东盟国家税收合作的契机。

4. RCEP 框架下的国际税收合作与协调

区域全面经济伙伴关系协定(RCEP)是一个全面高质量、互惠的大型区域自贸协定，它代表的是亚太地区以包容为导向的贸易新规则。RCEP 的税收条款明确规定了相关政策边界、政策的优先顺序，不仅与投资紧密相关，还严格遵守以 WTO 为核心的国际组织制定的规则，并充分考虑了发展中国家的诉求，体现了适度性、兼容性的特点。RCEP 充分支持自由贸易和以规则为基础的多边贸易体系，在当前全球不确定性上升、疫情后内向型政策兴起、数字经济高速发展、全球价值链重构的多重背景下，RCEP 有利于提振全球经济、拉动贸易复苏。

广义上看，税收规则包括：(1)“边境上”(at-the-border)进口关税调节；(2)“边境后”(behind-the-border)各成员国国内税收政策、税收制度；(3)各国税收管理之间的协调、统一规则，避免重复征税和过度税收竞争，保证区域内有序、合理的竞争秩序。狭义上看，税收规则聚焦于第(2)条和第(3)条。RCEP 税收条款是各方共商、共建、共享的成果，与各成员国签署的税收协定共同形成了各成员国之间税收协调与合作的基本框架。

在亚太区域内，RCEP 与 CPTPP 并行，同时 RCEP 部分成员国如日本、澳大利亚、越南等已经同美国、欧盟签订了双边自由贸易协定，构建了各自的新型自由贸易区网络。中国也正在建立面向全球的高标准的自由贸易区网络。2021 年 1 月 26 日，中国与新西兰正式签署《中华人民共和国政府与新西兰政府关于升级〈中华人民共和国政府与新西兰政府自由贸易协定〉的议定书》，两国间的经贸关系在 RCEP 基础上进一步深化。RCEP 在保证各成员国的正当权利、明确工作计划的前提下允许各成员国保留一定的国内政策空间，不仅更有利于保障发展中国家的利益，而且更有利于北京打造数字经济标杆城市。

5. 北京与“一带一路”税收征管合作

在2022年9月的第三届“一带一路”税收征管合作论坛上，各方就“后疫情时代的税收征管能力建设”达成共识，并提出持续深化合作机制建设、持续完善共享平台建设、持续推进智慧税务建设三点倡议。因此，北京可在“一带一路”税收征管合作中发挥重要的引领作用。

二、产业之间税收关系的政策权衡

(一) 产业分类

数字经济对产业的影响以及对社会的影响，是人类社会在此之前任何一种生产形态都无法比拟的。传统的产业分类按照“克拉克大分类法”把全国经济的各种产业划分为三个类别，即第一产业（农业）、第二产业（工业）、第三产业（除第一、第二产业外的所有其他产业）。但数字经济的出现改变了传统的社会经济形态：各行各业开展的数字化使传统产业不断进行着产业延伸。考虑到这一点，本节从数字经济发展的角度将国民经济中的企业组织分为三类，即数字产业、转型产业和未转型的传统产业。

1. 数字产业

在各项政策文件与相关研究中，数字产业与其他相关概念如数字经济产业、信息产业等有些许不同。数字经济产业强调的是以数字产业化和产业数字化为核心的相关产业，而数字产业从各项政策文件来看，更加偏向数字产业化。数字产业是数字经济这一新兴经济活动衍生出的新型产业形态，是指以信息为加工对象，以数字技术为加工手段，以意识产品为成果，以全社会各领域为市场，对本身无明显利润但是可以提升其他产业利润的公共产业。其涵盖知识信息产业、通信产业、网络产业、航空卫星产业以及文化产业的部分市场化数字技术应用产业，还包括教育、文化、广电、卫生（疾控）、体育、民政（残疾、福利、慈善）、环保、国防、司法、治安、社会保障、计生、宗教及民族事务等具有社会公共性的数字化管理应用并具有市场特性的产业。例如，百度就是一家以从事软件和信息技术服务业为主的数字科技型企业。

2. 转型产业

国家“十四五”规划纲要中着重强调，“加快数字化发展和建设数字中国”是我国未来的重点工作之一。在数字时代背景下，数字化转型是各产业及相关企业发展的必经之路。从总体上看，在国家政策推动、数据要素驱动、龙头企业带动、产业发展等多方面的共同作用下，我国产业的数字化转型效果已经初步显现。2019 年，产业数字化增加值达到 28.8 万亿元，占 GDP 比重的 29.0%。但是各大产业的数字化转型仍然呈现不均衡的发展特征：服务业一直是转型发展最快的产业，工业数字化转型正加速推进，而农业由于行业生产的自然属性，数字化转型需求相对较弱。

3. 未转型的传统产业

传统产业主要指劳动密集型、以制造加工为主的行业。我国传统产业的规模很大，创造了大量产值和就业机会，但是许多传统产业也存在着效率较低、资源消耗较大等特点，因此转型升级成为发展的当务之急。

（二）各个产业的税收优惠力度

习近平总书记强调："科技创新是提高社会生产力和综合国力的战略支撑，必须把科技创新摆在国家发展全局的核心位置。"近年来，我国持续加大对企业科技创新的支持力度，分步骤、成体系地出台了一系列税收优惠政策，以促进企业发展壮大。截至 2021 年 6 月，我国针对科技创新的主要环节和关键领域，陆续推出了 43 项税费优惠政策，覆盖企业整个生命周期。这些政策迅速落地，培育了创新动能，激发了创新活力，有力地服务了国家创新驱动发展战略。

1. 鼓励加大科技投入的税收优惠政策

（1）企业开展研发活动中实际发生的研发费用，未形成无形资产计入当期损益的，在按规定据实扣除的基础上，按照实际发生额的 75%，在税前加计扣除；形成无形资产的，按照无形资产成本的 175%在税前摊销。

（2）国家重点扶持的高新技术企业减按 15%的税率征收企业所得税。

（3）当年具备高新技术企业或科技型中小企业资格的企业，其具备资格年度之前 5 个年度发生的尚未弥补完的亏损，准予结转以后年度弥补，最长结转年限由 5 年延长至 10 年。

（4）对经济特区和上海浦东新区内新设立的国家需要重点扶持的高新技术企业，在经济特区和上海浦东新区内取得的所得，自取得第一笔生产经营收入所属纳税年度起，第一年至第二年免征企业所得税，第三年至第五年按照 25%的法定税率减半征收企业所得税。

2. 支持新兴产业重点领域发展的税收优惠政策

(1) 支持软件产业发展。

(2) 支持集成电路产业发展。

(3) 支持部分地区先行先试。

2020年,国务院印发《新时期促进集成电路产业和软件产业高质量发展的若干政策》,强调集成电路产业和软件产业是信息产业的核心,是引领新一轮科技革命和产业变革的关键力量。此前国务院印发的《鼓励软件产业和集成电路产业发展的若干政策》《进一步鼓励软件产业和集成电路产业发展的若干政策》,使我国集成电路产业和软件产业快速发展,有力支撑了国家的信息化建设。

新的若干政策针对下列情形免征进口关税:集成电路线宽小于65纳米的逻辑电路、存储器生产企业,以及线宽小于0.25微米的特色工艺集成电路生产企业,进口国内不能生产或性能不能满足需求的自用生产性原材料、消耗品,净化室专用建筑材料、配套系统和集成电路生产设备(包括进口设备和国产设备)零配件;集成电路线宽小于0.5微米的化合物集成电路生产企业和先进封装测试企业,进口国内不能生产或性能不能满足需求的自用生产性原材料、消耗品;集成电路用光刻胶、掩模版、8英寸及以上硅片生产企业,进口国内不能生产或性能不能满足需求的净化室专用建筑材料、配套系统和生产设备(包括进口设备和国产设备)零配件。同时,根据国内产业发展、技术进步等情况,财政部、海关总署、税务总局将会同国家发展改革委、工业和信息化部对上述的特色工艺类型和关键原材料、零配件类型进行适时调整。

三、国内各省、区、市之间税收关系的政策权衡

(一) 地方政府间的税收竞争现状

税收竞争是指政府间围绕税收等经济资源分配形成的博弈行为。地方税收竞争是指财政分权体制下不同辖区的地方政府为争夺税收等经济资源而进行的各种形式的竞争。地方税收竞争包含各种形式的竞争博弈行为,最为常见的是税率竞争。由于我国的特殊国情,分税制下的地方政府没有税收立法权,所以地方政府以税收征管强度的调整或者制度外的非合作税制设计为主要手段进行竞争。

我国地方税收竞争具有其特殊性。相较于西方的税收竞争,我国的税权是高度集中的,各地方政府缺乏税种和税率的决定权。地方性税收优惠政策、财政补

贴、财政返还等由中央政府批准的税收优惠政策是我国地方政府的主要税收竞争手段。此外，个别地区也会采取放松税收征管、减免土地出让金等非规范的竞争手段。

随着数字经济的飞速发展，各地为了带动当地经济，区域间的经济竞争愈演愈烈，税收优惠已进一步突破。我国地区间的经济发展水平存在巨大差异，从传统的计划经济体制向社会主义市场经济体制改革的过程中形成了区域经济的非均衡发展态势，地区先富带动后富的市场导向改革政策影响着区域经济的均衡发展。地区间经济发展的不均衡使各地区在发展经济过程中的利益诉求不同，表现为税收竞争中差异化的策略互动，从而形成分化的均衡税赋。在地区经济发展不均衡的大环境下，各地区展开以税收优惠为手段的税收竞争，以此刺激地区间的经济增长。

（二）税收对区域经济平衡发展的影响

各地区经济社会发展差异较大。改革开放以来，中国各地区经济社会发展的顺序依次是：东部率先发展、东北振兴、西部开发、中部崛起。东部沿海地区具备天然的区位优势和政策优势，也是人口、资本最密集的地区，经济发展水平处于全国领先地位；地区的先天要素禀赋和政府政策造成区域间的经济差异，东部地区沿海的区位优势决定了其在经济开放和全球化后在国际贸易方面占得先机，地区内部的经济开放程度逐渐提高，吸引国际要素集聚形成集聚经济。而中西部地区资源匮乏，不具备东部地区所拥有的优势，在吸引资本时失去竞争力。

中国地区间要素分布出现两极分化现象。一方面，内陆地区逐渐成为低附加值的落后生产地区，中西部地区成为向东部沿海地区输送劳动力和原材料要素的基地，这种经济发展现状促使中部和西部地区为吸引资本竞相以降低税赋为筹码，展开逐底的税收竞争。另一方面，东部地区开放程度高，经济活力强，在税收竞争的形式上能采取更加多样灵活的手段，在自行组织的税收优惠政策方面也走在中西部地区前面；此外，东部地区不少市县还依托雄厚的财力基础，自行制定诸如先征后返等多种制度外税收优惠政策。

由于不同地区展开税收竞争的起点差距较大，再加上税收优惠政策设计缺陷、税收竞争不规范等原因，因此欠发达地区在地方政府税收竞争中处于弱势地位。这使税收竞争成为进一步加大我国区域经济发展差距的因素之一。

第一，税收优惠政策效果的区域差异加大了区域经济发展不平衡。税收优惠毕竟只是影响投资的众多因素中的一个，企业在进行投资的区位选择时还要对地理位置、经济发展水平、人才集聚、基础设施状况等因素进行全面考察。客观地说，中西部地区当前的确享受到一些税收优惠政策，并且随着近年来区域协调发展战略的推进，中央制定的区域税收优惠政策有进一步向中西部地区倾斜的趋势。但是，中西部地区在其他方面依然与东部地区存在较大差距，仅依靠税收优惠尚不足以将其竞争力提升到与东部地区相同的水平。因此，在地区间发展基础条件差距较大的情况下，中西部地区税收优惠政策的效果被大大削弱了。另外，中西部地区的税收优惠政策在很大程度上是东部地区的简单复制，并没有针对该地区在自然资源禀赋、产业结构、所有制结构等方面的特点施策，因而政策实施后取得的成效不够显著。所以，我国东部地区和中西部地区在税收优惠政策效果上存在较大差异，从而中西部地区的税收优惠未能有效发挥缩小区域经济发展差距的政策效应。

第二，税收征管力度的区域差异同样加大了区域经济发展不平衡。调节税收征管的松紧程度是制度外税收竞争的一种形式，其中放松征管相当于变相地提供税收优惠。我国发达地区税源充裕，征收任务较轻，因此经常出现应收不收、藏富于民的现象，而在欠发达地区，由于财政压力较大，因此税收征管较为严格。审计署公布的一项审计调查结果显示：2002 年年底到 2003 年间一些经济发达地区的税务部门在完成上级下达的年度税收计划的前提下，人为控制税收入库进度，对 364 户企业少征税款20 927 亿元，而一些经济欠发达地区的税务机关为完成税收计划征收“过头税”10.02 亿元。发达地区在税收征管上“藏富于民”的做法，从促进企业发展的角度看是有利的，而欠发达地区征收“过头税”则会加重企业负担。因此，发达地区和欠发达地区在税收征管力度上的差异无疑也会加大区域经济发展差距。

（三）完善区域经济协调发展的税收政策

1. 对地方政府税收竞争行为加强管理和控制

(1) **中央政府要对地方政府的不当税收与支出竞争行为加以约束。**由于存在“地方本位主义”，地方政府在开展财政竞争时经常会采取各种不正当的税收竞争行为，通常有很强的负外部效应，会损害其他地区的利益，从而影响区域间关系的和谐。不当税收竞争行为包括有意放松税收征管力度、包税、买税等。对于上述的一些不当竞争，一方面要推动税务数字化智能征管制度的建立；另一方面，中央政府应加强法律约束，加大对财政违法违规行为的惩处力度。

(2) **减少地方政府投资竞争的盲目性，优化地方政府的投资结构。**我国要积极调整各地区地方政府的投资结构，着力解决区域产业结构趋同问题。由于我国地域辽阔，区域发展差异大，因此，各地区要根据国家产业政策，结合本地资源禀赋和区位特点，选择自身比较有优势的产业投资领域。同时，加强地区间的产业分工合作，实现错位发展，从而使地区产业结构从趋同走向优化。

2. 改善区域财政投资政策效果

(1) **适当调整和缩小区域税收优惠范围。**从区域税收优惠政策的覆盖面看，随着税收优惠政策从东部地区向中西部地区的推进，当前我国各个区域都能够享受到不同形式的税收优惠政策。但区域税收优惠政策覆盖面过宽，显然降低了优惠政策的有效性。此外，东部地区享受税收优惠时间已经很久，并且取得了显著的区域竞争优势；而中西部地区享受税收优惠时间短，当前也迫切需要通过加大税收优惠力度来吸引要素流入，促进当地经济发展。因此，从缩小区域经济发展差距的角度看，应解决目前区域税收优惠政策覆盖面过广、政策倾斜重点不突出的问题。可考虑逐渐减少对东部地区的优惠政策数量，将优惠重点从东部地区向中西部地区转移，使区域税收优惠政策集中在中西部地区。

(2) **增强西部地区税收优惠政策的针对性**

一要加强西部地区税收优惠政策的产业导向。目前西部地区迫切需要发展的是交通、能源、原材料等基础产业以及高科技产业，而现行税收优惠政策更侧重于鼓励传统工业和加工业的发展，对基础产业和高新科技产业的重视程度还不够高，这势必会影响中西部地区产业结构的调整与优化。因此，西部地区税收优惠政策需要增强产业导向。

二要考虑对基础产业、生态和环保产业、资源开发和深加工产业、特色产业、优势产业、支柱产业、高新技术产业给予大量优惠。例如，对高新技术产业等出现的风险损失，准予在税前列支或从当期应纳所得税额中扣减；而对原材料消耗高、环境污染严重的产品或行业，应予以一定的税收加成政策。这有利于充分发挥税收优惠政策的产业导向功能，推动西部地区的经济结构优化和可持续快速发展。

三要使直接优惠方式和间接优惠方式相结合。直接优惠方式包括定期减免、以税还贷、降低税率及税额扣除等。间接优惠方式包括加速折旧、投资抵免、研发费用加计扣除、亏损结转、费用扣除、特别准备金以及延期纳税等。长期以来，我国税收优惠方式一直以直接优惠方式为主，间接优惠方式运用不充分。直接优惠主要是针对企业利润进行的，适用于投资期短、见效快的企业，而对西部地区发展极其重要的投资规模大、技术水平高、经营周期长的基础设施和高新技术等项目的效果不是很明显。就促进西部地区发展而言，没有直接优惠，难以吸引投资；而没有间接优惠，长期投资风险又太大。因此，西部地区应将直接优惠方式和间接优惠方式有机结合起来，灵活运用。

(3) **完善中部地区的税收优惠政策，改变区域税收优惠的“中部塌陷”现象。**由于我国提出中部地区崛起战略的时间较晚，因此相比西部地区，目前针对中部地区的税收优惠政策还比较薄弱，造成区域税收优惠的“中部塌陷”现象。为此，有必要构建完善的针对中部地区的税收优惠政策体系。此外，要拓宽税收优惠政策覆盖的地域范围，除了省会城市外，只要符合条件，地级市的经济开发区和高新技术区也应当享受优惠政策。

四、企业纳税人之间税收负担的政策权衡

（一）企业纳税人需要缴纳的税种

1. 增值税

增值税是以商品（含应税劳务）在流转过程中产生的增值额为计税依据而征收的一种流转税。从计税原理上说，增值税是对商品生产、流通、劳务服务中多个环节的新增价值或商品的附加值征收的一种流转税。零售环节之前实行价外税；零售环节为价内税，也就是由消费者负担。有增值才征税，没增值不征税。

一般纳税人：应纳税额＝含税销售额÷（1＋税率）×税率－当期进项税额

小规模纳税人：应纳税额＝含税销售额÷（1＋征收率）×征收率

2. 城市维护建设税

城市维护建设税，又称城建税，是以纳税人实际缴纳的增值税、消费税税额为计税依据，依法计征的一种税。城市维护建设税的特征：一是以纳税人实际缴纳的产品税、增值税税额为计税依据，分别与产品税、增值税同时缴纳；二是加强城市的维护建设，扩大和稳定城市维护建设资金的来源。

应纳税额＝（增值税＋消费税）×适用税率

3. 教育费附加

教育费附加是由税务机关负责征收，同级教育部门统筹安排，同级财政部门监督管理，专门用于发展地方教育事业的预算外资金。

应纳教育费附加＝（实际缴纳的增值税＋实际缴纳的消费税）×3％

4. 堤围防护费

堤围防护费是为了加强河道堤防整治维护工作，提高城市防洪（潮）能力，改善水生态环境质量，由地方政府依法向社会征收的行政事业性收费。一般按缴费人申报流转税时的销售额或营业额计算。各地征收标准不同，有些地方不征收。

堤围防护费＝营业收入×0.1％

5. 企业所得税

企业所得税是对我国境内的企业和其他取得收入的组织的生产经营所得和其他所得征收的一种税。企业又分为居民企业和非居民企业。居民企业应当就其来源于中国境内、境外的所得缴纳企业所得税。非居民企业在中国境内设立机构、场所的,应当就其所设机构、场所取得的来源于中国境内的所得,以及发生在中国境外但与其在中国所设机构、场所有实际联系的所得,缴纳企业所得税。企业所得税的税率为25%的比例税率,非居民企业为20%,而符合条件的小型微利企业所得税税率为20%。

所得税=利润总额×税率

6. 其他税种

其他税种主要包括印花税、城镇土地使用税、车船税、房产税等。印花税是以经济活动中签订的各种合同、产权转移书据、营业账簿、权利许可证照等应税凭证文件为对象所征的税。城镇土地使用税是以国有土地为征税对象,以实际占用的土地单位面积为计税标准,按规定税额对拥有土地使用权的单位和个人征收的一种税。车船税是对在我国境内依法应当到公安、交通、农业、渔业、军事等管理部门办理登记的车辆、船舶,根据其种类,按照规定的计税单位和年税额标准计算征收的一种财产税。房产税是以房屋的计税余值或租金收入为计税依据征收的一种税。其中,按照房产余值计征的,年税率为1.2%;按房产租金收入计征的,年税率为12%。

(二)直接优惠方式与间接优惠方式的应用

税收优惠政策是指税法对某些纳税人和征税对象给予鼓励和照顾的一种特殊规定。比如,免除其应缴的全部或部分税款,或者按照其缴纳税款的一定比例给予返还等,从而减轻其税收负担。税收优惠政策是国家利用税收调节经济的具体手段,国家通过税收优惠政策、可以扶持某些特殊地区、产业、企业和产品的发展,促进产业结构的和谐和社会经济的协调发展。

《中华人民共和国企业所得税法》第二十五条规定:国家对重点扶持和鼓励发展的产业和项目,给予企业所得税优惠。企业所得税优惠可以分为直接优惠方式和间接优惠方式。

直接优惠方式是一种事后的利益让渡,主要针对企业的经营结果减免税,优惠方式简便易行,具有确定性,它的作用主要体现在政策性倾斜、补偿企业损失方面。直接优惠方式包括税收减免、优惠税率、再投资退税等。从长期来看,直接优惠方式是降低税率或对企业经营结果的减免税，容易导致政府税收收入的减少。直接优惠方式对于跨国企业来说，有可能破坏当前的全球产业链，有可能引发贸易和投资伙伴的抗议和报复，甚至有可能引发在世贸组织的诉讼。

间接优惠方式以较健全的企业会计制度为基础，侧重于税前优惠，主要通过对企业征税税基的调整激励纳税人调整生产、经营活动，以达到政府的政策目标。间接优惠方式中加速折旧、再投资的税收抵免两种方式具有显著的优点，即这两种优惠方式可以更有效地引导企业的投资或经营行为，使之符合政府的政策目标，鼓励企业从长远角度制定投资或经营规划。间接优惠方式是前置条件的优惠方式，管理操作比较复杂。间接优惠方式主要有税收扣除、加速折旧、准备金制度、税收抵免、盈亏相抵和延期纳税等。在国际贸易中不易或较少引起贸易伙伴的抗议和报复。

1. 生产性外商投资企业税收优惠

生产性外商投资企业，除了属于石油、天然气、稀有金属、贵重金属资源开采项目的，由国务院另外规定以外，实际经营期限在十年以上的，从开始获利的年度起，第一年和第二年免征企业所得税，第三年至第五年减半征收企业所得税。对从事农业、林业、牧业和设在经济不发达的边远地区的外商投资企业，在依照规定享受“两免三减半”所得税优惠待遇满后，经企业第一年和第二年免征国务院税务主管部门批准，在以后的十年内继续按应纳税额减征 15%～30%的企业所得税。

2. 对设在老市区的生产性外商投资企业，减按 24%的税率征收企业所得税

属于技术密集型项目，或者外商投资额在 3 000 万美元以上、回收投资时间长的项目，或者属于能源、交通、港口建设项目的，报经国家税务总局批准后，可减按 15%的税率征收企业所得税，并免征地方所得税。

3. 高新技术产业开发区

对设在高新技术产业开发区的被认定为高新技术企业的外商投资企业，减按 15%的税率征收企业所得税。其中，被认定为高新技术企业的生产性外商投资企业，实际经营在 10 年以上的，可以从获利年度起第一年和第二年免征企业所得税，第三年至第五年减半征收企业所得税。

4. 产品出口企业和先进技术企业税收优惠

对外商投资兴办的产品出口企业，在按照税法规定减免企业所得税后，凡当年企业出口产品产值达到当年企业产品产值 70%以上的，可以减半征收企业所得税。其中已经属于按 15%的税率缴纳企业所得税的，可以减按 10%的税率征收企业所得税。对先进技术企业，免征地方所得税3年。

5. 再投资税收优惠

外商投资企业的外国投资者，把企业取得的利润直接再投资于该企业，增加注册资本，或者作为资本投资开办外商投资企业且经营期不少于5年的，经投资者申请，税务机关批准，退还其再投资部分已缴纳所得税的40%税款。对于直接再投资兴办、扩建产品出口企业或者先进技术企业的，全部退还其再投资部分已缴纳的企业所得税税款；再投资不满5年的，应缴回已退的税款。

（三）不同纳税人税收负担的比较

1. 税收负担的含义

税收负担，是指纳税人因发生应税行为而承受的义务，是在一定时期内应负担缴纳的税款。它可以从绝对额和相对额两个角度来进行考量。从绝对额角度而言，是指纳税人缴纳的税款；从相对额角度而言，是指纳税人缴纳的税款占计税依据的比重。税收负担是国家税收政策的具体体现，由于它与国家、企业和个人之间的利益分配关系密切相关，因此也是税收政策的核心和灵魂。

2. 不同行业的企业税收负担差异

我国对各行业征收的税种存在明显差异，对制造业主要征收增值税，而对服务业过去主要征收营业税，2016年5月全面推开营改增试点，目前已对服务业征收增值税。为了实施国家战略和产业政策，我国也推出了一些针对行业和企业的税收优惠政策，这必然导致不同行业和企业的税收负担率存在较大差异。如2011年税收负担率最高行业（烟草制品业，74.62%）是最低行业（社会工作，0.20%）的373.1倍。烟草制品业、石油加工及炼焦业以及部分服务业等行业的税收负担率较高，而农业部门的税收负担率较低。在三次产业中，税收负担率从高到低依次为第二产业、第三产业和第一产业，如2011年三次产业的税收负担率从高到低分别为23.7%、16.5%和5.0%，究其原因是我国对农产品实施免税补贴政策，而对服务业征收较低的增值税。

3. 不同地区的企业税收负担差异

经济增长速度较快和发达省份的企业税收负担率反而较轻，且各省份的企业税收负担率差距较大。如2009年北京的企业税收负担率仅为8.81%，排在最后一位，比企业税收负担率最高的吉林(39.24%)低 30.43 个百分点。从某一具体行业税收负担率的省份差异来看，行业税收负担率的地区差异比总体税收负担率的地区差异小。对于某一具体行业，其税收政策基本一样，各地区会实行基本相同的税收优惠政策，从而使各地区之间的税收负担率差异较小，如通信设备、计算机及其他电子设备制造业的税收负担率的地区差异比总税收负担率的地区差异小。因此，在地区总体层面，各地区的行业结构不同，不同行业面对的税收政策不同，从而导致地区总体税收负担率的差异较大。

4. 不同所有制的企业税收负担差异

在各类所有制企业中，国有企业的税收负担率一直是最高的，如 2011 年为 23.56%。2010 年，国资委发布的《国务院国资委 2009 年回顾》指出，2003—2008 年，国有企业的税收负担率高于其他类型企业，6 年的均值达到 27.3%。从时间变化趋势来看，外商投资企业和港澳台商投资企业的税收负担率总体呈上升趋势，尤其是受 2008 年"两税合一"政策的影响，其税收负担率上升幅度较大。不同所有制类型企业的税收负担率存在明显差异的主要原因包括以下几个方面。

(1) **不同所有制类型企业的生产经营特点不同。**国有企业一般规模大，且控制着重要的自然资源和核心技术，具有一定的垄断性质，大多属于上游行业。国有企业生产过程包含的生产任务较多，生产周期长，产品附加价值较高，是产业链较长的企业。在目前我国以增值税、流转税为主税制的背景下，由于从理论上增值税是对增加值进行征收的，因此产品附加价值越高、产业链越长的企业被征收的税收就越多。而对于一些生产过程相对简单、生产任务单一(如简单组装加工)、附加价值较低、产业链较短的企业，征收的增值税就较少。因此，从总体上看，产业链长的国有企业的税收负担率，比产业链短的企业高。

(2) **税收优惠政策存在所有制差异。**为吸引外资，我国一般对外商投资企业、港澳台商投资企业实行税收优惠政策，因此这些企业的税负较轻。在已废止的《中华人民共和国外商投资企业和外国企业所得税法》(1991 年公布)的 30 条规定中，有 10 余条是关于税收优惠的，而且在其具体的实施过程中，各地为了争夺投资，还会通过增加本地区的税收优惠政策来吸引外资。"两税合一"政策实施后，税收优惠项目减少了，并且地方增加税收优惠条款的权利受到了限制，这使得外商投资企业的应纳税额增加，进而外商投资企业的实际税收负担接近名义税收负担。但根据世界银行和国际货币基金组织的调查，外国投资者看中的主要不是中国的税收优惠，而是安定的政治环境、低廉的劳动力以及巨大的国内市场等其他有利条件。

(3) **税收规避行为的差异。**一般来说，国有企业纳税积极性高，税收规避程度低，非法偷税、漏税现象较少。而一些民营企业不仅纳税积极性较低，而且存在大量的税收规避行为，甚至出现偷税、漏税现象。此外，一些外资企业还存在用转让定价方式避税的行为。

5. 不同规模企业的税收负担差异

企业增加值越大，承担的税收就越少。这种现象与“税收的政治假设”一致。规模越大的企业，其政治游说能力越强，就会有更多资源进行盈余管理，从而可以降低其税收负担。

总之，在对数字企业的税收支持政策规划中，可以根据企业纳税人税收负担的情况，有的放矢地分类分项施策，使税收支持政策发挥最大的引导作用，加快北京数字标杆城市的建成。

五、未来数字经济税收制度的调整

（一）数字经济条件下税收制度改革的必要性

1. 税基侵蚀利润转移问题

税收是政府财政收入的主要来源，在我国一般占到财政收入的80%以上。财政收入主要用于提供社会所需的公共产品和公共服务。一方面，由于政府职能范围不断扩大，囊括了许多过去由家庭承担的职能，甚至还要经常有意识地运用赤字财政政策刺激经济增长，财政支出不断增大，因此政府举债履职已成为各国的常态。另一方面，由于数字经济的发展使传统产业所依据的税收环境发生了变化，原有税收制度的税收收入在经济全球化和数字经济条件下开始跑冒滴漏，不断减少，因此税基侵蚀利润转移(BEPS)问题便成为各国关注的焦点。2017年，谷歌、脸书(现称 Meta)、亚马逊、eBay 等超大型跨国数字企业在获取高额收入的同时，纳税占收入的比例却不足2%，最低的亚马逊只有0.1%，远低于传统企业，如表5-1所示。

表 5-1　2017 年超大型跨国数字企业的收入和纳税情况

公司	收入/亿英镑	纳税/亿英镑	纳税占收入的比例
谷歌	76	0.49	0.6%
脸书(现称 Meta)	13	0.16	1.2%
亚马逊	87	0.045	0.1%
eBay	10	0.016	0.2%

数字经济企业利用传统税收规则进行避税的现象多发，使得数字产业相较于传统产业而言税负水平较低。根据欧委会评估，传统行业的平均税率为 23.2%，而数字行业的有效平均税率只有 9.5%，远低于传统行业的税负水平。OECD/G20 提出的“双支柱”在很大程度上实现了对现行国际税收规则的突破、革新和完善，是现行国际税收规则的自然延伸与更新升级。“支柱一”将改变跨国企业税前利润在来源国、居民国与市场国之间的分配，使税收管辖权分配的参与方从两国变为三国，使第三方即市场所在国也得以分一杯羹，使现有国际税收规则的复杂性增加。“支柱二”设定的最低税率将增加跨国企业的整体税负，但多数跨国企业基于务实态度表示支持。总体来看，“双支柱”方案的税收影响或更有利于发达国家[①]。

2. 数字经济发展与税收原则的冲突问题

数字经济彻底颠覆了传统产业与数字产业之间、传统企业与数字企业之间的税制平衡，为了保持与技术和商业同步发展，税收制度必须创新。但税收制度无论怎样变化，公平、效率和中性的原则始终是必须遵循的。大量研究结果表明，数字经济引发的税收问题对整个社会的公平、效率和中性都带来了严重的冲击，如图 5-1 所示。

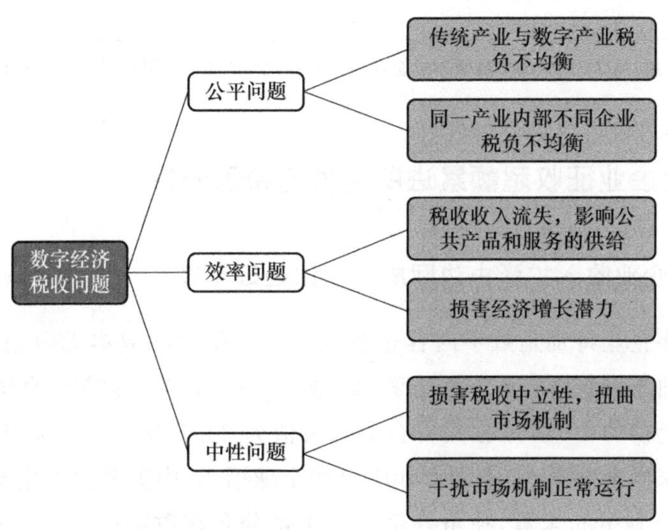

图 5-1 数字经济税收问题对整个社会的公平、效率和中性的影响

（资料来源：中国信息通信研究院政策与经济研究所《数字经济对税收制度的挑战与应对研究报告(2020 年)》）

① 国家税务总局南京市税务局课题组. 关于数字经济“双支柱”方案最新国际税收成果的思考，2022-12-16.

3. 超额累进税率是数字经济条件下企业所得税税率改革的方向

目前，各国企业所得税一般实行超额累进税率和比例税率两种。例如，我国居民企业所得税比例税率为25%，而非居民企业为20%。美国联邦公司所得税现为21%的统一比例税率。如表5-2所示，2017年之前，美国使用多级税率，即税率先逐步递增，在应税所得额达到一定数额以后，税率水平又有所降低的分级固定比例税率。这不仅能鼓励中小企业发展，还有利于大型企业做大、做强。

表5-2　2017年前美国公司所得税税率

应税所得 d/美元	税率
$0 \leqslant d < 50\,000$	15%
$50\,000 \leqslant d < 75\,000$	25%
$75\,000 \leqslant d < 100\,000$	34%
$100\,000 \leqslant d < 335\,000$	39%
$335\,000 \leqslant d < 10\,000\,000$	34%
$10\,000\,000 \leqslant d < 15\,000\,000$	35%
$15\,000\,000 \leqslant d < 18\,333\,333$	38%
$d \geqslant 18\,333\,333$	35%

资料来源：唐超，吴君民．美日韩超额累进企业所得税制比较与借鉴，财会月刊，2015年10期。

（二）对企业征收超额累进所得税的原因分析

1. 数字企业收入扩张中边际成本无限趋近于零

由于数字企业特别是数字内容企业的收入扩张边际成本无限趋近于零，因此近年来成为独角兽企业[①]的公司几乎都与数字经济有关。《2021全球独角兽企业榜单》显示，上榜的1 058家独角兽企业总价值为23.7万亿元。从国家分布来看，美国有487家居全球第一，中国有301家居全球第二，中美两国占全球独角兽总数的74%。从行业分布来看，独角兽企业几乎都分布在数字产业上，如图5-2所示。传统产业扩张主要是劳动力和资本的贡献，且收益递减；而数字产业扩张主要是市场需求的贡献，且收益递增。因此，在数字经济条件下实行超额累进所得税比在传统经济条件下更具说服力。

① 独角兽企业，一般指成立不超过10年，且估值超过10亿美元的企业。

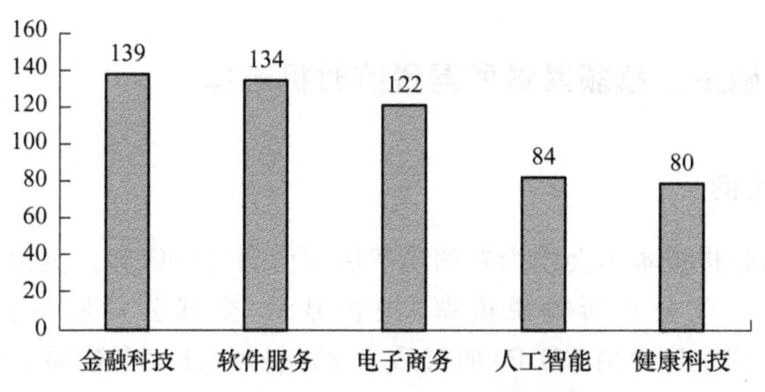

图 5-2　2021 年全球独角兽企业行业分布

（资料来源：胡润百富《2021 年全球独角兽企业榜单》）

2. 大企业是公共产品和公共服务的最大受益者

税收的征缴从公平角度出发一般要体现受益原则。而一些收益较高的大企业一般从社会公共产品和公共服务中受益较多，因此理应缴纳比中小微企业更多的税赋，超额累进所得税是量能纳税原则与受益原则的具体体现。

3. 与共同富裕的社会主义发展方向相一致

社会主义的本质和奋斗目标是达到共同富裕。而超额累进所得税本着量能纳税的原则，收入多则多纳税，收入少则少纳税。以公有制为主体的所有制形式是社会主义共同富裕的保障。但随着民营企业和三资企业不断发展壮大，人们之间的收入差距不断扩大，而超额累进所得税对于缓解和缩小人们之间的收入差距起到一定的作用。

4. 税负相对公平

所得税纳税人和实际负担人是一致的，可以直接调节纳税人的收入。目前，我国的企业所得税为比例税率，具有累退性，表现为收入越高负担越轻，不尽合理，且中间有大量的税收优惠，而超额累进所得税的税率等级与征税对象的数额同方向变动，符合量能负担的公平原则。此外，我国已将生产型增值税改为消费型增值税①，超额累进所得税与消费型增值税的配合，会大大提高税收的公平与效率，又不会造成税收的扭曲。

① 消费型增值税，就是允许纳税人从本期销项税额中抵扣用于生产经营的固定资产的全部进项税额。

(三) 实施企业超额累进所得税的时机选择

1. 安全区间

安全区间是指资本不会因为新的税率制度而恐慌的区间。美国税收基金会发布的《2021 年全球公司所得税税率》报告显示，全球公司所得税平均税率为23.54%，按国内生产总值(GDP)加权后为 25.44%，且大多数国家的公司所得税税率低于 30%①。

我国企业所得税税率可在 15%～28%之间设定 15%、20%、25%、28%、25%五档税率，当然也可以在 15%～25%之间进行选择，这在人们可接受的安全范围内。同时，居民企业和非居民企业税率应设置得完全一致，非居民企业不应再享受超居民企业的待遇。

2. 效率区间

效率区间是不会造成资本外流到税收洼地的区间。市场环境相同的条件下，只要企业收入增加额高于企业转移成本，企业就不会由于超额累进税而将资本转移到国外，由此实施新的税收制度对于政府来说就是有效的。根据一些经济学者的 PEST 分析②，我国无论在政治和经济方面，还是在社会和技术方面，都是吸引外资的不二之选。商务部数据显示，2021 年，全国实际使用的外资金额为 11 493.6 亿元，同比增长 14.9%，引资规模再创历史新高；2022 年，全国实际使用的外资金额为 12 326.8 亿元，按可比口径同比增长 6.3%，折合 1 891.3 亿美元，按可比口径同比增长 8%。宏观环境成本低为我国企业实施超额累进税率创造了有利的条件。

3. 实施时机

对企业超额累进税率实施时机的把控十分重要，它关系到实施税率改革后能否达到改革的目标。2015—2021 年，中国数字经济占 GDP 比重由 27.0%上升到39.8%。而 2021 年，美、英、德的数字经济在 GDP 中的比重都超过了 60%。因此，我国超额所得税税率实施的最佳时机应在数字经济达到占 GDP 比重为 50%～60%时，此时对数字产业化和产业数字化的影响较小。

---

① 中国税务报. 2021 年全球公司所得税税率继续降低，2022-01-19.

② PEST 分析，是指宏观环境分析，其中，P 是政治(politics)，E 是经济(economy)，S 是社会(society)，T 是技术(technology)。

第六篇　建立税式支出管理与数字人才支持政策

建立税式支出管理与数字人才支持政策是促进数字经济发展不可或缺的两个方面。国务院发布的《"十四五"数字经济发展规划》显示，2020年，我国数字经济核心产业增加值占国内生产总值(GDP)的比重达到7.8%。据国家统计局发布的《数字经济及其核心产业统计分类(2021)》，数字经济产业范围包括：数字产品制造业、数字产品服务业、数字技术应用业、数字要素驱动业、数字化效率提升业等五个大类。根据国家统计局的定义："数字经济核心产业是指为产业数字化发展提供数字技术、产品、服务、基础设施和解决方案，以及完全依赖于数字技术、数据要素的各类经济活动"。因此，上述数字经济产业五个大类的前四大类为数字经济核心产业。2021年，北京数字经济增加值规模达到1.6万亿元，全国领先，按现价计算，比上年增长13.1%，占全市GDP比重为40.4%。总体来看，北京数字经济发展虽居全国首位，但仍然处于发展的初级阶段，因此政府需要对数字经济的发展提供包括税收优惠等多方面的扶持政策，以进一步推进数字经济高质量发展。此外，要发展数字经济，税收支持政策必须与数字人才支持政策相配套，才能相得益彰，共同推动数字经济的快速发展。

一、建立北京数字经济税式支出管理账户

(一) 我国税式支出制度的提出

根据税式支出理论[①]，税收优惠不仅仅是政府在税收收入方面对纳税人的一

① 税式支出即税收支出，早期翻译为税收支出，但翻译为税收支出有误解为因税收而产生的支出(税收成本)的可能，不够通达。后来多用"税式支出"的译法。

种让渡，也是政府财政支出的一种形式，既需要按支出管理的模式进行管理，又需要合理的预算、严格的评估、严谨的分析和精准的控制，还需要经过一定的法律程序，由此产生税式支出预算制度。我国目前还没有建立完备的税式支出预算制度，但用税式支出的观点来看待税收优惠，将量化的税收优惠纳入财政支出管理范畴，能够使政府预算更加完善，从而完整地反映政府的活动：政府对于经济活动的调节不仅表现为直接的财政支出，而且表现为提供税收优惠的间接支出。

2019 年 3 月，第十三届全国人民代表大会财政经济委员会在《关于 2018 年中央和地方预算执行情况与 2019 年中央和地方预算草案的审查结果报告》中建议，“研究探索建立税式支出制度，税收优惠政策应当在预算草案中作出安排，提高税收优惠政策规范性和透明度”。这是我国政府文件首次提出“税式支出”概念，用税式支出替代税收优惠，说明政府相关机构已意识到规范税式支出的必要性。

在北京数字经济发展过程中，各类企业都获得了相应的税收优惠政策支持，较好地支撑了数字经济的发展。但这些税式支出规模究竟多大？结构是否合理？效益如何？如何更合理地规划税式支出才能发挥其对北京数字经济整体发展的促进作用？回答这些问题，需要对北京数字经济的税式支出提供较完善的信息和切实的规划。

将税式支出纳入预算管理能够准确地反映财政支出，并提高资源配置效率。因此，美国国会要求政府在提交的年度预算中包含税式支出，总统和国会的预算文件中都包含税式支出的信息。虽然如今将北京所有的税收优惠纳入预算管理的条件尚不完备，但对北京数字经济的税收优惠进行相应的税式支出管理，如建立数字经济税式支出管理账户[①]，实行税式支出报告制度，先行先试，对于厘清税式支出对数字经济发展的支撑作用，完善北京财政收支管理具有重要意义。

（二）税式支出的涵义和分类

1. 税式支出的涵义

税式支出又称税收支出，指偏离基准税制的税收优惠，是一种用于实现特定经济社会发展目标的隐性财政支出。从广义上看，所有用于实现经济和社会发展特定目标、非直接支出的政府税收优惠都是税式支出，税式支出措施包括税收豁免、纳税扣除、税收抵免（投资抵免、亏损抵免、饶让抵免）、优惠税率、优惠退税、延期纳税、研发费用加计扣除、特定准备金、加速折旧等。

---

① 北京建立数字经济税式支出管理账户，就是将北京数字企业的税式支出纳入预算管理，实行税式支出报告制度，因为税式支出报告制度的核心内容就是建立数字经济税式支出管理账户。

税式支出具有广泛的经济社会效应，其对个人决策、产业发展和政府行为均能产生显著影响。大部分税式支出，特别是各种生产性的税式支出措施，都具有直接的收入“自偿”功能，即通过其激励作用，促进经济活动总体水平的提高，进而促进未来税收收入的增长。

从国际上看，世贸组织规则将有关的税收优惠政策视作政府补贴加以规制。因此，赋予税收优惠同直接支出一样的预算管理程序，政府可以更好地使用税式支出这个政策工具，实现特定的社会经济政策目标。

2. 税式支出的分类

根据不同的标准，可以将税式支出进行不同的分类。

(1) 按税式支出与基准税制的背离方式，可将税式支出分为税基式支出、税率式支出、税额式支出和期限式支出。**税基式支出**指与税收制度规定的标准税基相背离而形成的税式支出，即按直接缩小计税依据的方式实行的税收优惠，包括调整起征点和免税额、项目扣除以及亏损弥补等，如税收豁免、纳税扣除、盈亏互抵、准备金制度等。**税率式支出**指直接与税收制度规定的标准税率相背离而形成的税式支出，如优惠税率和纳税限额等。**税额式支出**指通过减少应纳税额的方式形成的税式支出，如减税、免税、出口退税、投资抵免、税收饶让等。**期限式支出**指直接与税收制度规定的标准纳税期限相背离而形成的税式支出，如加速折旧、延期纳税等。

(2) 按税式支出对税金收入的影响划分，税式支出可分为直接税式支出、间接税式支出和准税式支出。**直接税式支出**是指某种税式支出形式（如税收减免、优惠税率和赋税亏损结转）的施行直接减少了国家的税收收入。**间接税式支出**是指某种税式支出形式（如纳税扣除、缓交税款）的施行间接减少了国家的税收收入，其中，纳税扣除不缩短折旧期限的加速折旧，而缓交税款减少的国家收入虽不是税金本身，但它减少了税金在相应时间内的价值增值量，所以也包含在间接税式支出中。**准税式支出**指某种税式支出形式（如免设税种）的施行虽减少了国家的税收收入，但其不在既存税制中，就这一点来说，它又不完全具备税式支出的特征。

(3)按照税式支出的政策特点，可对税式支出作如下两种具体分类。第一，以税式支出的政策目的为标准，可将税式支出分为发展性支出和福利性支出。**发展性支出**，是指国家出于促进某些行业、产业或产品的发展而统一实施的税式支出，或者是为了促进企业投资、技术进步及企业的成长壮大而普遍实施或特别实施的税式支出。**福利性支出**，是指政府为了提高某些特殊群体的社会待遇或为了增进全民的福利水平而实施的税式支出。第二，以税式支出的政策功能为标准，可将税式支出分为**激励性支出**和**照顾性支出**。

(三) 建立北京数字经济税式支出账户及其意义

1. 数字经济税式支出账户的涵义

数字经济税式支出账户是对数字经济主体税收优惠进行记录、管理和报告的一种国民经济核算账户制度,该账户纳入政府财政预算管理,用于对数字经济企业进行税收优惠,其目标是支持数字经济的快速发展。政府给企业提供了哪些类型的税收优惠？提供了多少税收优惠？因此释放了多大的生产力？带来什么效果？从数字企业角度看,企业获得了哪些税收优惠？这些税收优惠节省的资金是怎么使用的？使用后效果怎样？上述问题都可以通过对数字经济税式支出账户中的数据进行研究得到答案。

构建数字经济税式支出账户的目的是通过管理税式支出账户,动态地了解政府数字经济税收支持政策的水平、效果、管理取向。如通过研究可知,北京数字经济税式支出每增加1%,企业产出、投资和就业等指标增长百分之几,即税式支出具有产出弹性。

2. 建立数字经济税式支出账户的意义

建立数字经济税式支出账户,在促进数字经济增长的同时,加强税式支出的管理,避免税式支出产生的弊端。

税式支出由于具有隐性、受到较少约束的特征,这决定了其不可避免地存在一些弊端,如产生不公平问题,加剧市场机制的扭曲,增加了税制的复杂性和未计入政府预算、不易控制、滋生寻租的可能性等。建立北京数字经济税式支出账户,就是要发挥税式支出的积极作用,避免其消极作用。

将税式支出纳入预算的目的在于对税式支出进行控制,提高其透明度,将其置于公众监督之下,使税式支出更好地实现其效益,发挥其激励北京数字经济发展的功能。

(四) 北京数字经济税式支出账户的内容

比较完备的税式支出报告一般包括以下内容:(1)基础性规定材料,包括税式支出的定义、基准税制的定义、数据描述及其前提限制等;(2)税式支出表及其说明,包括税式支出表的分类方法、具体税式支出项目的列示方式等;(3)税式支出定性和定量分析的结果材料,包括现行税法的变化、主要税式支出项目的目标等。其中，税式支出表是税式支出报告的核心内容。

数字经济税式支出账户的形式取决于税式支出项目的分类、税式支出项目信息的披露方式以及税式支出估算数据涉及的年度等。因此，北京数字经济税式支出表的编列需要明确以下问题。

1. 覆盖税种选择

税式支出表的编制，首先要确定的是表中涵盖的税种范围与税式支出项目的数量。由于税式支出账户管理涉及税制的完善、税收管理水平的提升等方方面面的复杂问题，因此各国税式支出报告涵盖的税种范围都有一个由少到多、逐步发展的过程。

我国自 2016 年 5 月 1 日起全面实施“营改增”政策，取消营业税后，开征的税种由 18 个减少到 17 个，但 2018 年 1 月 1 日起开始征收环境保护税，税种的个数又恢复到 18 个。在我国现行的税种当中，关于各税种和税收征管的法律有 13 部，除《中华人民共和国税收征收管理法》《中华人民共和国企业所得税法》《中华人民共和国个人所得税法》《中华人民共和国车船税法》《中华人民共和国环境保护税法》外，其他各税种基本是由人大授权国务院制定的暂行条例，具有法律的性质和地位，但未经过立法程序。目前，我国的税式支出方式经过立法确定的共有 40 项，其中《中华人民共和国企业所得税法》规定了 21 项，《中华人民共和国个人所得税法》规定了 13 项，《中华人民共和国车船税法》规定了 6 项，但我国 2015 年发布的减免税分类表中，共列出了 475 项税式支出规定。现有的税式支出法律依据为国家税务总局颁布的《税收减免管理办法》，其法律级次为部门规章。

由此可见，税式支出项目繁多，而由于我国实行以流转税和企业所得税为主体的双主体税制结构，因此税收优惠也以流转税和企业所得税为载体。其中，流转税包括增值税、消费税等。北京数字经济税式支出账户管理可从少数几个重要的税种开始，从目前北京数字经济企业税收总量的情况看，企业所得税、增值税和个人所得税是占比较高的税种，且是对企业的投入和产出激励效应较强的税种，因此，北京数字经济税式支出表可先探索覆盖这三个税种。

2. 分类方法选择

由于税式支出项目很多，因此在税式支出表中分类时，既要考虑与财政直接支出预算分类的协调，以便综合汇总统计某项社会事务功能的政府财政总支出，也要考虑目前税收制度的特点。

从财政预算直接支出的分类看，目前我国已与国际接轨，实行以支出功能分类为主的预算支出分类规则。国外比较规范的税式支出表多是依照财政直接支出预算的分类方法、按预算功能进行分类编制，与直接支出预算保持一致，方便综合统一功能下的政府支出的总额管理。在每一功能类别下，按税种和具体的税式支出形式进行细分。其典型形式如表 6-1 所示。

表 6-1 国外按功能进行分类的税式支出表

预算功能及税式支出项目	×××年估计数		×××年预计数	
	个人	公司	个人	公司
一、一般公共服务 A. 所得税 对政治捐款的扣除或抵免 … B. 财富税 对政治组织(机构)捐赠不予计列 … …				
二、国防事务 A. 所得税 … B. 财富税 … …				
三、公共秩序与安全事务				
四、教育事务				
五、卫生保健事务				
六、社会保险与福利事务				
七、住房、社区与环境事务				
八、娱乐、文化与宗教事务				
九、燃料及能源事务				
十、农业、林业、牧业及渔业事务				
十一、采矿业与矿产资源生产事务				
十二、运输与通信事务				
十三、其他经济事务				
十四、上述各项未包括的支出				

资料来源：张晋武. 中国税式支出制度构建研究[D]. 成都：西南财经大学，2007.

但从我国税收制度特点看，现行的税收收入统计和预算主要按税种、行业和所有制分类，税收优惠政策中，许多具体项目在政策规定和实施中都有明确的行业、部门指向。因此，北京数字经济税式支出表应先按税种分类，再按行业分类；在行业分类下按具体的税式支出形式分类，可以与税收优惠政策的规定形式一致，便于实际操作，也可以与以支出功能分类为主的财政预算支出分类规则契合。

3. 报告时间选择

税式支出数据涉及的年度即税式支出估算的期限。建立税式支出管理制度的目的是赋予税式支出与直接预算支出一样的评估和控制程序，因此税式支出报告周期应与正规财政收支预算周期一致，即每个年度编制一次。

从动态管理角度看，有必要对北京数字经济税式支出表中的数据实行跨年滚动估算，估算的时间跨度越长，对提高税式支出预算管理的效果越有利。因为税式支出与直接支出不同，其政策作用的发挥一般有较长的时滞，对税式支出额的控制也要求在若干年度内采取行动。因此，一个多年期的税式支出预算制度，可以使政府对过去、当前和未来的税式支出行为进行连续性评价，以更加全面和准确地指出各种税式支出政策的利弊，正确确定税式支出预算计划和支出重点，有效驾驭税式支出政策、预测税收制度的未来发展趋势。

多数国家的税式支出预算周期都是一年，而滚动估算年限各不相同，如美国财政部的滚动估算年限是 11 年，包含上一财政年度、当前年度及未来 9 年；美国税务联合委员会的滚动估算年限是 5 年，包含当前年度及未来 4 年；加拿大的滚动估算年限是 8 年，包括前 5 年、当前年度以及未来 2 年；英国的滚动估算年限是 2 年，包含前一年与当前年度。对北京数字经济税式支出预算的滚动估算年限的建议是 3 个年度，即当前年度、过去一个年度和未来一个年度。由于数字经济发展迅速，因此对未来预算的周期过长有与现实数字经济发展脱节的风险。三年期的滚动估算，可以弥补年度预算在反映收支变动、控制支出增长、调整支出结构、协调收支关系及贯彻财政经济政策等方面的功能缺陷。

4. 北京数字经济税式支出表示例

从北京促进数字经济发展的税式支出管理出发，可被鉴别为税式支出的项目，都应在税式支出表中得到反映和监督。但考虑到制度建设的复杂性，可采取分步走的战略：先从大税种开始，即先从企业所得税、增值税和个人所得税开始编制税式支出表，这三类税也是中央和地方共享税，其中企业所得税和个人所得税中央占 60%，地方占 40%，而增值税中央和地方各占 50%；再以数字经济所涉及的行业、部门和具体的税式支出形式进一步细分的方法来编制税式支出表。北京数字经济税式支出表示例如表 6-2 所示。

表 6-2　北京数字经济税式支出表示例

税种及税式支出项目	××年估算数		××年估算数		××年预计数	
	公司	个人	公司	个人	公司	个人
一、企业所得税						
1. 工商业						
高新技术企业减按15%税率征税						
企业技术转让所得税减免(专利盒税制减免)						
企业固定资产加速折旧						
职工教育经费税前扣除						
初创企业免征所得税						
投资抵免						
2. 农业						
3. 教育						
4. 其他						
二、增值税						
1. 工商业						
企业从事研发活动发生的部分费用税前加计扣除						
出口税收返还						
科技附加减免						
小微企业免征						
2. 农业						
3. 教育						
4. 其他						
个人将购买5年以上(含5年)的住房对外销售免征增值税						
三、个人所得税						
1. 工商业						
2. 农业						
3. 教育						
4. 其他						
个人继续教育费用税前扣除						

(五) 北京数字经济税式支出预算管理建议

立足北京“四个中心”功能定位和“两区”建设，系统化构建数字经济发展体制机制，积极稳妥推进与国际数字经济、数字贸易规则的对接，引领和赋能国内数字经济发展，将北京建设成国际数字化大都市、全球数字经济标杆城市。正如《“十四五”数字经济发展规划》中提出的“加大对数字经济薄弱环节的投入，突破制约数字经济发展的短板与瓶颈，建立推动数字经济发展的长效机制”，北京的税收支持政策，一方面是将国家的各种数字经济发展的支持政策落地落实，另一方面是充分发挥北京地方税在税式支出上对数字经济的统领作用。

1. 总量适度，结构优化

北京数字经济税式支出管理的总目标是**总量适度，结构优化**。总量适度指税式支出安排要考虑财政的总体承受能力，将预算直接支出和税式支出的总规模控制在预算和适度、合理的范围(北京财政可以承受的范围)内。结构优化是指在总量控制下，直接支出和税式支出相互协调、平衡，各类、各项税式支出结构合理，资源配置适当，激励作用突出。

税式支出如果没有总量上限设定，很容易造成规模失控，这是因为税式支出的激励制度并不是财政资金的直接支出，容易让人们产生无需财政支出就产生激励效果的“财政幻觉”，加之缺少预算制度约束，就会使税式支出具有无限扩张的冲动。由于《中华人民共和国立法法》第 8 条未将税收优惠等税式支出纳入法定范围，因此经常出现主管机关凭“一纸通知”就能随意提高扣除比例与改变优惠税率，甚至开设新的税式支出的现象。因此在北京零散颁布优惠政策时，应对数字经济企业的税收优惠设定合理的税式支出比例，并进行上限控制，从而避免财政收入过度减少以及资源的不合理配置。

此外，还可以通过设定税收优惠的退出机制、公开透明税式支出的成本、在税收减免立法前进行效益评估等方法合理约束税式支出规模。税式支出规模指标一般有以下三种定义。

(1) 税式支出占国内生产总值的比例。

$$\text{税式支出规模}=\frac{\text{税式支出}}{\text{GDP}}\times 100\%$$

税收收入占国内生产总值的比重反映了宏观税负的大小，而税式支出占国内生产总值的比例反映了政府整体税收利益的让渡程度，方便政府根据宏观税负和税式支出规模衡量政府的聚财能力及承受能力。

(2) 税式支出占财政总支出的比例。

$$\text{税式支出规模}=\frac{\text{税式支出}}{\text{财政总支出}}\times 100\%$$

该指标反映财政总支出中税式支出所占比重，反映税式支出与直接支出的关系，方便通过比较直接支出和税式支出的关系，调整财政支出的结构和方向。

(3) 税式支出占应征税收收入的比例。

$$税式支出规模=\frac{税式支出}{应征税收收入}\times 100\%$$

该指标反映税收收入总量的放弃程度，即税式支出对基准税制背离的量化总额。上式中的应征税收收入，包括税收的实际收入、政府放弃的减免税数额、欠缴税数额，甚至包括可预见的偷、逃税数额。以应征税收收入作为分母，是因为税式支出来源于应征税收收入的政府放弃部分。

我国可以借鉴已开展税式支出管理多年的国家的历史经验，并结合我国实际情况，将我国的税式支出规模控制在合理范围内。其中，**三个相对指标的最佳变动范围为：税式支出占 GDP 的比重为 6%～8%；税式支出占财政总支出的比重为 20%～25%**，其中财政总支出指税式支出总额与直接支出总额之和；**税式支出占应征税收收入的比重为 28%左右**，应征税收收入指税式支出与实际税收收入之和，其中**税式支出占应征税收收入的比重应控制在 33%左右**。图 6-1 所示是 2002—2014 年美国税式支出占 GDP、财政总支出、应征税收收入的比重变化趋势图，从中可见，美国税式支出占 GDP 的比重维持在 6%和 8%之间，占财政总支出的比重稳定在 20%左右，占应征税收收入的比重稳定在 33%左右。2016 年，美国税式支出达到 12 782 亿美元，占 GDP 的 7.1%，其中，个人所得税的税式支出占绝大部分，近年来甚至占到了税式支出的 80%以上。

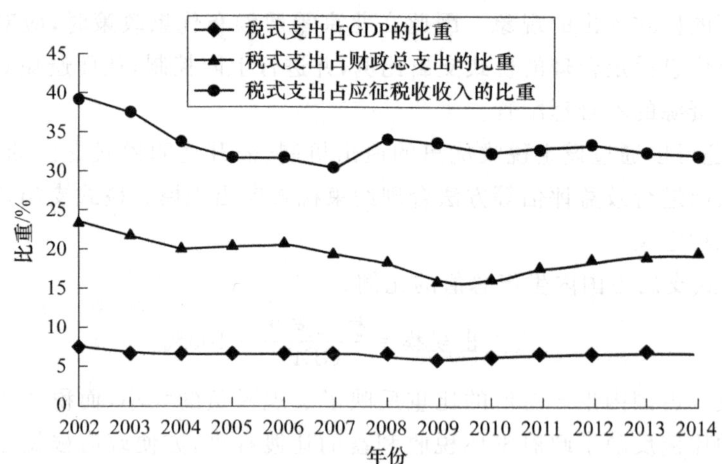

图 6-1　2002—2014 年美国税式支出占 GDP、财政总支出、应征税收收入的比重变化趋势图

（资料来源：刁晓红.税式支出预算管理的国际经验及我国的现实基础[J].经济研究参考.2016 年第 32 期）

借鉴国际经验，从北京数字经济发展现状看，建议将数字经济企业和个人的**税式支出占数字经济 GDP 的比重维持在 8%左右**，以起到推动和激励作用。

从税式支出结构方面看，北京数字经济税式支出应增加间接优惠的比重，目前我国大部分税收优惠政策采用优惠税率、直接减免税等直接优惠的方式，而加速折旧、投资抵免等间接优惠方式采用得较少。相比间接优惠方式，直接优惠方式下纳税人享受的优惠与经营活动的关联度较小，优惠政策引导作用较弱，且容易诱发避税和骗税。对数字技术创新企业而言，优惠税率无法降低企业在技术创新研发阶段的成本，并且这种优惠方式注重的是研发成果的税收减免，属于事后鼓励，对需要事前鼓励的技术创新研发活动的激励力度较小。

2. 强化税式支出测算和效益评估

税式支出管理的重点是提高税式支出效率，通过成本-效益分析，准确把握政府付出了多少成本，获得多少经济效益。在此基础上，按照成本-效益分析的原则将税式支出与预算直接支出进行比较，从而改善整体的支出结构。

税式支出总量的测算可采取收入放弃法。**收入放弃法**是指在每一个纳税年内计算实际税收收入与不实施税收优惠情况下的税收收入之间的差额。收入放弃法计算简单，不需要考虑纳税人因素和放弃收入项目的影响。欧美发达国家也大多采用该方法进行测算。

(1) 北京数字经济产业税式支出测算

由于利用现有的公开统计数据不能直接获得数字经济产业税式支出数据，因此 OECD 成员国计算税式支出的方法主要有三种：收入放弃法、收入获得法及等额支出法。根据可获得的数据按照收入放弃法进行估测，并运用回归分析大致评估税式支出对发展相关指标的影响。具体计算方法如下：

数字经济核心产业税式支出额＝(平均税收负担率－数字经济核心产业税收负担率)×数字经济核心产业总产值

上式中的“平均税收负担率”通过实际税收收入与 GDP 之比获得，而“数字经济核心产业税收负担率”通过数字经济核心产业税收与数字经济核心产业总产值之比获得。

数字经济核心产业数据可参照《北京统计年鉴》中的“信息传输、软件和信息技术服务业”的产业数据。在《国民经济行业分类》(GB/T 4754—2002)中，增加了“信息传输、计算机服务和软件业”产业门类；在《国民经济行业分类》(GB/T 4754—2011)中，将“信息传输、计算机服务和软件业”更名为“信息传输、软件和信息技术服务业”；而最新的《国民经济行业分类》(GB/T 4754—2017)与《国民经济行业分类》(GB/T 4754—2011)中划分的门类名称相同。

数字经济核心产业主要指数字经济中的数字产业化部分，以“信息传输、软件和信息技术服务业”数据作为数字经济核心产业数据，也与国务院 2021 年 12 月发布《“十四五”数字经济发展规划》中的“数字经济核心产业”提法和统计口径一致。北京数字经济核心产业税式支出测算结果如表 6-3 所示。

表 6-3　北京数字经济核心产业税式支出测算结果

年份	数字经济核心产业总产值/亿元	平均税收负担率	数字经济核心产业税收负担率	数字经济核心产业税式支出额/亿元	税式支出占GDP比重
2011	1 611.7	16.61%	14.36%	36.26	2.25%
2012	1 758.8	16.42%	21.53%	−89.82	−5.11%
2013	2 015.8	16.63%	24.65%	−161.69	−8.02%
2014	2 283	16.84%	19.19%	−53.49	−2.34%
2015	2 600	17.21%	16.62%	15.30	0.59%
2016	3 003.6	16.47%	15.93%	16.21	0.54%
2017	3 508.2	15.65%	15.69%	−1.37	−0.04%
2018	4 290.1	15.07%	14.70%	15.70	0.34%
2019	4 879.6	13.61%	13.62%	−0.64	−0.01%
2020	5 540.5	12.86%	12.65%	12.07	0.22%
2021	6 535.3	34.74%	14.94%	1 293.99	3.21%

资料来源：北京市统计局，国家统计局北京调查总队《北京统计年鉴》。

从表 6-3 可知，2011—2020 年的 10 年间，北京数字经济核心产业税式支出额有 5 个年份为负数；除 2011 年外，各年份的税式支出占 GDP 比重最高不到 1%。可以说，北京的数字经济核心产业从整体上看基本未享受到税收优惠。

(2) 税式支出收益的评估

税式支出收益具有复杂性，既包括对特定纳税人或项目的直接影响，也包括对整个经济社会产生的间接影响，将其量化较为困难。因此，可将税式支出对象的整体净收益作为税式支出的收益，在采用合适的指标将其量化后运用科学的计量经济模型加以分析。

表 6-4 展示了北京数字经济核心产业在 2011—2020 年 10 年间的相关数据，将这 10 年间数字经济核心产业的研发经费内部支出(RD)、研发人员数量(RY)、专利申请数(ZL)(限额以上)作为被解释变量，以税式支出额(TE)为解释变量，将总产值(GDP)作为控制变量，μ 作为模型的随机误差项，C_1、C_2、C_3 作为待估参数。分别构建多元回归模型：

$$\ln(RD)=C_1+C_2\times\ln(TE)+C_3\times\ln(GDP)+\mu \tag{6-1}$$

$$\ln(RY)=C_1+C_2\times\ln(TE)+C_3\times\ln(GDP)+\mu \tag{6-2}$$

$$\ln(ZL)=C_1+C_2\times\ln(TE)+C_3\times\ln(GDP)+\mu \tag{6-3}$$

相应变量描述性统计结果如表 6-5 所示。

表 6-4　北京数字经济核心产业年份数据表

年份	总产值/亿元	税式支出额/亿元	研发人员数量/人	研发经费内部支出/亿元	申请专利数/件
2011	1 611.7	36.26	29 180	101.061 8	—
2012	1 758.8	−89.82	29 891	108.503 4	8 224
2013	2 015.8	−161.69	36 242	110.359 0	9 736
2014	2 283	−53.49	31 872	112.110 1	13 347
2015	2 600	15.30	34 590	118.111 4	17 008
2016	3 003.6	16.21	51 758	174.294 9	21 455
2017	3 508.2	−1.37	59 054	203.134 2	23 977
2018	4 290.1	15.70	58 273	340.652 7	41 765
2019	4 879.6	−0.64	71 733	407.457 5	53 480
2020	5 540.5	12.07	83 553	486.948 2	61 716
2021	6 535.4	1 293.99	85 919	611.592 7	73 315

资料来源：北京市统计局，国家统计局北京调查总队《北京统计年鉴》。

表 6-5　变量描述性统计结果

变量名称	最小值	最大值	平均值	标准差	中位数
ln(GDP)	7.385	8.785	8.045	0.477	8.008
ln(TE)	2.491	7.165	3.586	1.793	2.77
ln(ZL)	9.015	11.203	10.126	0.782	10.029
ln(RD)	4.616	6.416	5.311	0.682	5.161
ln(RY)	10.281	11.361	10.781	0.415	10.854

从表 6-4、表 6-5 中可以看到，申请专利数和研发人员数量的平均数较高，表明在北京数字经济核心产业的发展中，专利申请和研发人才引进工作做得较好；北京数字经济核心产业的税式支出额、申请专利数和研发经费内部支出这三个变量的最大值和最小值的差值较大，表明近 10 年北京数字经济核心产业发展趋势积极向好。

通过模型结果考察数字经济核心产业税式支出的效益，回归结果如表 6-6 所示：数字经济核心产业税式支出对研发经费内部支出产生显著的正向影响，但数字经济产业税式支出不对研发人员数量、专利申请数产生影响。其中，在数字经济产业税式支出对研发经费内部支出的正向影响关系里，回归系数表明**税式支出每增加 1%，会使研发经费内部支出增加** 0.031%。由此可见，数字经济产业税式支出能够激励研发经费内部支出，不仅促进了数字经济产业的发展，也提升了企业的创新动力和水平，对经济和社会都产生了正向效应。

表 6-6　数字经济产业税式支出对研究经费内部支出、研发人员数量、专利申请数的影响

变量	模型一	模型二	模型三
Constant	−5.770* (−3.560)	4.056* (4.014)	−3.712* (−9.159)
ln(TE)	0.031 (0.514)	−0.005 (−0.144)	−0.028 (−2.803)
ln(GDP)	1.365** (6.579)	0.837** (6.467)	1.721** (33.625)
$\bar{R}^2$	0.949	0.943	0.999
F	27.998*	24.808*	826.511**

对模型的具体分析如下。

① 模型一

从表 6-5 可知，将 ln(TE)、ln(GDP)作为自变量，而将 ln(RD)作为因变量进行线性回归分析，模型公式为

$$\ln(RD)=-5.77+0.031\times\ln(TE)+1.365\times\ln(GDP)$$

该模型的 $\bar{R}^2$ 为 0.949，意味着 ln(TE)、ln(GDP)可以解释 ln(RD)94.9%的变化原因。对模型进行 F 检验显示，模型通过了 F 检验($F=27.998, p=0.011<0.05$)，也说明 ln(TE)和 ln(GDP)中至少一项会对 ln(RD)产生影响。其中，ln(TE)的回归系数为 0.031($t=0.514, p=0.643>0.05$)，意味着 ln(TE)不对 ln(RD)产生影响；ln(GDP)的回归系数为 1.365($t=6.579, p=0.007<0.01$)，意味着 ln(GDP)对 ln(RD)产生显著的正向影响。

总结分析可知：总产值对限额以上数字经济核心企业的研发经费内部支出产生显著的正向影响，但税式支出额不对限额以上数字经济核心企业的研发经费内部支出产生影响。

② 模型二

从表 6-5 可知，将 ln(TE)、ln(GDP)作为自变量，而将 ln(RY)作为因变量进行线性回归分析，模型公式为

$$\ln(RY)=4.056+(-0.005)\times\ln(TE)+0.837\times\ln(GDP)$$

该模型的 $\bar{R}^2$ 为 0.943，意味着 ln(TE)、ln(GDP)可以解释 ln(RY)94.3%的变化原因。对模型进行 F 检验，发现模型通过了 F 检验($F=24.808, p=0.014<0.05$)，说明 ln(TE)和 ln(GDP)中至少一项会对 ln(RD)产生影响。其中，ln(TE)的回归系数为 −0.005($t=-0.144, p=0.895>0.05$)，意味着 ln(TE)不对 ln(RD)产生影响；ln(GDP)的回归系数为 0.837($t=6.467, p=0.008<0.01$)，意味着 ln(GDP)对 ln(RD)产生显著的正向影响。

总结分析可知：总产值对限额以上数字经济核心企业的研发人员数量产生显著的正向影响，但税式支出额不对限额以上数字经济核心企业的研发人员数量产生影响。

③ **模型三**

从表 6-5 可知，将 ln(TE)、ln(GDP)作为自变量，而将 ln(ZL)作为因变量进行线性回归分析，模型公式为

$$\ln(ZL) = -3.712 + (-0.028) \times \ln(TE) + 1.721 \times \ln(GDP)$$

该模型的 $\bar{R}^2$ 为 0.999，意味着 ln(TE)、ln(GDP)可以解释 ln(ZL)99.9%的变化原因。对模型进行 F 检验，发现模型通过了 F 检验($F=826.511$，$p=0.001<0.01$)，说明 ln(TE)和 ln(GDP)中至少一项对 ln(ZL)产生影响。其中，ln(TE)的回归系数为-0.028($t=-2.803$，$p=0.107>0.05$)，意味着 ln(TE)不对 ln(ZL)产生影响；ln(GDP)的回归系数为 1.721($t=33.625$，$p=0.001<0.01$)，意味着 ln(GDP)对 ln(ZL)产生显著的正向影响。

总结分析可知：总产值对限额以上数字经济核心企业的申请专利数产生显著的正向影响；但税式支出额不对限额以上数字经济核心企业的申请专利数产生影响。

3. 完善相关配套措施

(1) 完善税式支出法律法规，稳定税制

税式支出预算管理的基础是明确界定税式支出。要明确数字经济税式支出的范围和具体内容，对现行的税收优惠政策进行清理和分类，为开展数字企业税式支出管理工作做准备。

(2) 建立税式支出预算管理和数据收集的技术平台

运用现代信息技术，建立支持数字经济发展的税式支出预算管理和数据收集的技术平台，为开展数字企业税式支出测算和评估工作提供数据基础，加强数字经济税式支出管理的科学性。

① 完善税务部门纳税申报和核算系统，拓展现行“金税三期”系统功能，增加税式支出的申报项目和信息提取模块，进行自动“抵减”计算。同时，接入各方数据资源，运用信息化的数据分析模型自动进行统计和分析。这样既可保证数据的真实性，也可减轻企业填报负担。

② 加强税务部门之间以及与海关等部门之间的信息交流，实现数据共享共治，逐步建立起税式支出相关数据的收集平台、交流平台和处理系统。

③ 强化对数字经济税式支出主体的服务功能。通过政策查询、纳税人资格认定、效果跟踪和信息查询等服务，对纳税人进行税式支出政策精准推送，确保税收优惠政策惠及每一个符合条件的纳税人，提高税式支出政策的实施效果。

山东省开展了税式支出预算管理试点工作，为税式支出预算管理进行了一定的探索。例如，山东省临沂市财政部门编写了软件开发业务需求，完成了系统信息采集等初步功能的开发：在系统中设置数据申报、查询分析、综合管理、绩效评价、监督管理、互动平台6大功能模块、300多个子模块；新增“综合治税”“税式支出零申报”“工商、税务、税式支出信息系统三方信息比对分析模块”，将软件系统打造成集税式支出、综合治税、税收保障于一体的综合涉税管理平台。

(3) 完善税式支出政策执行中的相关配套措施

一是需要建立税式支出征管配套制度。由于税式支出政策具有的开放性、选择性和时效性等特点，纳税人对税收优惠不是自动享受，政府也无法直接对税式支出进行列支，因此，税式支出征管配套制度作为一项包含程序性管理和服务性措施的制度，需要被建立起来：第一，要在税务部门建立专门的机构、岗位和工作机制，负责数字经济税式支出管理的相关工作；第二，税式支出信息采集、催报、审核及指标体系维护、享受税收优惠政策对象确认等工作需要基层税务机关改造工作流程、配置岗位资源、明细工作责任；第三，与征管、服务、会统、内审等相关的统计工作、核算工作，都需要专人负责。

二是需要建立符合现行税制体系的基准税制和数字经济税式支出项目鉴别标准。可对现行税制的税基、税率、纳税期限等进行调整，形成一整套符合现行税制的《北京数字经济税式支出鉴别指引》。

三是需要建立并逐步完善税式支出执行过程中的监督制度、税式支出工作考评制度、税式支出政策执行反馈制度、过失追责制度等，为税式支出的效益提供保障，为效益评估工作打下基础，也为税式支出的预算控制和执行提供便利。

(4) 提高税式支出预算的透明度

将税式支出纳入预算的目的在于对税式支出进行管理和控制，提高其透明度，将其置于公众监督之下，使其更好地实现税收支持政策目标，也使税式支出更好地实现其效益，发挥其激励和照顾等功能。

(六) 纳入税式支出账户管理的数字企业类型

已有研究表明，不同行业的要素结构和要素密集度对财税政策的敏感程度不同，其中税式支出对高新技术行业的激励效应最为显著。从支撑北京数字经济发展的角度看，首先要支持数字经济核心产业的发展。因此，税式支出账户管理的对象从数字经济核心产业的企业开始，逐步扩大到全部数字经济企业，包括数字产品制造业、数字产品服务业、数字技术应用业、数字要素驱动业和数字化效率提升业等。

初期纳入税收账户管理的数字企业类型包括平台型企业、软件企业、网络企业等。

1. 数字产业化中的数字企业

(1) 软件和信息服务企业

北京 2021 年软件和信息服务业实现营业收入 18 661 亿元,居全国首位。2022 年前三季度,北京全市数字经济实现增加值为 12 788.9 亿元,按现价计算,同比增长 3.9%,占地区生产总值的比重为 42.7%,其中数字经济核心产业增加值增长 6.6%,占地区生产总值的比重为 24.3%,提高了 1.3 个百分点。2017—2022 年这几年来,北京软件和信息服务业增势迅猛,营业收入大幅增长,如图 6-2 所示。云计算、大数据、人工智能、区块链、网络安全等数字经济相关技术支撑产业发展水平领先全国。在"软件百强""互联网百强""综合竞争力百强"等国内重要榜单中,北京入选企业数量均居全国首位。

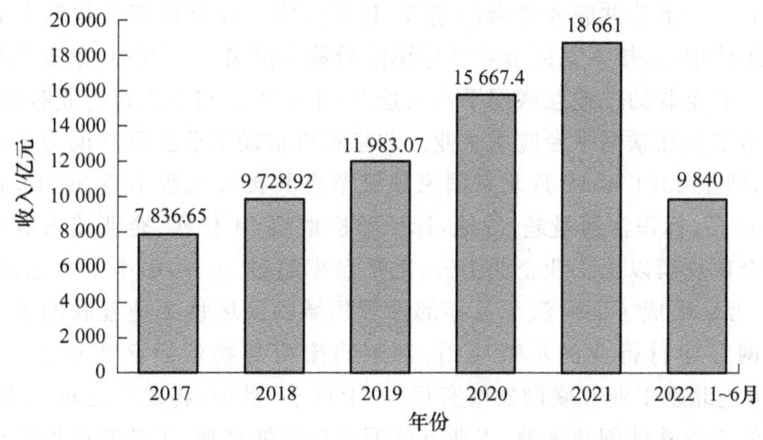

图 6-2 北京 2017—2022 年软件和信息服务业收入

(数据来源:中华人民共和国工业和信息化部)

(2) 电子信息制造业企业

北京集成电路产值稳居国内前三,5G、新型显示产业引领发展,传感器和物联网等产业发展态势持续向好,形成了一批代表中国自主创新品牌的电子信息产业的领军企业。北京市经济和信息化局和北京市财政局发布的《2022 年北京高精尖产业发展资金实施指南》,将 2022 年高精尖资金安排规模增加至 20 亿元,进一步加大普惠性产业资金支持力度。其中,对单个企业的最高奖励达 1 亿元。

(3) 互联网和相关服务业企业

2021 年,北京互联网业务收入增速达 29.6%,超过全国平均水平。根据北京发布的《北京工业互联网发展行动计划(2021—2023 年)》,北京全面实施供给质量提升三大行动、产业集群培育三大工程,到 2023 年,北京将建成引领全国、影响世界的工业软件创新高地、工业互联网平台赋能高地、工业互联网安全服务高地和工业互联网产业发展高地。随着计划的实施,2023 年北京人工智能产业核心产值突破 2 500 亿元。

(4) 通信企业

通信企业是数字经济发展的奠基者。北京正推进构建高带宽、广覆盖的空天地一体化网络体系,建设国际领先的新一代超算中心、新型数据中心、云边端设施等数据智能基础设施,不断完善支撑跨境数据流动、数据交易等领域的安全防护基础设施。

2. 产业数字化中的转型企业

(1) 工业数字化转型企业

首先是**工业互联网平台企业**。北京积极推动工业互联网发展,启动国家工业大数据中心等一批公共服务平台的建设,建成国家工业互联网大数据中心和顶级节点指挥运营中心,接入二级节点和标识注册量全国第一。其中,东方国信、用友、航天云网 3 家企业的工业互联网平台入选 2021 年工信部十大跨行业跨领域平台。

其次是**工业互联网平台应用企业**。北京积极推动工业互联网助力中小企业高质量发展,截至 2021 年 12 月北京国家顶级节点共接入二级节点 39 个,企业节点超过 18 000 个,标识注册量超 80 亿,标识解析量超 44 亿次,企业接入数量位居全国前列。全市规模以上工业企业上云、上平台率超过 40%,中小企业上云、上平台用户超 20 万。形成了面向汽车及零部件等领域的区域性工业互联网平台、5G 与工业互联网在建材行业的示范应用、京东物流智慧物流园区等试点示范。“到 2023 年,推进北京工业互联网发展实现‘一十百千’目标,将北京建设成引领全国、影响世界的工业软件创新高地、工业互联网平台赋能高地、工业互联网安全服务高地和工业互联网产业发展高地”①。

(2) 服务业数字化企业

北京拥有国内一流的教育、医疗、交通、金融等服务业资源,在全国服务业数字化发展方面发挥了重要的引领示范作用。在教育领域打造了北京教育公共资源平台;在医疗领域搭建了北京远程健康服务平台,将“互联网+医疗”纳入医保支付范围;在公共交通领域发布了北京交通绿色出行一体化服务平台(MaaS),用户数累计达到 2 400 万人,累计服务 9.72 亿人次。

(3) 农业数字化企业

北京乡村振兴战略规划和数字农业农村建设逐步推进,农业数字化水平显著提升:开展了“智慧农场”建设,实施了京郊数字菜田建设工程;建设了农产品市场

---

① 北京市经济和信息化局. 北京工业互联网发展行动计划(2021—2023 年),2021-12-24.

监测预警体系;推进农产品电子商务,带动农民增收;探索推动农业农村大数据应用;实施信息进村入户工程,提升农业信息综合服务水平。

(4) 数字化治理服务企业

北京以政务数据共享开放、加强数字化治理能力建设等为关键手段,为城市精细化、科学化、智能化管理提供了强有力支撑。

北京市国资委于2021年发布市管企业加快数字化转型的实施意见,提出加快建设数字国企,推动数字经济与国有经济深度融合,积极融入全球数字经济标杆城市建设,在城市数字化治理、新型基础设施建设、数字社会生态系统打造等方面主动担当、率先作为。2022年6月23日,国务院印发《关于加强数字政府建设的指导意见》,就主动顺应经济社会数字化转型趋势,充分释放数字化发展红利,全面开创数字政府建设新局面作出部署。

推动数据共享开放与交易流通。北京积极推进全市数据共享和公共服务系统入云工作,截至2019年年底,推进52家市级部门的1 028个政务信息系统迁入市级政务云,系统入云进度达到98.2%;市级单位开放公共数据资源1 416类、8 500多万条记录,通过数据共享开放,有效支撑了"领导驾驶舱"、城市规划管理、一网通办等重点领域应用。依托市级大数据平台基本实现高价值政务数据和社会数据的汇聚,应用区块链技术创新性地构建了目录链;建成金融公共数据专区,将政府部门统筹协调的数据汇聚至金融公共数据专区,面向金融机构统一开展数据共享;建成北京数据交易平台,上线了公共政务、普惠金融、人工智能、互联网、文化等5个数据频道;2021年3月建立了北京国际大数据交易所,为数字经济的充分发展服务。

加强数字化治理及执法能力建设。市、区两级发展改革部门政务服务事项100%实现"单点登录、一网通办"。打造"北京通"app,为百姓提供一站式公共服务;建设领导驾驶舱,为市领导提供大数据支撑决策服务;在教育领域集中打造全市优质数字资源共享服务体系,对接教育部国家教育资源公共服务体系;医疗领域积极探索"监管沙箱"新模式,开展互联网诊疗服务监管平台建设,出台互联网居家护理服务项目目录;打造北京智慧交通,在公共交通、货运、自动驾驶、道路停车、高速ETC领域取得进展。

二、各种税式支出政策利弊分析及选择

(一) 北京数字经济税式支出政策梳理

1. 北京数字企业享受的全国性税收优惠

财税政策法规由国家统一制定颁发,国家统一颁布的税收优惠政策包括全国

性税收优惠政策和区域性税收优惠政策两类，目前还没有针对北京数字经济企业的特殊税式支出政策。但在国家发布的两类优惠政策中，符合条件的北京数字经济企业获得了相关的税收优惠，即享受了相应的税式支出政策红利。相对而言，数字化产业企业比产业数字化企业获得了更多的税收优惠。

通过梳理，发现符合条件的北京数字企业可享受的全国性的税收优惠政策法规主要包括以下 19 项。

(1) 高新技术企业减按 15%税率征收企业所得税。

国家重点扶持的高新技术企业减按 15%的税率征收企业所得税(法定税率为 25%)。技术先进型服务企业减按 15%的税率征收企业所得税。我国的 BAT(B 代表百度，A 代表阿里巴巴，T 代表腾讯)大型数字企业都获得了高新技术企业认定，因此都按照 15%的优惠利率上缴所得税。此外，BAT 旗下部分被认定为重点软件企业的子公司，享受 10%的企业所得税税率优惠。

(2) 研究开发费用加计扣除。

加计扣除指在研究开发费用的实际发生额基础上，再加成一定比例，在税前进行扣除，降低企业的应纳税所得额。

“加计扣除”体现为在计算应纳税所得额时进行加计扣除。研究开发费用的加计扣除，是指企业为开发新技术、新产品、新工艺发生的研究开发费用，未形成无形资产计入当期损益的，在按照规定据实扣除的基础上，按照研究开发费用的 50%加计扣除；形成无形资产的，按照无形资产成本的 150%摊销。

企业开展的研发活动中实际发生的研发费用，未形成无形资产计入当期损益的，在按规定据实扣除的基础上，自 2022 年 1 月 1 日起，再按照实际发生额的 100%在税前加计扣除；形成无形资产的，自 2022 年 1 月 1 日起，按照无形资产成本的 200%在税前摊销。

委托境外进行研发活动所发生的费用，按照费用实际发生额的 80%计入委托方的委托境外研发费用。委托境外研发费用不超过境内符合条件的研发费用三分之二的部分，可以按规定在企业所得税前加计扣除。

(3) 集成电路生产和设计企业减免企业所得税。

① 对不同规格类型的集成电路生产企业有不同的减免企业所得税规定，如 2018 年 1 月 1 日后投资新设的集成电路线宽小于 65 纳米或投资额超过 150 亿元，且经营期在 15 年以上的集成电路生产企业或项目，第一年至第五年免征企业所得税，第六年至第十年按照 25%的法定税率减半征收企业所得税，并享受至期满为止。

② 线宽小于 130 纳米(含)的集成电路生产企业亏损结转年限延长至 10 年。国家鼓励的集成电路线宽小于 130 纳米(含)的集成电路生产企业，属于国家鼓励的集成电路生产企业清单年度之前 5 个纳税年度发生的尚未弥补完的亏损，准予

向以后年度结转，总结转年限最长不得超过10年。

③ 国家鼓励的重点集成电路设计企业和软件企业"五免"后，减按10%的税率征收企业所得税。自获利年度起，第一年至第五年免征企业所得税，接续年度减按10%的税率征收企业所得税。

④ 国家鼓励的集成电路设计、装备、材料、封装、测试企业和软件企业的企业所得税实行"两免三减半"。国家鼓励的集成电路设计、装备、材料、封装、测试企业和软件企业，自获利年度起，第一年至第二年免征企业所得税，第三年至第五年按照25%的法定税率减半征收企业所得税。

⑤ 集成电路重大项目企业增值税留抵税额退税。自2011年11月1日起，对国家批准的集成电路重大项目企业因购进设备形成的增值税期末留抵税额准予退还。自2017年2月24日起，享受增值税期末留抵退税政策的集成电路企业，其退还的增值税期末留抵税额，应在城市维护建设税、教育费附加和地方教育附加的计税(征)依据中予以扣除。

(4) 软件企业税收优惠。

① 软件产品增值税超税负即征即退。增值税一般纳税人销售其自行开发、生产的软件产品，按17%(自2018年5月1日起，原适用17%的税率调整为16%；自2019年4月1日起，原适用16%的税率调整为13%)的税率征收增值税后，对其增值税实际税负超过3%的部分实行即征即退政策。

② 软件企业定期减免企业所得税。依法成立且符合条件的软件企业，在2018年12月31日前自获利年度起计算优惠期，第一年至第二年免征企业所得税，第三年至第五年按照25%的法定税率减半征收企业所得税，并享受至期满为止。国家规划布局内重点软件企业减按10%的税率征收企业所得税。

③ 企业外购软件缩短折旧或摊销年限。企业外购的软件，凡符合固定资产或无形资产确认条件的，可以按照固定资产或无形资产进行核算，其折旧或摊销年限可以适当缩短，最短可为2年(含)。此外，2023年12月31日前，对动漫企业增值税一般纳税人销售其自主开发生产的动漫软件，按照13%的税率征收增值税后，对其增值税实际税负超过3%的部分，实行即征即退政策。动漫软件出口免征增值税。

(5) 小型微利企业减免企业所得税。

对月销售额10万元及以下的增值税小规模纳税人，免征增值税。对小型微利企业年应纳税所得额不超过100万元的部分，减按25%计入应纳税所得额，按20%的税率缴纳企业所得税；对年应纳税所得额超过100万元但不超过300万元的部分，减按50%计入应纳税所得额，按20%的税率缴纳企业所得税。

2021年4月1日至2022年12月31日，小规模纳税人发生增值税应税销售行为，合计月销售额未超过15万元(以1个季度为1个纳税期的，季度销售额未超过

45 万元)的,免征增值税。

(6) 国家级、省级科技企业孵化器、大学科技园和国家备案众创空间免征房产税、城镇土地使用税、增值税。

(7) 公司制创投企业投资初创科技型企业按 70%的比例抵扣应纳税所得额。

自 2018 年 1 月 1 日起,公司制创业投资企业采取股权投资方式直接投资于符合条件的种子期、初创期科技型企业(以下简称初创科技型企业)满 2 年(24 个月)的,可以按照投资额的 70%在股权持有满 2 年的当年抵扣该公司制创业投资企业的应纳税所得额;当年不足抵扣的,可以在以后纳税年度结转抵扣。

有限合伙制创业投资企业投资初创科技型企业按 70%的比例抵扣应纳税所得额。

天使投资人投资初创科技型企业按 70%的比例抵扣应纳税所得额。

创投企业投资未上市的中小高新技术企业按 70%的比例抵扣应纳税所得额。

(8) 固定资产加速折旧或一次性扣除。

新购进的专门用于研发的仪器、设备,单位价值不超过 100 万元的,允许一次性计入当期成本费用在计算应纳税所得额时扣除,不再分年度计算折旧;单位价值超过 100 万元的,可缩短折旧年限或采取加速折旧的方法。

企业在 2018 年 1 月 1 日至 2023 年 12 月 31 日期间新购进的设备、器具,单位价值不超过 500 万元的,允许一次性计入当期成本费用在计算应纳税所得额时扣除,不再分年度计算折旧。

(9) 职工教育经费按照 8%的企业所得税税前扣除。

企业发生的职工教育经费支出,不超过工资薪金总额 8%的部分,准予在计算企业所得税应纳税所得额时扣除;超过部分,准予在以后纳税年度结转扣除。

(10) 高新技术企业和科技型中小企业亏损结转年限延长至 10 年。

自 2018 年 1 月 1 日起,当年具备高新技术企业或科技型中小企业资格的企业,其具备资格年度之前 5 个年度发生的尚未弥补完的亏损,准予结转以后年度弥补,最长结转年限由 5 年延长至 10 年。

(11) 技术转让税收优惠。

技术转让、技术开发和与之相关的技术咨询、技术服务免征增值税;一个纳税年度内,居民企业技术转让所得不超过 500 万元的部分,免征企业所得税;超过 500 万元的部分,减半征收企业所得税。

(12) 科研机构、高等学校股权奖励延期缴纳个人所得税。

(13) 高新技术企业技术人员股权奖励分期缴纳个人所得税。

高新技术企业转化科技成果,给予本企业相关技术人员的股权奖励,个人一次缴纳税款有困难的,可根据实际情况自行制定分期缴税计划,在不超过 5 个公历年度内(含)分期缴纳,并将有关资料报主管税务机关备案。

(14) 中小高新技术企业向个人股东转增股本分期缴纳个人所得税。

中小高新技术企业以未分配利润、盈余公积、资本公积向个人股东转增股本时，个人股东一次缴纳个人所得税确有困难的，可根据实际情况自行制定分期缴税计划，在不超过5个公历年度内(含)分期缴纳，并将有关资料报主管税务机关备案。

(15) 对获得非上市公司股票期权等的规定。

获得非上市公司股票期权、股权期权、限制性股票和股权奖励的员工，递延缴纳个人所得税；获得上市公司股票期权、限制性股票和股权奖励的员工，适当延长纳税期限；企业以及个人以技术成果投资入股的，递延缴纳所得税。

获得非上市公司股票期权、股权期权、限制性股票和股权奖励的员工，在取得股权激励时可暂不纳税，递延至转让该股权时纳税；股权转让时，按照股权转让收入减除股权取得成本以及合理税费后的差额，适用"财产转让所得"项目，按照20%的税率计算缴纳个人所得税。

获得上市公司股票期权、限制性股票和股权奖励的个人，可自股票期权行权、限制性股票解禁或取得股权奖励之日起，在不超过12个月的期限内缴纳个人所得税。

企业或个人以技术成果投资入股到境内居民企业，被投资企业支付的对价全部为股票(权)的，投资入股当期可暂不纳税，允许递延至转让股权时，按股权转让收入减去技术成果原值和合理税费后的差额计算缴纳所得税。

(16) 对科技人员奖励的规定。

由国家级、省部级以及国际组织对科技人员颁发的科技奖金，免征个人所得税。

(17) 职务科技成果转化现金奖励减免个人所得税。

依法批准设立的非营利性研究开发机构和高等学校根据《中华人民共和国促进科技成果转化法》中的规定，从职务科技成果转化收入中给予科技人员的现金奖励，可减按50%计入科技人员当月"工资、薪金所得"，依法缴纳个人所得税。

(18) 对技术装备进口的规定。

重大技术装备进口和民口科技重大专项项目进口免征关税和增值税。

(19) 增值税"加计抵减"和增值税期末留抵税额退税。

加计抵减政策是，自2019年4月1日至2022年12月31日，允许生产、生活性服务业纳税人按照当期可抵扣进项税额加计10%，抵减应纳税额，**即当期计提加计抵减额＝当期可抵扣进项税额×10%。**

期末留抵税额，是指纳税人销项税额不足以抵扣进项税额而未抵扣完的进项税额。对于期末留抵税额，我国之前采用的是结转下期抵扣的制度。自2019年4月1日起，试行增值税期末留抵税额退税制度。

“增值税留抵税额”是企业日常经营过程中，由销售不及时、大量购进固定资产或者不动产等各种原因形成的增值税进销不匹配造成的未能抵扣的增值税税额，在未来实现销售时可抵减增值税销项税额。

2. 北京数字企业享受的北京统一税收优惠

符合条件的北京数字企业目前可享受的税收优惠政策如下。

(1) **公司型创投企业所得税优惠政策试点**。对中关村国家自主创新示范区内符合条件的公司型创业投资企业，转让持有 3 年以上股权所得超过年度股权转让所得总额 50% 的，可以减半征收企业所得税，即**企业所得税免征额＝年末个人股东持股比例×本年度企业所得税应纳税额÷2**；转让持有 5 年以上股权所得超过年度股权转让所得总额 50% 的，可以免征企业所得税，即**企业所得税免征额＝年末个人股东持股比例×本年度企业所得税应纳税额**。

(2) **技术转让所得税优惠政策试点**。在中关村国家自主创新示范区朝阳园、海淀园、丰台园、昌平园、顺义园、大兴-亦庄园 6 个园区内注册的居民企业，符合条件的技术（如专利、计算机软件著作权等）转让所得，不超过 2 000 万元的部分，免征企业所得税；超过 2 000 万元的部分，减半征收企业所得税。

(3) **跨境电商进口税收政策调整**。北京作为跨境电商综合试验区试点城市，享受国家跨境电商进口税收政策调整的优惠政策。自 2019 年 1 月 1 日起，调整跨境电商零售进口税收政策，提高享受税收优惠政策的商品限额上限，扩大清单范围。税收政策的调整：一是将年度交易限值由每人每年 20 000 元提高至 26 000 元，今后随居民收入提高相机调高；二是将单次交易限值由 2 000 元提高至 5 000 元；三是明确已经购买的跨境电商零售进口商品不得进入国内市场再次销售。商品清单的调整：一是将部分近年来消费需求比较旺盛的商品纳入清单商品范围，增加了麦芽酿造的啤酒、健身器材等 63 个税目商品；二是根据税则税目调整情况，对前两批清单进行了调整和更新，调整后的清单共计 1 321 个税目。

（二）各种税式支出政策利弊分析及建议

1. 税收豁免

(1) 涵义

税收豁免指在一定期间内免除某些纳税人或纳税项目应纳的税款。豁免期限、豁免纳税人、豁免项目依据当时的社会经济形势确定。税收豁免有部分豁免和全部豁免之分。部分豁免就是免除纳税人或纳税项目的部分应纳税款；全部豁免则是免除全部应纳税款。在我国的税收实践中称税收豁免为“减免税”。

最常见的税收豁免有两类,即关税与货物税的税收豁免和所得税的税收豁免。对关税和货物税进行税收豁免,可以降低产品价格,从而降低企业的经营成本,增加居民对产品的消费;对所得税进行税收豁免,一方面可以刺激投资、发展经济,另一方面可以促进某些社会政策的实现,稳定社会秩序。

(2) **利弊分析**

数字经济企业可利用税收减免等税收优惠政策,降低企业的经营成本,鼓励企业加大研发投入,提高市场竞争力。税收政策具有经济调节作用,政府通过减免税等方式促进企业加大对数字经济基础设施、专用技术的投资,鼓励数字经济产业加大对人才的引进和培训,改善就业环境,提高技术水平和劳动生产率。此外,允许数字经济产业享受税收减免等优惠政策,不仅符合“宽税基、低税率”的税制改革要求,也有利于倒逼传统产业升级换代,淘汰落后产能,推动数字化转型和数字经济发展。

然而,税收豁免不利于提高税收遵从,因为税收豁免会损害税收体制公平性的信心,还会使纳税人产生政府将提供更多豁免机会的预期,从而降低其遵从法律的动机。此外,企业所享受的税收豁免优惠对研发投入的促进作用并不是线性的,研究表明,税费与研发投入之间呈倒 U 型关系,过多的税收减免反而会减少企业的研发投入,进而减缓科技发展速度。

(3) **建议**

根据以上分析,建议北京运用税收豁免政策对新建立的数字企业免除 3～5 年的企业所得税;增值税则采用“三免三减半”优惠,即三年免征,三年减半征收,“放水养鱼”,把蛋糕做大。

2. 纳税扣除

(1) **涵义**

纳税扣除指准许纳税人把一些符合规定的特殊开支,按一定比例或全部从应税所得中扣除,以减轻其税负。纳税扣除的结果是降低了纳税人的应税所得额,从而使其以较低税率纳税。

纳税扣除的方法有两种:一是直接扣除法,二是间接扣除法或费用加成法。前者是直接减少计税所得,即允许纳税人对某些规定项目所发生的费用全部或部分扣除;后者是用增加费用的办法来减少计税所得,即准许纳税人对某项费用的列支数超过实际支出数。在累进税制条件下,纳税人的所得额越高,纳税扣除的实际价值就越大。因为一方面,如果是比例扣除,扣除比例一定,纳税人的所得额越高,其扣除的绝对额越大;另一方面,纳税人的所得额越高,可能适用的边际税率越高,如果作定额扣除,就使得纳税税率从原本较高的档次降低到低一级或低几级的档次。这不仅减小了税基,而且相当于较多地降低了对某些高所得者征税的税率。

(2) **利弊分析**

政府通过纳税扣除可以支持数字产业的发展。企业在创建初期成本较高，资金周转较慢，在没有稳定盈收的情况下，降低税费能够让企业减轻一部分负担、加快资金周转、提高企业的运营活性、提高抵御风险的能力。同时，纳税扣除允许企业的研发费用支出在税前按照定额或超额的形式进行扣除，可以减轻企业的纳税负担。纳税扣除降低的是企业的投资成本和投资风险，将企业的研发费用支出在税前利润中直接扣除，帮助企业承担这部分费用与风险，鼓励企业进行创新研发。

然而，纳税扣除这种间接的税收优惠方式强调事前优惠，即只要是数字企业开展的生产活动就可以享受税收优惠，制造企业进行的研发活动的假象就可以享受优惠，因此难免会出现企业滥用政策的情况，难以保证政府给予的扣除税款有相应的数字经济发展和创新成果的回报。

(3) **建议**

这种优惠政策除了可用作企业方面的政策规定，对引进北京的数字人才在住房安置、子女入托方面的作用尤其显著。在《中华人民共和国个人所得税法》规定的六项扣除之外再给予这样的优惠，可以显著降低数字人才落户北京的生活成本，特别是居住成本，从而对国内外数字人才形成较大的吸引力和黏附力。

3. 税收抵免

(1) **涵义**

税收抵免指准许纳税人将其某些合乎规定的特殊支出，按一定比例或全部从其应纳税额中扣除，以减轻其税负。

税收抵免一般有两类：投资抵免和国外税收抵免。投资抵免指对于可折旧性资产的投资者，允许其从当年应纳企业所得税的税额中扣除相当于新投资设备购入价格的一定比例的税额。扣除多少钱，就相当于纳税人在购置设备时少花多少钱，相当于政府对私人投资的一种激励性补助，故也被称为“投资津贴”。投资抵免的目的在于刺激民间投资，促进资本形成，增加经济增长的潜力。国外税收抵免，即纳税人在居住国汇总计算国外的收入所得税时，准予扣除其在国外的已纳税款。以避免国际双重征税，使纳税人的税收负担公平。

我国税法也有类似的规定，如对在我国境内投资符合国家产业政策的技改项目的企业，其项目所需国产设备投资的 40%可从设备购置当年比前一年新增的所得税中扣除。

税收抵免与税收扣除的不同之处在于，前者是在计算出应纳税额后，从中减去一定数额，后者则是从应税收入中减去一定金额。

(2) **利弊分析**

第一，税收抵免政策下税收的减免额度不受企业所得税税率波动的影响，对于研发周期较长、利润波动明显的企业，税收抵免政策的效果比加计扣除法更好，更有利于企业进行长期的创新研发。第二，加速折旧等优惠，是在计算应纳税额时的抵减，有利于激励企业加大对研发环节的投入，加速新技术、新产品的创新或者改进技术等。第三，税收抵免所带来的税负减轻在投资决策的初期即可预知，这种税负的减轻以政府的税收减少为前提，并不使企业在其他时段的税负增加，这种方式的政策激励是：明确而具有永久性特征的差异性优惠。第四，对于外国投资者而言，税收抵免优于减免税，因为减免税的减税优惠将转化为投资者母国税收的增加，投资者并未真正受益，降低了优惠政策的效益和质量，而税收抵免直接使投资者受益。

Bond 和 Samuelson 于 1989 年指出了税收抵免法存在一些弊端。通过构建一个动态的博弈模型进行两个国家之间的分析，得出的结论为税收抵免不仅对消除国际重复征税问题没有帮助，而且可能产生反作用，即两个国家不断恶意地提高税率，最终将使资本停止流动。

(3) 建议

投资抵免的目的在于刺激民间投资，促进资本形成，增加经济增长的潜力。对于北京的数字企业，可以在一定时间内建立一定数额的研发抵免，以刺激企业对研发的投入。

国外税收抵免常见于国际税收业务，即纳税人在居住国汇总计算国外的收入所得税时，准予扣除其在国外的已纳税款。这对北京的“两区”建设将起到重要支撑作用，原因是要建立国家服务业扩大开放综合示范区和自由贸易试验区，服务人员必然经常地在国内外流动。对数字企业的国际移动人员准予扣除其在国外已纳税款，能够进一步增大数字企业对数字人才的吸引力。

4. 优惠税率

(1) 涵义

优惠税率是指对特定的纳税人或纳税项目采用低于一般税率的税率征税。优惠税率适用的范围可视实际需要调整。适用优惠税率的期限可长可短。一般来说，长期优惠税率的鼓励程度大于短期优惠税率，尤其是那些投资巨大但获利较迟的企业，常可从长期优惠税率中得到较大好处。

在具体实践中，税率优惠最常运用的方式就是直接降低税率，如中国对高新技术开发区的高新技术企业减按 15% 的税率征收所得税。但优惠税率也有其他的表现形式，如纳税限额，即规定总税负的最高限额，事实上也是税率优惠的一种特殊运用方式。

(2) 利弊分析

优惠税率可直接降低企业税负，鼓励企业投入资金研发和进一步发展；优惠税率可降低企业的整体投资成本，提高企业的综合盈利能力；优惠税率从征管角度看简便易行。

然而，优惠税率只能冲减一定的税后利润，而不允许企业将其投资初期的亏损结转到以后年度，用来扣除应纳税所得额。同时，因为税率是已经被固定好的参数，不能随意变动，这也在一定程度上降低了有效性。优惠税率对企业的非扶持活动也实行了税收优惠，但政府的高额税式支出产生的投资引导效应不够集中，因此，优惠税率这种税收激励政策并不是最有效的激励政策。

(3) **建议**

对于北京新建立的数字企业，其所得税在享受3～5年的免税后，可继续享受3年的减半征收；对增值税则为三年免税期满后，三年减半征收。这将对数字企业增量起到巨大的激励作用。由于仅对增量进行相关优惠，因此在做大蛋糕的同时，并不会给北京财政带来负担。

5. 延期纳税

(1) **涵义**

延期纳税指允许纳税人将其应纳税款延迟缴纳或分期缴纳。这种方法适用于各种税收，特别是数额较大的税收。延期纳税表现为将纳税人的纳税时间向后推迟，这相当于在一定时期内政府给予纳税人一笔与其延期纳税数额相等的无息贷款，可在一定程度上帮助企业缓解财务困难。

(2) **利弊分析**

延期纳税的筹划方法将减免税款无偿让渡为短期占用来实现调节经济的目的。由于总的纳税额相同，只是纳税时间不同，因此对政府而言，实行延期纳税相当于推后收税，其损失的是一定量的利息，税收总额没有改变，只是税款所有权和使用权发生分离，纳税人可以短期占用税款发展生产，待培养税源后政府再收回占用权；到期必须归还，不会造成税款的直接流失，消除了减税、免税方式的消极影响，增加了财政收入。对于企业而言，在延期纳税的时间内，可享受在没有利息的情况下使用税金进行投资或研发，真正发挥出税收规划的实用性。延期纳税一般对大企业的激励作用较大。

然而，若延期缴纳税款缺乏跟踪管理，则政府牺牲利息延迟的缴纳期可能无法产生相应的涵养税源的回报。此外，根据对一些数字企业的调查发现，中小微企业由于资金数额不大，延期形成的税款集中缴纳似乎会给其带来更重的负担，因此延期纳税对它们的激励作用不大。

(3) **建议**

在疫情防控形势严峻时，我国中央政府和地方政府都采用了延期纳税的税收支持政策，对于企业特别是大企业渡过难关起到一定的作用，但其对小微企业来说意义不大，甚至一些小型软件企业认为延期纳税使其更难获益。

6. 优惠退税

（1）涵义

优惠退税指政府出于某种特定的政策目的对纳税人已纳税款或实际承担的税款予以退回，是政府为鼓励纳税人从事或扩大某种经济活动而给予的税款退还。优惠退税有两种形式：出口退税和再投资退税。出口退税指国家为鼓励出口，使出口产品以不含税的价格进入国际市场而给予纳税人的税款退还，如退还进口税、退还已纳国内消费税、增值税等。再投资退税指国家为鼓励投资者将获得的利润进行再投资，全部或部分退还其再投资部分已缴纳的税款。

支持产品出口的退税措施一般适用于对产品课征的流转税，它是促进对外贸易的一项措施。再投资退税则旨在鼓励投资者将从企业分得的税后利润用于继续投资，一般适用于对所得的课税。

（2）利弊分析

从管理学的角度看，这种优惠形式具有便于管理和控制的优点，纳税主体正常纳税，税务部门按规定征收，而后按照政策退还一定比例或全部的税款，这种方式有利于税务部门进行管控。例如，出口退税，是为了鼓励企业产品出口，根据税负平等、税不重征的原则，即一种产品在一个国家或地区纳税后，在另一个国家或地区不再纳税。如果另一个国家或地区对该商品征税，则生产国对企业实施退税。这是一个国际通行的惯例，极大地提高了产品出口国的竞争力。此外，疫情防控以来，我国实现增值税留抵退税政策，无论企业是否盈利，只要账上有留抵额，就可以享受政策优惠，对企业来说，该政策不仅可以助企纾困，也在帮助小微企业做大、做强方面发挥了积极作用。

然而，退税可能存在时滞性问题，且退税环节需要一些流程；此外，出口退税易遭到国外反倾销诉讼，以致影响本国此行业的发展甚至生存。对于增值税留抵退税，一些企业对享受留抵退税政策顾虑重重，担心申请退税之后缴纳增值税时有承担附加税的可能。

（3）建议

我国为应对新冠疫情冲击进行的大规模留抵退税，即增值税留抵税额退税优惠，就属于优惠退税，对现在还不能抵扣、将来才能抵扣的“进项”增值税，予以提前全额退还。增值税实行链条抵扣机制，以纳税人当期销项税额抵扣进项税额后的余额为应纳税额。无论是出口退税还是增值税留抵退税，精准及时的退税对企业发展的激励作用十分明显。因此，应进一步提高税务监管部门的数字化治理水平。

7. 特定准备金

（1）涵义

特定准备金制度指在计算应纳税所得额时，允许纳税人将未来为实现一定目的而提取的准备资金视为费用，从当期应税所得中扣除。如重要产业的投资准备金，就是将专为购置或重置用于该产业的资产所需资金列为损益。准备金的种类很多，有投资准备金、技术开发准备金、出口损失准备金、价格变动准备金、国外投资损失准备金等。每一项准备金都有其法定的内容。

(2) 利弊分析

允许企业提取科技开发特定风险准备金，可以弥补科研开发中可能发生的损失，对企业创新起激励作用。

然而，由于特定准备金款项的支出难以管控，因此特定准备金必须专款专用，即只能用于企业研究开发、技术革新和技术培训等方面，对逾期不用的部分，应补税并加收利息。此外，若企业没有合理利用准备金，则后续的处理流程耗时耗力。

(3) 建议

允许企业按照一定的标准将一定量的应税所得作为准备金，从应税所得总额中扣除。准备金的种类很多，有投资准备金、技术开发准备金、出口损失准备金、价格变动准备金、国外投资损失准备金等，每一项准备金都有其法定的内容。这在发展数字经济中可以作为候选的支持政策。

8. 研发费用加计扣除

(1) 涵义

研发费用加计扣除是为促进企业加大研发投入，提高自主创新能力，加快产业结构调整而提出的税收优惠政策。这一税收激励政策旨在进一步支持企业加大研发投入，支持科技创新。按照税法规定，在开发新技术、新产品、新工艺发生的研究开发费用的实际发生额基础上，再加成一定比例，作为计算应纳税所得额时扣除数额的一种税收优惠政策。

(2) 利弊分析

研发费用加计扣除的利处如下：

第一，研发费用加计扣除政策为企业的发展保驾护航，能在很大程度上降低企业的研发风险，该项政策实施后的直接效果就是加大企业研发投资的力度，从而促进行业创新发展。

第二，有利于强化企业创新力。随着科学的进步和发展，技术在企业的发展中占据越来越重要的地位，而创新力作为技术发展的核心，对企业的转型升级发挥着越来越重要的作用。相关调查报告显示，大多数实施研发费用加计扣除政策的企业的创新力都有着不同程度的提高；创新力的提高，一方面能提高企业的利润，另一方面能保障国民经济的平稳运行。

第三，有利于行业工作人员素质的提高。因为该项政策的推广大大提高了企业的创新力，而创新力的源泉就是行业的工作人员。随着该项政策的深入发展，企业对高新技术人才的需求越来越大，对人才的要求也越来越高，从而逐步提高人才的综合素质。综合型人才的涌入对企业的长远发展有巨大帮助。

研发费用加计扣除的弊处如下：

第一，研发活动难以认定。研发费用加计扣除政策的管理全部由税务部门实施，但税务部门因缺乏研发领域的专家，难以准确认定企业的研发活动。例如，企业是否通过研究开发活动在技术、工艺、产品(服务)方面进行了创新，是否对本地区相关行业的技术、工艺领先具有推动作用，以上内容税务部门常常难以认定。

第二，研发费用难以准确归集。准确核算和归集研发费用，是企业享受加计扣除政策的前提条件。在实际执行中，对于一些尚未设立专门研发机构或有研发机构但承担生产经营业务的企业，根据《企业研究开发费用税前扣除管理办法(试行)》要求，对能够分开核算、属于研发性质的费用支出也可以加计扣除。但划分是否合理、准确，征纳双方都难以确定。

第三，委托研发费用真实性难以核实。《企业研究开发费用税前扣除管理办法(试行)》规定，对企业委托给外单位进行开发的项目的研发费用，受托方应提供该项目的研发费用支出明细。但受托方提供资料的真实性难以保证。税务部门如果不进行延伸检查，就无法辨别其真实性。特别是当受托方为异地注册的企业时，税务部门受行政管辖权的限制，更难以辨别其真实性。

产生上述弊处的原因是多方面的。除了研发活动认定难度较大、研发费用加计扣除政策比较复杂以外，还有纳税人的自律意识比较淡薄、税务师事务所的鉴证作用没有充分发挥等因素，更重要的原因是有些税务部门掌握政策的尺度偏宽，对企业申报资料的审核，往往采取“形式重于实质”的办法，主要依赖税务师事务所的鉴证报告，监管力度不够，影响政策执行的效果。

(3) 建议

为支持数字经济发展，对研发费用可以采取加计扣除的方式；对那些更新换代较快的研发算力机器设备，可采用加速折旧的方式。2022 年 2 月，我国在京津冀、长三角、粤港澳大湾区、成渝、内蒙古、贵州、甘肃、宁夏等地启动建设国家算力枢纽，并设立 10 个国家数据中心集群，正式启动“东数西算”工程，构建全国一体化大数据中心协同创新体系。据统计，截至 2022 年 4 月，全国 10 个数据中心集群中，新开工项目达到 25 个，数据中心规模达 54 万标准机架，带动各方面投资超过 1 900 亿元。因此，研发费用扣除对于数字经济更高水平的企业发展起着促进作用。

(三) 北京数字经济税收支持政策选择建议

对北京数字经济税式支出政策取向方面的具体建议是：在激励作用方式上，增加间接方式的税式支出项目；在激励环节上，增加科技转化方面的税式支出项目；

在激励数字经济部门上，增加对产业数字化部门的税式支出项目；在税式支出管理上，运用关联法而不是门槛法；针对现有的政策基础，提出北京数字经济税式支出政策现实考量，以增强政策建议的可实施性。

1. 增加间接优惠方式的税式支出项目

直接的税式支出政策波及范围大，对区域经济发展的不利影响较明显，而间接的税式支出政策相对而言更具公平性。目前，数字经济税式支出绝大多数项目属于直接优惠方式，如优惠税率、减免税等，而加速折旧、投资抵免、费用扣除及特定准备金等间接优惠方式较少。直接优惠方式下，纳税人享受的优惠与经营活动关联度较小，引导作用较弱。直接优惠政策是针对创新的结果提出的，企业只有创新成功并且获得了一定的利润才可以享受该项优惠政策，因此创新失败后承担的风险大。考虑到数字经济创新投入风险大、成果转化存在时滞性等情况，运用好创新准备金、加速折旧、盈亏相抵、延期纳税等间接优惠方式，可以降低企业创新成本，增强企业创新的融资能力和创新积极性。

税式支出项目类型和作用形式如表 6-7 所示。

表 6-7　税收支出项目类型和作用

	税基式优惠	税率式优惠	税额式优惠	时间式优惠
直接作用	纳税扣除	优惠税率	税收豁免	—
间接作用	特定准备金	—	税收抵免、研发费用加计扣除	加速折旧、延期纳税

一是完善数字经济企业的科技准备金制度。允许数字经济企业按照一定的比例从主营业务收入中计提用于数字技术创新研发活动的科技准备金。税率优惠政策无法降低企业在技术创新研发阶段的成本，并且这种优惠注重的是对研发成果的税收减免，属于事后鼓励，对需要事前鼓励的技术创新研发活动的激励力度较小。特定准备金的提取政策属于事前扶持技术创新发展的主要手段。北京数字经济税式支出可以增加特定准备金提取的规定和实施措施，在此制度中强调特定准备金在技术创新研发活动中的用途，并对特定准备金使用年限做出相应规定：在规定的年限内没有将特定准备金用于与技术创新研发相关的活动，或是挪作他用的，要责令补缴税款和利息。

二是完善数字经济企业的固定资产加速折旧政策。根据数字经济企业发展的特点和需求，扩大对固定资产加速折旧的范围和规模，以允许从事技术创新活动的企业对固定资产进行加速折旧，以加快数字技术创新企业的投资回收，提高其创新积极性。尽管加速折旧政策仅调整了企业的纳税时间，对企业纳税总额的影响较小，相应地，对政府税收收入的影响也较小，但却能有效地刺激企业对固定资产的投资。由于制造业企业投资于固定资产的比例大，回收周期长，因此目前政策已扩围至制造业全部行业，发展数字经济，需要将该政策覆盖至全部数字经济企业。

三是适度加大对数字经济企业研发费用的加计扣除力度。要根据数字经济企业技术创新和研发活动的特点，对研发费用的加计扣除政策进行重新设计。数字技术创新研究与发展费用均可在初始年度据实列支，且最初两年均以本年度投入为标准计算，以后年度均依据前两年的平均值计算。

2. 增加科技转化方面的税式支出项目

北京数字经济税式支出政策应该增加科技转化方面的税式支出项目。现行的新技术企业的税收优惠政策，给予研发过程的优惠较多，给予科技成果产业化或商业化方面的优惠偏少，从而导致财税政策对科技成果实现产业化或商业化的激励不强。北京数字经济税式支出政策增加科技成果转化方面的项目，不仅可以鼓励企业从事自主研发活动，加大投入科技研发的力度，还可以鼓励企业将研发产生的科技成果进行产业化和商业化，从而推动北京数字科技型产业的整体发展和数字科技创新。

鼓励技术转让和知识共享。提高减免企业所得税技术转让业务的额度，允许技术转让抵扣增值税。对面向社会的知识共享，按研发支出或评估价值直接给予现金奖励和企业所得税、个人所得税抵免。例如，对在青少年中普及人工智能学科基础知识的企业，给予专门税收扶植。

3. 增加对产业数字化部门的税式支出项目

目前，税收优惠政策在行业间存在较大差异。针对数字产业化部门的税式支出政策项目较丰富，具体到高新技术企业、软件、集成电路企业的税收优惠几乎覆盖创新研发的各个环节，六大行业、四大重点领域享受较大的优惠，但针对产业数字化部门，如轻工业、服务业、文化产业等的税式支出激励相对不足。数字技术的融合应用不应局限于高新技术企业、软件企业等产业，各行各业都应该有数字经济的拓展。因此，北京市政府应对之前未曾重视的行业加大与数字经济领域相关的税收政策优惠。

此外，现行政策对创投企业投资方面的优惠力度较低，北京市政府要加大对创投企业可享受投资额抵扣应纳税所得额的优惠力度，不断优化调整数字经济领域的产业结构。

4. 实行关联法确定享受税式支出的企业和项目类型

享受我国现有税式支出政策的企业的确定，常常使用门槛法，即达到一定标准的企业，才可以享受相关政策优惠。如我国对成果转化企业实行免征企业所得税或以低税率征收企业所得税，对高新技术企业减按15%的税率征收企业所得税。

目前,我国运用“门槛法”确定高新技术企业能否享受税收优惠,研发支出占比只是“门槛”指标之一,企业只要取得高新技术企业资质,其全部所得就均可以享受税收优惠。然而,企业的投资收益、营业外收益等其他收入与企业研发投入和知识产权没有直接关系,如果也享受了税率优惠,那么这对于非高新技术企业的同类收入而言明显有失公允,也降低了企业增加高新技术企业产品收入的能力。

以此为鉴,北京数字经济税式支出政策的实施应该实行关联法而不是门槛法,以确定享受税式支出的企业和项目类型。享受优惠的企业和项目类型必须与数字经济直接相关,非相关的企业业务不能享受数字经济税式支出优惠政策,以实现数字经济税式支出政策的精准投放。

5. 北京数字经济税式支出政策现实考量

(1) 企业所得税

比照国家需要重点扶持的高新技术企业的税收优惠,以及中国(上海)自由贸易试验区临港新片区重点产业企业所得税政策,建议对北京数字经济企业减按15%的税率征收企业所得税,将亏损结转年限延长至10年(对一般企业,所得税法规定的企业所得税为25%,亏损结转年限为5年)。

(2) 固定资产折旧

比照集成电路生产企业的生产性设备折旧的规定,数字经济企业的生产性设备折旧年限可适当缩短,最短可为3年。

(3) 初创企业宣传推广费纳税扣除

数字经济企业中的平台类高新技术企业、平台类软件企业前期推广资金投入大,应针对其推广费用给予税收优惠。允许在其登记后的3～5年的初创期享有同化妆品制造或销售、医药制造、饮料制造(不含酒类制造)企业一样的广告费和业务宣传费等支出方面的优惠,这两方面的费用可以在不超过当年销售(营业)收入30%的部分准予企业所得税税前扣除。

(4) 将数字经济基础设施纳入《公共基础设施项目企业所得税优惠目录》

加快推动高速泛在、天地一体、云网融合、智能敏捷、绿色低碳、安全可控的智能化综合性数字基础设施建设。将目前国家重点扶持的涉及数字经济的5G基站建设、特高压、新能源充电桩、城际高速铁路和城际轨道交通、工业互联网、人工智能和数据中心七大新型基础设施建设纳入《公共基础设施项目企业所得税优惠目录》,并相应提高其优惠力度,发挥税收优惠引导社会资本投向新基建的作用。因为“新基建”包括通信网络、新技术、算力在内的信息基础设施、融合基础设施和创新基础设施三大类,具体涉及的项目和新产业较多,所以《公共基础设施项目企业所得税优惠目录》要根据数字经济的发展情况进行调整。

(5) 职工培训费用

提高企业职工的数字素养，是建立全球数字标杆城市的关键。建议北京的数字经济企业，比照软件生产企业的职工培训费用，按实际发生额在计算应纳税所得额时扣除。规定：企业发生的职工教育经费支出，不超过工资、薪金总额8%的部分，准予在计算企业所得税应纳税所得额时扣除；超过的部分，准予在以后的纳税年度结转扣除。

(6) 数字人才税式支出政策

比照海南自由贸易港建设中实施的个人所得税优惠政策，对数字经济领军人才、紧缺人才收入实施个人所得税最高15%的优惠税率。对其他数字人才的支持政策与税式支出政策建议详见本篇第三节。

三、数字人才支持政策与税式支出政策的配套

人才是数字经济发展的根本要素。要发展数字经济，建立人才配套体系刻不容缓，数字人才支持政策与税收支持政策的配套建议是本书的重要内容。

(一) 现有数字经济人才支持政策借鉴

1. 国外数字人才支持政策

世界正在以前所未有的速度进行数字化转型，人才是数字经济发展最重要的基础和推动力量。在当前国际形势下，许多国家正面临数字人才短缺的问题，争夺和培养数字经济人才是各国数字经济政策的一个着力点。

(1) 人才培养与发展政策

根据德国联邦劳动和社会事务部发起的一项名为“数字化工作世界”的预测，到2035年，数字化将给德国累计创造330万个新就业岗位，但也会导致400万人因岗位被取代而失业。为应对这一挑战，德国出台《专业人才战略》，立足国内，充分挖潜，加大人才培养的力度。德国政府于2019年6月12日出台了首个“国家继续教育战略”，确保已就业者的数字化技能提升。同时，德国联邦政府在2019—2024年间投资50亿欧元用于普通学校和职业学校的数字化建设。

美国人工智能国家安全委员会2021年3月发布的最终报告中提出了以人工智能为核心的数字人才的竞争制胜战略。其中，包括成立数字专家团队对政府现有人员进行相关技术工作的培训与指导；从民间聘用兼职人才组建国家民兵预备

役帮助改善人工智能教育；组建美国数字服务学院培养政府数字专业人才。

数字人才培养也是**欧盟**发展数字经济、实现中长期战略的关键一环。欧盟分别在“里斯本战略”和“欧洲2020战略”中将数字人才作为十年发展规划的重要内容，先后公布实施了《网络学习行动计划》(2005)、《21世纪数字技能：提升竞争力、增长和就业》(2007)、《欧洲新技能议程》(2016)等系列文件。欧盟发布“欧洲2020战略”，提出了未来数字人才培养的战略，并将其上升为国家战略，强调数字人才培养将作为实现国家智慧发展及可持续发展的重要举措。

(2) 人才吸引与保障政策

德国面向欧盟提高对数字人才的吸引力，相关部门积极调整和改进对来自欧盟国家移民的相关服务，主要包括：促进语言学习、改进资格认定程序和相关服务、开展培训援助。德国还为此出台了《技术移民法》来配合和推进《专业人才战略》的落实。《技术移民法》减少了非欧盟国家就业者进入德国就业的机会。

2. 国内各省区市数字人才支持政策

为加速赶上数字经济时代的浪潮，抓住数字经济的机遇，国内各省区市纷纷出台有关数字人才的吸引、留用、培养等一系列鼓励支持政策。本节介绍海南省、杭州市、深圳市、珠海市这四地的人才支持政策，并将值得借鉴的政策进行梳理。

(1) 人才引进政策

海南省结合《海南自由贸易港建设总体方案》中提出的宏观目标，发布了《百万人才进海南行动计划(2018—2025年)》《海南省引进科技创新团队实施办法》《海南省“千人专项”引才计划实施方案》等一系列人才引进政策，内容涵盖：国际人才引进机制的创新；筹建创业园，吸引高校学生、国际人才和优秀留学生到海南自由贸易港创新创业；拓宽人才工作联络和引进渠道，加大荐才引才奖励力度，发挥高校、医院、科研院所、园区、企业等各类用人单位引才主体作用，吸引国内外知名猎头公司总部或分支机构落户海南；加大柔性引才引智力度，建立“候鸟”人才工作站、高端智库等柔性引才用才平台等；对在海南自由贸易港工作的高端人才和紧缺人才，其个人所得税实际税负超过15%的部分，予以免征等。在海南自由贸易港建设推出的一系列人才吸引政策中有两点十分引人注目。一是允许符合条件的境外人员担任海南自由贸易港内法定机构、事业单位、国有企业的法定代表人。这是国内首次放宽政策，代表中国以更加开放包容的姿态迎接全球各国人才的涌入。二是专门针对特殊人才群体制定了相应的税收政策。如网红主播可按生产经营所得享受10万元以下免征增值税、个税核定征收1%；相关的短视频、直播平台等企业的增值税、企业所得税、核定个税及城建税都享受税收奖励。

杭州市在一系列政策文件中推出各项人才引进计划，如全球引才“521”计划、

“5050 计划”“西湖学者”“西湖鲁班”引才计划。2020 年，杭州市出台了顺应新时期、新情况、新战略的“战疫引才、杭向未来”八大举措，包括开展涵盖数字经济、互联网信息技术产业、人工智能等新兴行业的名为“杭向未来”的高层次人才云招聘会。杭州市还在创业、企业纳税的财政扶持、科研方面的配套资助和职称评定、鼓励创业失败者再创业等方面均给予了一定的优惠政策。

深圳市颁布《中共深圳市委 深圳市人民政府关于实施引进海外高层次人才“孔雀计划”的意见》《深圳市引进海外高层次人才团队评审办法（试行）》等政策，引进世界一流或国际先进水平、能够突破关键技术、对高新技术等支柱产业和战略性新兴产业发展有重大作用的高层次科技人才。纳入“孔雀计划”的海外高层次人才，可享受 160 万至 300 万元的奖励补贴，享受居留和出入境、落户、子女入学、配偶就业、医疗保险等方面的待遇政策。对于引进的世界一流团队给予最高 8 000 万元的专项资助，并在创业启动、项目研发、政策配套、成果转化等方面支持海外高层次人才创新创业。

珠海市政府颁布宽松的人才入户政策和住房补贴政策，对无工作、无社保、无住房，但属于毕业五年内的全日制本科以上学历人员，允许申请落户。在人才引进标准中，还放宽了学历和年龄条件。对正高级和副高级职称的专业技术人才分别给予每人 35 万元和 25 万元住房补贴，补贴按 40%、30%、30%的比例分 3 年发放。中级职称专业技术人才、全日制硕士研究生、高级技师，每人发放 3.8 万元租房和生活补贴，补贴分两年两次等额发放。全日制本科、技师每人发放 2.6 万元租房和生活补贴，补贴分两年两次等额发放。

各地人才引进政策对比如表 6-8 所示。

表 6-8　各地人才引进政策对比

省市	相似政策	特别政策
海南省	√ 筹建创业园，吸引高校学生、国际人才和优秀留学生到海南自由贸易港创新创业 √ 拓宽人才工作联络和引进渠道，加大荐才引才奖励力度，发挥高校、医院、科研院所、园区、企业等各类用人单位引才主体作用，吸引国内外知名猎头公司总部或分支机构落户海南 √ 加大柔性引才引智力度，建立“候鸟”人才工作站、高端智库等柔性引才用才平台等 √ 对在海南自由贸易港工作的高端人才和紧缺人才，其个人所得税实际税负超过 15%的部分，予以免征	√ 允许符合条件的境外人员担任海南自由贸易港内法定机构、事业单位、国有企业的法定代表人 √ 专门针对特殊人才群体制定了相应的税收政策。如网红主播可按生产经营所得享受 10 万元以下免征增值税、个税核定征收 1%；相关的短视频、直播平台等企业的增值税、企业所得税、核定个税及城建税都享受税收奖励

续表

省市	相似政策	特别政策
杭州市	√大力引进海内外创新创业人才和团队。坚持国内与海外并重,大力引进信息经济、智慧经济发展急需的高、精、尖等紧缺实用人才和团队。对引进的高层次人才按照不同层次,分别给予60万元至100万元购房补贴 √加大国内外智力柔性引进力度。深入实施钱江特聘专家计划,每年选聘30名特聘专家,每人给予10万元工作津贴。深化实施“115”引进国外智力计划,对引进的高端外国专家实行年薪资助 √充分发挥企业、高校、科研机构等用人单位的引才主体作用,鼓励和支持用人单位加大对紧缺创新创业人才的引进力度。支持人才中介服务业发展,积极引进国内外知名人才中介机构	√开展涵盖数字经济、互联网信息技术产业、人工智能等新兴行业业的名为“杭向未来”的高层次人才云招聘会
深圳市	√深圳市龙华区出台了以数字经济人才为认定标准的高层次人才认定政策,人才只要符合政策规定的A、B、C三个等级,就可被认定为龙华高层次人才,认定成功后可申请240万元、90万元或60万元的奖励 √社会力量、用人单位引才奖励。鼓励龙华区专业人力资源服务机构、社会组织、用人单位等力量积极协助引进高层次人才(团队),根据类别给予各社会力量及用人单位一次性引才奖励	√鼓励深圳市龙华区重点企业(机构)优秀青年骨干积极参加权威机构或企业推出的数字经济领域专业资格认证项目。对已获取数字经济领域高水平证书的,给予一次性3万元数字经济证书奖励
珠海市	√颁布宽松的人才入户政策 √拓宽招才引智渠道。通过创新创业大赛渠道发掘引进高端人才和优质项目,定期在海内外科技人才密集地举办创新创业大赛 √支持柔性引才。支持企业通过开展项目合作、技术指导、联合技术攻关、协同创新等方式,引进市外专家短期来珠海市工作。支持企业在国(境)外设立研发中心、孵化载体等离岸创新中心,就地吸引使用人才	√优化市人才基金管理运营机制,支持重点领域优秀人才创新创业,重点支持种子期、初创期项目,B轮之前投资比例不低于50%。建立“人才贴息”“人才担保”机制,鼓励银行推出特色“人才贷”产品

(2) 人才留用政策

要想留住人才,需要做好配套的人才激励和服务保障工作。

海南省相继颁布《海南省高层次人才医疗保障实施办法》《海南省优化总部企业团队引才服务保障办法(试行)》《海南省引进高层次人才配偶就业安置实施办法

（试行）》《海南省高层次人才子女入学实施办法（试行）》《关于引进人才住房保障的指导意见》等人才配套政策，围绕人才创新创业需求，加大优质服务供给，多方位、各层次共同营造宜居宜业的人才环境。如：放开人才落户限制，无论是具有专业技术职称或技师以上执业资格的人才，还是各类高层次人才，均支持其在海南落户；完善对国际人才的管理服务，放宽对国际人才的居留和出入境限制，符合认定标准的人才及其配偶、未成年子女可直接申请永久居留；解决人才子女入学、人才配偶就业、购房购车问题；加强人才医疗保障，享受"绿色通道"服务；健全人才服务和保障机制，提供多元化的人才服务等。

杭州市为发挥全国"双创"城市的示范作用，市政府不断加大对高层次创新创业人才及团队的资金扶持、投资支持以及税收减免等的力度，拉动天使投资基金资助15亿元，全市各级高层次人才创新创业项目基金资助规模达200亿元以上。根据其新颖性与创造性的不同，分别给予海外高层次人才、创新创业项目20万～500万元不等的资金资助，给予领军型创新创业高层次人才、团队项目60万～2 000万元不等的资金资助。重视高层次人才资源发展规划，对于被认定为具有顶尖科研技术水平的高层次人才和团队的重大项目，采取"一事一议"的方针，最高可获得1亿元项目资助。在住房补贴与户籍管理方面，A类人才采取"一人一事一议"的方式，面对面协商，最高可给予800万元购房补贴。B类、C类、D类人才最高可分别获得200万、150万和100万元购房补贴。同时，享受政府帮助家属就业、安排子女在公立学校入学等政策支持。在医疗服务方面，A类高层次人才可以享受市一级医疗保健待遇，B类、C类人才可以享受市二级医疗保健待遇，D类人才可以享受市三级医疗保健待遇。医疗保健待遇包括定点医院优先就诊安排、每年一次健康体检、重大疾病医疗补助待遇等。

深圳市对不同层次人才给予不同的补贴政策。高层次人才补贴：杰出人才每年120万元，总额600万元；国家级领军人才每年60万元，总额300万元；地方级领军人才每年40万元，总额200万元；后备级人才每年32万元，总额160万元〔龙华区320万元（1∶1配套），宝安区320万元（1∶1配套），其他区域均160万元〕。本市毕业生就业：毕业2年内的本市毕业生就业后，连续缴纳社会保险费6个月以上的，补贴每人3 000元。在"人才安居工程"中，符合不同条件的领军人才享有不同的免租金住房建筑面积。"人才安居工程"采取实物配置和货币补贴两种实施方式。实物配置包括免租金租住、产权赠与、租住公租房和购买安居型商品房等形式；货币补贴包括购房补贴和租房补贴等形式。

珠海市规定顶尖、一类、二类、三类高层次人才的奖励补贴标准分别为200万元、100万元、60万元以及30万元，分5年等额发放。在医疗服务上，珠海为高层次人才及其直系亲属开辟就医绿色通道，高层次人才在入选后的5年内可享受每年一次免费健康体检，政府还提供住院医疗费用补助和特殊病种费用补贴。

各地人才留用政策对比如表6-9所示。

表6-9　各地人才留用政策对比

省市	相似政策	特别政策
海南省	√ 放开人才落户限制，无论是具有专业技术职称或技师以上执业资格的人才，还是各类高层次人才均支持其在海南落户 √ 解决人才子女就学、人才配偶就业、购房购车问题 √ 加强人才医疗保障，享受“绿色通道”服务 √ 健全人才服务和保障机制，提供多元化的人才服务	√ 完善对国际人才的管理服务，放宽对国际人才的居留和出入境限制，符合认定标准的人才及其配偶、未成年子女可直接申请永久居留
杭州市	√ 市政府不断加大对高层次创新创业人才及团队的资金扶持、投资支持力度，并进行税收减免等。根据人才创新创业项目新颖性与创造性的不同，分别给予不等的资金资助 √ 重视高层次人才资源发展规划，对于被认定具有顶尖科研技术水平的高层次人才和团队的重大项目，采取“一人一事一议”的方针；在住房补贴、户籍管理、医疗服务、家属就业、子女教育、交通保障等方面，A、B、C、D类人才获得不同的待遇	√ 在创业、企业纳税的财政扶持、科研方面的配套资助和职称评定、鼓励创业失败者再创业等方面均给予了一定的优惠政策
深圳市	√ 对不同层次人才实施不同的补贴政策 √ 在“人才安居工程”中，符合不同条件的领军人才享有不同的免租金住房建筑面积。“人才安居工程”采取实物配置和货币补贴两种实施方式	√ 为更大程度地提高广大数字经济产业人才的数字素养和技能，激发人才的创新创业激情，深圳市龙华区正在布局环深圳北站国际人才服务圈，策划国际产业服务平台，争取优质国际人才项目落地孵化
珠海市	√ 在医疗服务上，珠海为高层次人才及其直系亲属开辟就医绿色通道，政府还提供住院医疗费用补助、特殊病种费用补贴和免费体检项目 √ 筹集各类保障性住房和人才住房2万套，鼓励社会力量利用自有建设用地和自筹资金建设人才住房。在子女教育保障方面，珠海将加快建设一批优质普通高中、初中，推动实现“区区有名校” √ 对不同类别人才分别给予金额不等的住房补贴和生活补贴	—

(3) 人才培养政策

海南省坚持人才引进与培养的“双轮驱动”战略，高度重视本土人才培养，围绕重点领域、重点产业需要，建立健全多元化人才培养和培训体系。如由火币英才和海南生态软件园联合成立的“海南数字经济人才培养服务基地”，布局区块链人才培养，为区块链技术应用普及打基础；“南海系列”育才计划是海南人才培养计划的重点工程。该计划旨在培养南海名家、南海名家青年、南海英才、南海工匠、南海乡土人才等；积极引进国内外知名智库、教育培训机构，开展国际化、专业化的职业技能教育培训和创新创业教育培训等。

杭州市在人才培养方面注重加快大学科技园和科技企业孵化器建设，加强留学人员创业园区建设，加快博士后科研工作站建设，加快杭州人才市场建设。加强对“131”创新型人才的培养，突出对紧缺人才的培养，强化对企业经营管理人才创新能力的培养，注重高技能人才队伍培养。

深圳市政府实施杰出人才培养专项，根据国家战略和深圳重点领域、重点产业发展需要，每两年遴选不超过 10 名具有成长为本市 A 类人才潜力的培养对象进行重点培养。

珠海市从 2018 年起，计划用 5 年左右时间，在珠海经济社会发展重点产业领域中择优遴选一批有较大发展潜力、有真才实学、堪当重任的优秀青年人才，培养造就一批进入珠海高层次人才行列的领军人才。用人单位要为产业青年优秀人才制定、落实具体培养方案，积极配备培养导师、团队助手，提供重要的科研岗位，鼓励产业青年优秀人才承担科研项目，并注重发挥其在团队中的核心骨干作用，为产业青年优秀人才施展才能提供广阔舞台，营造有利于产业青年优秀人才脱颖而出、充分发挥作用的良好环境。

北京在借鉴国内外数字人才支持政策时需考虑政策侧重点的问题，北京毕竟是一个人才大量汇集的地区，可根据未来发展规划所需的特定人才群体有针对性地制定相应的人才引进政策，并重点关注人才留用的相关政策制定与创新。

(二) 纳入数字经济税收支持政策的人才标准和类型

1. 国内外各地人才标准

(1) 欧盟数字人才能力框架

欧盟数字人才能力的界定不断与时俱进。欧盟委员会(下称“欧委会”)将数字能力作为终身学习的八项关键能力之一。2013 年，欧委会正式发布《数字能力框架》，将数字能力定义为在工作、学习、娱乐以及社会参与中自信及创造性地使用

ICT 的知识、技能和态度。2016 年 12 月，欧委会出台了升级版的《数字能力框架 2.0》，将数字能力量化为数字化内容编辑应用等五个领域的 21 种能力。2017 年，欧委会委托欧洲标准化协会，联合欧洲 400 家行业协会和大型企业制定出台了《数字能力框架 3.0》，将数字能力重新概括为五个领域的 19 种能力，为不同领域的交叉复合型数字人才培养提供了指南。在欧盟的持续推动下，到 2017 年底已有 19 个欧盟成员国实施了数字能力框架以及相应评估标准，为各级教育和培训机构培养数字人才提供指导规范。

(2) 国内各省区市人才标准

对深圳市的科技人才政策的适用对象进行梳理，可将其从宏观、微观两个角度划分为普适型与专一型。专一型科技人才包括海内外高层次人才(出国留学人员)、科技领军人才(创新型、高技能人才)与博士后科技人才等。普适型科技人才侧重于科技人才队伍的建设所需人才。近年来，针对专一型科技人才出台的政策数量增多，尤其在高新技术产业的发展和自主创新战略的驱动下，海内外高层次科技人才和科技领军人才成为推动社会创新发展的主力军。

海南自由贸易港实施个人所得税优惠政策吸引企业高管、行业精英和学科带头人等人才，可享受政策的人才被分为两类：高端人才和紧缺人才。高端人才指经海南省各级人才管理部门所认定的人才，主要参照《海南自由贸易港高层次人才分类标准(2020)》进行评定；此外，满足纳税年度内在海南自贸港收入达到 30 万元人民币以上的，也属于高端人才。紧缺人才包括：符合《海南自由贸易港行业紧缺人才需求目录》的人才；由海南省机关事业单位人才以及法定机构、社会组织聘用的人才；符合《外国人来海南工作许可管理服务暂行办法》相关标准的外国人才；在海南自由贸易港执业的港澳台人才以及海南其他非限制性准入行业领域急需的技能技术骨干和管理人才。海南虽没有制定具体的数字人才标准，但结合人才评定的总体方案与当前人才需求情况对享受政策的主体进行了细致的划分。

琶洲作为广州市的人工智能与数字经济试验区，发布了《数字经济人才标准研究报告》，制定了全国首个数字经济人才标准。该标准从数字产业化和产业数字化角度，将数字经济人才分为数字战略管理人才、数字技术人才、数字运营人才、数字营销人才四类，并将每类人才划分为顶尖级、领军级、专家级、精英级、新锐级五级，共同构成数字经济人才体系，如图 6-3 所示。

数字经济人才认定标准采用了专家评审制、关键要素评定制两种认定模式。关键要素评定制基于设定的关键指标确定人才等级，主要用于评定业内知名的顶尖人才和初入职场、工作经历有限的基础型人才。专家评审制是专家基于数字经济人才的个人简历和代表作对人才能力进行综合评估的制度，主要用于评审已获得一定行业成就的专业人才。

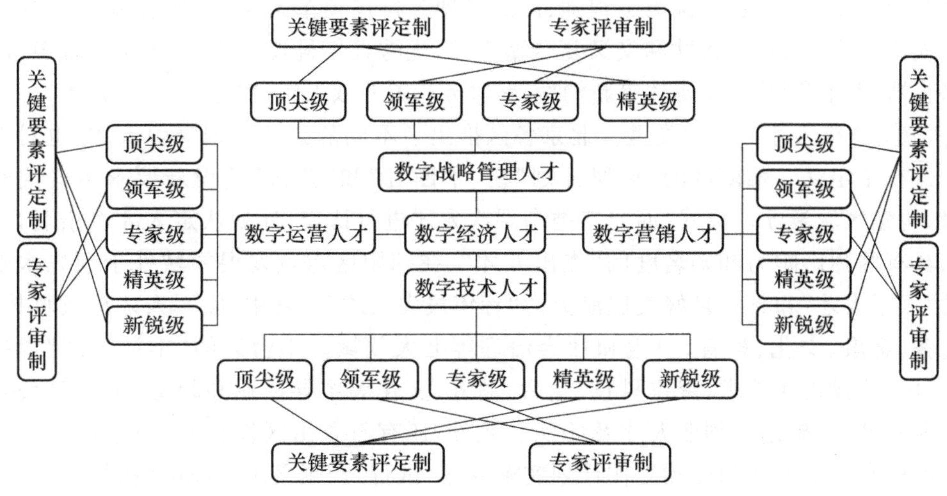

图 6-3　琶洲人工智能与数字经济试验区发布的数字经济人才体系

2. 建立北京数字经济人才标准建议

(1) 北京现有人才标准及类型

人才标准是对什么是人才,怎样衡量、使用和评价人才等一系列问题的基本认识。制定人才标准,涉及不同层次人才的分类问题。全国许多地区为吸引人才,都制定了不同的人才分类标准,如西安五类人才分类标准包括国内外顶尖人才(A 类人才)、国家级领军人才(B 类人才)、地方级领军人才(C 类人才)、D 类人才、E 类人才等。

北京数字经济产业层次高,科技水平高,关联产业和人才培养水平在国内首屈一指。从“人才是创新的核心要素”到“人才是第一资源”,再到人才是“战略资源”,科技人才以及科技人才政策的重要性成为共识。北京针对不同的人才支持政策定义了可享受政策的相关人才标准。

① 境外高端人才标准。《北京市境外高端人才个人所得税补贴管理暂行办法》中定义了可以享受税收补贴的境外高端人才。该政策主要针对港、澳台居民、外籍人士、取得国外长期居留权的回国留学人员和海外华侨、国家及北京海外重大人才项目入选者等。符合以上范围并满足贡献条件的人才被定义为境外高端人才。为吸引更多高层次外籍人才和港澳台人才来京创新创业,北京还制定了《北京市外籍高层次人才认定标准》《北京市港澳高层次人才认定标准》等文件。针对外籍人才,北京已有较为成熟的人才标准,可在制定数字经济人才标准时参考。

② 北京“两区”建设人才标准及类型。北京“两区”〔国家服务业扩大开放综合示范区和中国(北京)自由贸易试验区〕建设人才工作方案中定义的人才是:从事前沿科技研究的科学家和推动新技术落地的企业家,从事新业态、新模式领域的创新

型企业家、产业投资人、顶级工程师、产品经理等科技领军人才，新业态、新模式相关用人单位的核心研发人才和交叉复合型人才，优秀青年科技人才，从事电子商务、网络直播、电子竞技、数字媒体等新消费、新服务相关领域工作的新业态特殊人才。

③ 区级人才标准及类型。北京各区推出了不同的人才计划吸引人才，也对人才进行了定义。朝阳区的“凤凰计划”在“十四五”和“两区”建设新要求下迭代升级，构建区域聚才新模式，面向三类高层次人才进行认定，计划认定人才百余名，包括具有国际影响力和知名度的“杰出人才”、在朝阳区重点发展领域处于领先水平的“领军人才”和具有良好发展潜力的“青年拔尖人才”。其中，领军人才涉及科技、商务、金融、文化、教育、卫生和社会治理等七大领域。丰台区的“丰泽计划”紧扣“两区”建设人才需求，聚焦科技、金融、商务、文化等主导产业和教育、卫生等公共服务领域，广聚创新创业人才及团队。此外，还有石景山区发布的《石景山区吸引和鼓励高层次人才创业和工作计划实施办法(试行)》、顺义区实施的“梧桐工程”以及海淀区中关村的“朱雀计划”等。各区制定的高层次人才标准及扶持激励政策，为北京制定数字经济人才标准奠定基础。

中关村科技园发布的《中关村国家自主创新示范区优化创业服务促进人才发展支持资金管理办法》，主要为中关村创新型孵化器、中关村硬科技孵化器、市级以上大学科技园、中关村海外人才创业园、中关村高端人才创业基地、其他专业性创业服务主体，以及雏鹰人才和高端领军人才提供支持项目资金。

北京上述人才标准的制定对北京聚才、用才、培养人才，以及支撑经济高质量发展起到十分重要的作用。但北京目前尚无关于数字经济人才的标准和分类，与北京建设全球数字经济标杆城市的战略需求存在一定差距。

(2) 北京数字经济人才标准及分类依据

第一，北京数字经济人才标准及分类的首要依据是数字经济的“四化”分类。数字经济人才服务于数字经济，因此，人才的分类可基于数字经济的分类。中国信息通信研究院发布的数字经济白皮书中将数字经济分为以下四类。

① 数字产业化，指为数字经济发展提供技术、产品、服务和解决方案的部门和产业，包括电子信息制造业、电信业、软件和信息技术服务业、互联网行业等，以及5G、集成电路、软件、人工智能、大数据、云计算、区块链等技术、产品及服务。

② 产业数字化，指传统产业应用数字技术所带来的生产数量和生产效率提升，其新增产出构成数字经济的重要组成部分，包括工业互联网、两化融合、智能制造、车联网、平台经济等融合型新产业、新模式、新业态等。

③ 数字化治理，指运用数字技术，建立健全行政管理的制度体系，创新服务监管方式，实现行政决策、执行、组织、监督等体制更加优化的新型政府和公共事业治理，如数字政府、数字化服务等。

④ 数据价值化，指数据作为生产要素而形成的价值增值，包括数据采集、数据标

准、数据确权、数据标注、数据定价、数据交易、数据流转、数据保护等业务和服务。

第二，中国制造业人才分类。目前，关于数字经济人才，国内尚无统一的标准。《中国制造 2025》中，研究了我国智能制造人才队伍建设问题，对制造业人才类型进行了顶层设计。教育部、人力资源和社会保障部、工业和信息化部联合发布的《制造业人才发展规划指南》中，将人才分类为经营管理人才、专业技术人才和高技能人才，该分类对于数字经济人才标准的制定具有参考价值。

第三，DMDII 数字人才分析框架。美国数字制造与设计创新研究所（DMDII）开发了制造业数字化转型所需的人才框架，对北京制定数字人才标准具有一定的借鉴意义。如图 6-4 所示，该框架基于产品全生命周期供应链的七大技术领域的职能细分标准，确立了 165 个数字化人才角色，并将 165 个人才角色对接七大技术领域进行角色分布，形成了七类人才分类体系，分别是数据化企业、数据线程、数字设计、数字生产、数字产品、供应网络以及数字资源协调共享平台。同时，基于 165 个角色分工，形成了三层人才分类体系，分别是先驱角色层、关键角色层以及生产角色层。先驱角色是数字制造企业中早期开发和雇佣的角色，负责建立企业的主要数字功能，该角色的功能相对广泛，承担了企业数字化转型的大量初创工作。关键角色处于工作流程的中心枢纽位置，能够提供关键的信息和指导性资源，为其他角色提供支持和指导并促进产出，对企业的成长和绩效具有重要影响。生产角色负责制造商的大部分连续工作输出，将关键资源转化为业务结果，产生业务价值，企业通过生产角色扩展和优化资源，从而使制造业生态系统蓬勃发展。

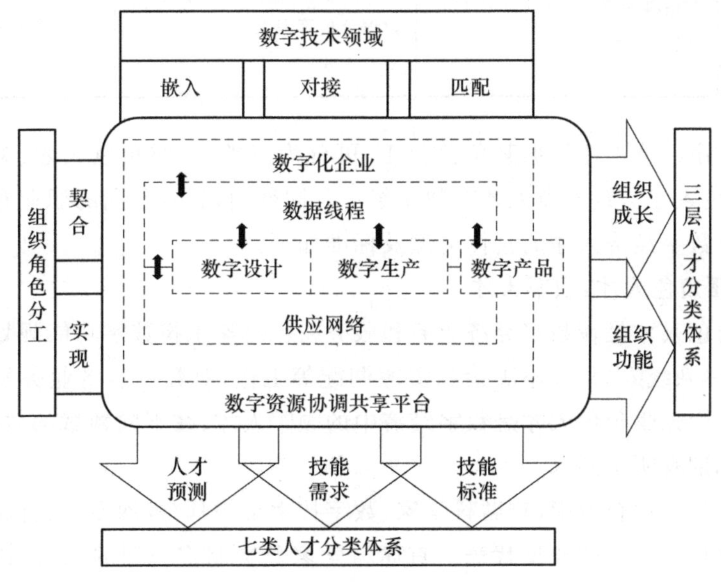

图 6-4　DMDII 数字人才分析框架

（资料来源：薛栋. 智能制造数字化人才分类体系及其标准研究——美国 DMDII 的数字人才框架启示[J]. 江苏高教，2021(03)：68-75）

(3) 北京数字经济人才标准及分类建议

基于上述人才分类依据，针对北京数字经济整体布局及具体技术领域，可从人才在数字经济发挥作用的领域和发挥作用时的角色分工两个维度对北京数字经济人才进行分类。具体标准及分类情况如表 6-10 所示。

表 6-10　北京数字经济人才标准及分类

领域	先驱角色人才：领军人才	关键角色人才：专家人才	生产角色人才：新锐人才
数字产业化	首席科学家 数字技术架构师/资深专家 首席工程师 高管	数字技术人才 专业人才	高技能人才
产业数字化	数字技术总师 首席技术专家 高管	数字技术人才 产业技术人才 专业人才	高技能人才
数字化治理	首席数字技术专家 技术领导 行政领导	数字技术人才 行政管理人才 专业人才	高技能人才
数据价值化	数据科学家 高管	数字技术人才 数据分析管理人才 专业人才	高技能人才

北京数字经济人才依据其角色分工，可分为三类：先驱角色人才、关键角色人才、生产角色人才。这三类人才在数字经济不同部门，具有不同的职业布局和人才标准。北京数字经济人才的具体类型及标准如下。

① 先驱角色人才：领军人才

先驱角色人才是在数字经济业务和服务初创时期承担数字功能规划和技术路线设计、总体系统筹划、战略决策和资源调配等工作，对数字经济业务发展起奠基作用的人才。先驱角色人才是数字经济中的领军人才，在不同领域的数字经济中，其职能和称谓有所不同。

在数字产业化企业中，首席科学家、数字技术架构师/资深专家、首席工程师和高管是先驱角色人才的典型代表。首席科学家负责制定公司的项目、技术或部门的科学战略，承担软硬件产品战略规划和研发规划、设计战略研究路线图等开创性工作。企业级的数字技术架构师/资深专家，负责把控整个企业软件体系的方向，包括选型、语言、开源框架、安全等，以及软硬件、中间件的方向、迭代周期等，根据不同的应用需要,设计不同的策略。首席工程师负责技术实现。高管指以董事会、首席执行官(CEO)为首的企业执行团队成员。

在产业数字化企业中,数字技术总师、首席技术专家和高管是先驱角色人才的典型代表。数字技术总师是整个企业或项目数字化工程技术的总负责人,负责建立企业的主要数字功能,该角色的功能广泛,承担企业数字化转型的领军工作。首席技术专家是原产业领域的工程技术总负责人。高管完成产业数字化的执行和落实工作。

在数字化治理领域,首席数字技术专家、技术领导、行政领导是先驱角色人才的典型代表。首席数字技术专家负责系统规划电子政务、数字治理等技术系统的落地。技术领导提出政府运作方式、管理流程、服务模式等的数字化、智能化需求。行政领导提供数字化治理战略决策和部署。

在数据价值化领域,数据科学家和高管是先驱角色人才的典型代表。数据科学家深入理解业务和数据,构建模型算法,支撑数据业务决策。高管洞察数据服务商机,完成数据价值实现。

② 关键角色人才:专家人才

关键角色人才处于工作流程的中心枢纽位置,完成关键任务工作,为其他角色提供支持和指导并促进产出,对企业的成长和绩效发挥关键作用。关键角色人才是专家人才。

在数字产业化企业中,数字技术人才和专业人才是关键角色人才的典型代表。数字技术人才包括应用架构师、系统群架构师、框架工程师、性能工程师、安全工程师、运维工程师等。专业人才包括企业的中层管理人才,以及人事、财务、法务等专业人才。

在产业数字化企业中,数字技术人才、产业技术人才和专业人才是关键角色人才的典型代表。其中,数字技术人才包括软硬件研发和信息化人才,承担数字技术与产业融合的关键技术开发工作;产业技术人才是原产业领域的工程技术人才。

在数字化治理领域,数字技术人才、行政管理人才和专业人才是关键角色人才的典型代表。数字技术人才完成数字治理工作的落地和信息化管理工作。行政管理人才承担政府职能的发挥。专业人才承担各类业务专业工作。

在数据价值化领域,数字技术人才、数据分析管理人才和专业人才是关键角色人才的典型代表。其中,数据分析管理人才包括数据咨询顾问、数据治理工程师、数据分析师、数据产品经理等类型的人才。

③ 生产角色人才:新锐人才

生产角色人才负责企业的工作输出,将关键资源转化为业务结果,完成对客户的产品和服务的最终交付工作。生产角色人才具有高成长性,是新锐人才。

高技能人才是其典型代表。在数字经济不同领域，高技能人才的技能特点不同。在数字产业化企业中，高技能人才主要指技师、程序员、数字产品经理等。在产业数字化企业中，高技能人才包括程序员、生产制造部门的技工及实体经济各类业务专业人才等。在数字化治理领域，高技能人才包括具有业务专长的科员、政府公务员。在数据价值化领域，高技能人才包括承担数据采集、数据融合、数据可视化和基础数据分析等的工作人员。

3. 纳入数字经济税收支持的人才类型建议

上述北京数字经济人才的标准和分类，明确定位了数字经济人才的职能角色，有利于北京市政府和用人单位制定数字经济人才的引进、培养和留用的相关政策。如对于先驱角色人才，可以重点考虑人才和团队引进，招引海内外具有国际视野和经验的学科带头人、技术领军人才和高级管理人才。对于关键角色人才，利用北京市科教中心的优势和区域社会经济发展的吸引力，给机会，给事业，干中学，重在培养。对于生产角色人才，给上升通道，给激励，重在留用。通过不同的人才奖励政策，进行北京数字经济人才建设，夯实北京数字经济标杆城市建设的基础。

原则上说，上述三类人才都应该纳入数字经济税收支持范围。事实上，三类人才中符合国家相关税收支持政策条件的，也都纳入了税收支持政策范围。对于北京数字经济额外的税收支持政策，为体现择优支持的宗旨，对纳入范围的人才类型建议如下。

(1) **全部领军人才**。领军人才稀缺，是各地重点争夺的人才，需要全方位地重点支持。

(2) **部分专家人才**。专家人才范围广泛，数量较多，对其中贡献突出的专家人才，应该纳入支持范围。

(3) **部分新锐人才**。新锐人才范围广泛，数量多，是快速成长型人才，需要提供足够的立足和成长空间。对其中贡献突出的人才，应该纳入税收支持范围。

至于哪些专家人才和新锐人才可以获得税收支持，可通过业绩评价的方式确定，从其创造价值的角度来认定。

关键要素评定制与专家评审制是常用的人才认定的方法。关键要素评定制基于设定的关键指标确定人才等级，主要用于评定业内知名的顶尖人才和初入职场、工作经历有限的基础型人才。专家评审制是专家基于数字经济人才的工作简历和关键贡献等对人才能力进行综合评估的制度，主要用于评审已获得一定行业成就的专业人才。针对不同的人才分级，可以采用不同的认定模式提高人才服务效率。对于较容易进行线上评定的创新服务模式，可探索采用“互联网＋人才评价”的新模式。

（三）北京数字经济人才支持政策建议

1. 北京已有的人才支持政策

在“十四五”规划开局之年，北京市提出了两区建设任务，以推动“两区”建设人才领域各项任务落地见效为主线，在人才评价、引进、激励、服务等环节改革创新，推出一批政策举措。

(1) **人才引进**。第一，对试点外籍人才配额管理制度，探索推荐制人才引进模式。第二，对从事前沿科技研究和推动新技术落地的人才，从事新业态、新模式领域的核心研发人才和交叉复合型人才，从事新消费、新服务相关领域工作的新业态特殊人才，实施分层分类的人才吸引政策。第三，通过运用大数据、线上办理等形式简化特殊人才引进流程。第四，为高端人才提供签证便利。

(2) **人才激励**。第一，在北京特定区域实施境外高端人才财政补贴政策。第二，允许外籍人员使用外国人永久居留身份证开办和参股内资公司。第三，给予在京中资机构海外员工薪酬结汇便利化政策。第四，拓宽外汇使用渠道。

(3) **人才服务保障**。第一，优化外国人来京工作许可、居留许可证件审批流程。第二，采取“线上＋线下”模式，针对外籍人才工作服务建立一站式服务窗口和服务站点。第三，完善国际人才全流程服务体系，形成国际人才从来京办理手续到开展工作、融入生活、社会保障的“一站式”综合服务平台。第四，推动国际人才社区建设。第五，对境外高端人才给予出入境便利。第六，优化非标准就业形式下的劳动保障服务。第七，完善劳动合同工作机制，增强企业用工灵活性。第八，加强人才供给，如鼓励高校、职业院校、中小学校开设多层次、多方向、多形式的数字经济课程教学和培训；支持企业与院校通过联合办学，共建产教融合基地、实验室、实训基地等形式，拓展多元化人才培养模式，培养各类专业化和复合型数字技术、技能和管理人才。

(4) **北京经济技术开发区的人才政策**。北京经济技术开发区为支持高精尖产业人才创新创业，出台了一系列政策。在人才激励方面，设立人才专项奖励和项目扶持专项资金，重点支持企业研发和科技创新创业类项目。在人才培养方面，根据不同项目类型完善专项资助，实施北京市市级及以上人才培养项目申报配套、青年人才培养项目择优、技术人才培养和职业技能提升试点等资助计划。在人才服务保障方面，成立以中介服务为主要职能的行业协会、商会、联盟等社会组织，为中小微企业提供精准融资、发展规划、政策解读、人才引进、项目对接等专业服务，对于成绩突出的给予相应奖励；多渠道保障人才住房房源，打造高品质国际人才社区，以满足人才的住房需求；提升人才生活服务品质，完善医疗、教育、落户、交通出行等服务保障。

(5) **各区的人才政策。**北京市各区出台了一些数字经济人才政策。大兴区提出要广泛吸引海内外数字经济领域高层次人才来大兴区创新创业，探索人才离岸创新、外籍人才管理等领域的新机制；加强数字经济相关专业教育和融合型、实用型人才培养；健全以创新能力、实效、贡献为导向的人才评价机制；对符合条件的人才，在户口、工作居住证、就医、子女入学、人才公租房等方面提供优质服务。西城区开展"数字英才"培育行动，对数字经济领域符合条件的"高、精、尖、缺"人才在户口、工作居住证、就医、子女入学、人才公寓等方面提供优质服务。

2. 建立北京数字人才税收支持政策建议

(1)**人才吸引方面的税收支持政策。**对数字经济领军人才和紧缺人才实施个人所得税优惠。在明确享受个人所得税优惠政策的基本条件、明确领军人才和紧缺人才的认定条件、明确事中事后管理包括失信惩戒和争端解决等条件下，比照海南自由贸易港建设中实施的个人所得税优惠政策，对数字经济领军人才和紧缺人才收入实施个人所得税最高15%的优惠税率。

(2) **人才服务保障和激励方面的税收支持政策。**比照《中华人民共和国促进科技成果转化法》中的规定，对研究开发机构和高等学校从职务科技成果转化收入中抽取部分作为科技人员的现金奖励的税收政策。数字经济企业对数字人才的创造发明和成果转让给予的现金奖励，减按50%计入人员当月工资、薪金所得，依法缴纳个人所得税。对于数字人才获得的来自企业以外的奖励，免征个人所得税。对于数字经济企业给予本企业相关技术人员的股票、股权奖励，递延缴纳个人所得税。允许递延至转让股权时，按股权转让收入减去合理税费后的差额计算应缴纳的所得税。对于被认定为数字人才且明确无个人住所的，可享受购买房产相关的税收优惠政策。纳税达到一定程度且满足特定人才评定标准的，实行一次性资金奖励。

(3) **人才培养的税收支持政策。**在人才投资成本上采取积极措施。我国施行个人所得税综合所得汇算清缴后，设定在法定所得中应扣除所得的项目，包括子女教育、继续教育、赡养老人等项目。根据该政策，北京市可结合数字经济人才培养计划，在将个人所得扣除培养成本和学习投入后计算应纳税所得额，并对数字经济人才的再学习成本的核定采取更灵活的核定方式，以减轻其纳税负担。此外，应对提供数字人才培育的公司和机构实行一定的税收减免。

3. 数字经济人才的其他支持政策建议

借鉴各地经验并结合北京当前的实际情况，为北京数字人才发展支持政策的制定提出以下建议。

(1) 领军人才国际国内招引政策建议

第一，搭建国际领军人才引进平台，实施符合国际人才竞争趋势的特别政策、特色机制，建立制度促进技术移民，增强对国际领军人才的吸引力。打造统一的国际人才线上招聘平台，吸引国际知名猎头公司总部或分支机构落户北京。与国内外各机构建立合作关系，依据人才共享的理念，打造"候鸟"人才工作站，吸引全球人才和智力，拓宽国际人才工作联络和引进渠道。

第二，筹建归国人员创业园，吸引国际人才和优秀留学生到北京创新创业。创业园也可以和高校建立合作关系，以更好地进行宣传工作并吸引高校毕业生。

第三，打造国际人才交流合作品牌，举办北京人才交流大会发展论坛，加强与国际知名行业协会和基金会的合作交流，组织世界传统联谊年会等有较大影响力的涉侨活动等。

(2) 专家人才等各类人才留用政策建议

人才政策内容涵盖多个环节，要想使政策效应最大化以实现预期的人才目标，必须在引才、用才、育才等不同环节制定衔接政策，形成闭环，以打出组合拳效果。相关调查显示，各地几乎都针对人才、引才出台了一系列优惠政策，但对后续的科研设施配套、专业服务提供等方面普遍缺少相应的政策安排，以至于一些城市出现人才"引得进、用不好、留不住"的现象。只有打造一个良好的一站式服务环境，提高人才群体居住幸福感，才会让更多人才留下来。关于人才留用，本节主要针对人才激励和服务保障提出相关支持政策建议。

第一，优化户籍制度设计和住房政策，留住人才。结合经济转型发展需求、就业岗位匹配程度、公共服务提供能力等综合条件，合理设置、不断调整准入条件，如健全积分落户指标体系、实行户籍准入年限同城化累计互认等。建立满足不同人才群体需求的多层次住房政策体系，为不同层级的人才提供相应的购房优惠与租房补贴，解决人才"住房难""住房贵"等问题。

第二，完善教育、医疗、社保等基本公共服务制度。为人才群体子女提供入学福利、家庭成员的就诊医疗服务；通过营造社区服务、生态、文化等场景，打造社区生活圈、医疗救治圈、文体圈等，为人才群体提供便捷高效的多元化社区服务，满足人才群体的多样化需求。

第三，完善数字经济人才激励机制。推动建立市场化的技术创新项目和经费分配、成果评价和转化应用新机制，指导用人单位实行以增加知识价值为导向的分配政策，探索针对高端人才的岗位分红、项目收益分红、股权激励等中长期激励办法，允许通过技术股权收益、资本市场变现等增加合法收入，提高科研人员特别是主要贡献人员在科技成果转化中的收益比例，激发创新活力，打造数字经济人才聚集高地。

第四，搭建智库平台，完善人力资源服务业态。当前缺少独立智库、人才服务中介机构等第三方信息供给主体与高效的人力资源服务业态。信息障碍导致人才需求方与人才供给方不能有效对接，导致“人不尽其用”和“人岗不相见”。

(3) 新锐人才培养政策建议

第一，重视青年人才的培养。根据青年科技人才成长规律，针对其萌芽阶段、起步阶段、快速发展阶段的不同特点，精准扶持，提高本地高校青年科技人才的培养效率。在**萌芽阶段**，加强青年科技人才的知识学习，引导其科技创新研究方向，提供成才的培养基础；在**起步阶段**，加大经费支持力度与科研资源保障，创造其能够成才的良好环境；在**快速发展阶段**，提供更大的工作自由度，满足成才所需的充足空间。对青年人才开辟特殊支持渠道，重点支持献身科学、潜心研究的优秀青年人才的成长。

第二，探索跨界人才联合培养制度。对数字经济和企业发展急需的紧缺专业人才，向人才培养上游延伸，加快构建“高校—科研机构—企业”联动的人才需求对接和定向培养机制，鼓励骨干企业与高等学校、科研院所开展战略合作，共同建设人才培养和实训基地，面向数字经济发展需求，发展订单制、现代学徒制等多元化人才培养模式，培养实用型、技能型人才。

第三，完善数字职业教育培训体系，推进职工技能提升和岗位转型工作。根据北京数字经济发展所需职业门类、特点，为技能型、实用型人才制定职业岗位的引才要求和评价标准，统计不同职业的人才需求数量，建立健全多层次、有实效的职业教育和社会培训体系。鼓励市场主体根据项目建设、产业发展和市场需求等，加大对企业培训的投入力度，设立市场化的人才培养专项基金，支持并激励针对各类高技术技能人才的培养培训。

第四，创新人才国际化培养方式。打造“留学生到北京交换”品牌，适度增加留学生数量，优化生源结构，鼓励支持重点领域和重点产业所需留学生的就业创业，吸引国际优秀青年人才。

参考文献

[1] 唐立军,朱柏成,王磊,等.北京数字经济发展报告(2021～2022)——建设全球数字经济标杆城市[M].北京:社会科学文献出版社,2022.

[2] 中国信息通信研究院.全球数字经济白皮书——疫情冲击下的复苏新曙光[R].北京:中国信息通信研究院,2021.

[3] 田辉.美欧数字税争议考验国际合作大智慧[N].中国经济时报,2019-12-30(005).

[4] 崔景华,李浩研.数字服务税的制度实践及其效应研究[J].税务研究,2020(11):7.

[5] 崔威,刘奇超,肖畅.行将实施的数字服务税[J].财政科学,2020(8):139-151.

[6] 张智勇.数字服务税:正当的课税抑或服务贸易的壁垒?[J].国际税收,2020(4):8.

[7] 黄健雄,崔军.数字服务税现状与中国应对[J].税务与经济,2020(2):85-90.

[8] 张春燕.法国数字服务税法案的出台背景及影响分析[J].国际税收,2020(1):53-57.

[9] AVI-YONAH R, XU H. China and BEPS[J]. Laws,2018,7(1): 4.

[10] 刘丽,陈高桦.OECD"双支柱"改革方案研究及其对中国的影响分析[J].国际税收,2020(8):14-23.

[11] 郝东杰,陈双专.数字经济跨境课税之"双支柱"方案的创新、影响及应对[J].税务研究,2020(11):100-107.

[12] 刘奇超.论经济数字化国际税收改革中统一方法的规则设计:一个观点综述[J].国际税收,2020(2):24-32.

[13] 苍岚,张淑翠,张厚明.我国数字经济税收问题探析[J].中国国情国力,2021(8):14-18.

[14] 中华人民共和国中央人民政府.中华人民共和国财政部会计信息质量检查

公告(第三十九号)[EB/OL].(2018-10-18)[2024-04-01]. https://www.gov.cn/zhengce/zhengceku/2018-12/31/content_5441986.htm.
[15] 袁显朋,王少华,景雪妍,等.基于区块链技术的数字经济税收治理研究[J].财会研究,2022(1):22-29.
[16] 赵磊.减税降费对绿色全要素生产率的影响研究[D].南昌:江西财经大学,2021.
[17] 中国信息通信研究院. 全球数字经济新图景(2020 年)——大变局下的可持续发展新动能[R].北京:中国信息通信研究院,2020.
[18] 郑雪平.欧盟数字经济发展政策取向及成效[N].中国社会科学报,2021-04-12(007).
[19] 陈静.数字经济激发传统产业变革[N].经济日报,2018-05-18.
[20] 李婕,韩凤芹.我国数字经济发展的财税政策建议[J].社会科学家,2021(12):107-112.
[21] 涂玉玲.数字经济下的税收征管模式探析[J].湖南税务高等专科学校学报,2022,35(1):36-42.
[22] 刘禹君.促进数字经济发展的税收政策研究[J].商业研究,2019(10):86-90+135.
[23] 彭有为,管永昊.应对数字经济发展的税收政策研究[J].税收经济研究,2018,23(3):15-20+47.
[24] 张斌.数字经济对税收的影响:挑战与机遇[J].国际税收,2016(6):30-32.
[25] 谢小梅,孙凯.浅议数字经济的税收征管应对[J].税收征纳,2021(10):29-32.
[26] 倪红日.经济数字化、全球化与税收制度[J].税务研究,2016(4):3-7.
[27] 张原,刘婧,何颖.典型城市数字经济发展经验研究[N].中国计算机报,2022-01-10(008).
[28] 陈明鑫.数字经济增长效率评价与改善研究——基于长三角“一核五圈”城市的比较分析[J].中共杭州市委党校学报,2021(2):80-88.
[29] 黄智文.税收助力深圳经济 40 年发展的实践与经验[J].税务研究,2021(5):134-139.
[30] 刘淑春.中国数字经济高质量发展的靶向路径与政策供给[J].经济学家,2019(6):52-61.
[31] 黄海刚,付月.“十四五”时期北京科技人才政策的战略转型[J].北京社会科学,2022(1):43-55.
[32] 中国信息通信研究院.中国数字经济发展白皮书[R].北京:中国信息通信研究院,2021.

[33] 鲁鑫.2022年中国数字化转型十大趋势[J].数字经济,2021(12):38-41.
[34] 陶刚,吴贾.我国数字巨头企业形成机制分析[J].财经界,2019(4):119-122.
[35] 张璇,吴帅帅.数字中国发展史:从"追随"到"引领"[J].服务外包,2019(10):72-74.
[36] 胡海波,周洁,卢海涛.数字化转型推动制造企业高质量发展:基础、挑战与对策[J].企业经济,2022,41(1):17-23.
[37] 张宝霞.享科技 智金融——探路银行数字化转型发展[N].中国邮政报,2018-07-27.
[38] 宋丽颖,魏佳雯.数字服务税对企业的影响及我国的应对[J].税务研究,2021(3):72-78.
[39] 赵君怡.数字经济背景下的税收规则变革[J].湖南税务高等专科学校学报,2021,34(3):3-7.
[40] 崔志坤,吴迪.新冠肺炎疫情后增加地方政府可支配财力的思考[J].财政科学,2020(6):51-57.
[41] 国家税务总局.全国税务系统全力以赴确保新的组合式税费支持政策落地生根[EB/OL].(2022-03-05)[2024-04-01]. https://www.chinatax.gov.cn/chinatax/n810219/n810724/c5173324/content.html.
[42] 国家税务总局.退税减税降费政策操作指南(八)——科技型中小企业研发费用加计扣除政策[EB/OL].(2022-06-01)[2024-04-01]. https://www.chinatax.gov.cn/chinatax/n810341/n3723562/c101826/c5176197/content.html.
[43] 国家税务总局.国新办举行减税降费促发展强信心新闻发布会[EB/OL].(2022-01-26)[2024-04-01]. https://www.chinatax.gov.cn/chinatax/n810219/n810724/c5172437/content.html.
[44] 中国信息通信研究院政策与经济研究所.数字经济对税收制度的挑战与应对研究报告(2020年)[R].北京:中国信息通信研究院,2020.
[45] 北京市人民政府.北京市促进数字经济创新发展行动纲要(2020—2022年)[EB/OL].(2020-09-22)[2024-04-01]. https://www.beijing.gov.cn/zhengce/zhengcefagui/202009/t20200924_2089591.html.
[46] 北京大学大数据分析与应用技术国家工程实验室.中国数字生态指数(2021)[R].重庆:数字生态指数(2021)发布会暨重庆市数字经济开放论,2021.
[47] 北京市人民政府.北京市财政局关于印发《北京市"十四五"时期公共财政发展规划》的通知[EB/OL].(2021-06-24)[2024-04-01]. https://www.

beijing. gov. cn/zhengce/zhengcefagui/202111/t20211126_2546548. html.

[48] 刘蓉. 税收优惠政策的经济效应与优化思路[J]. 税务研究,2005(11):5.

[49] 沃恩,巴斯. 科学决策方法——从社会科学研究到政策分析[M]. 沈崇麟,译. 重庆:重庆大学出版社,2006.

[50] 中国信息通信研究院政策与经济研究所,中央广播电视总台上海总站. 中国城市数字经济发展报告(2021)[R]. 北京:中国信息通信研究院,2021.

[51] 北京市经济和信息化局. 北京促进数字经济创新发展行动纲要(2020—2022年)[EB/OL]. (2020-09-22)[2024-04-01]. https://www. beijing. gov. cn/zhengce/zhengcefagui/202009/t20200924_2089591. html.

[52] 胡润研究院. 2021 全球独角兽榜[R]. 广州:胡润研究院,2021.

[53] 腾讯研究院. 数字化转型指数报告 2021[R]. 北京:腾讯研究院,2021.

[54] 清华大学全球产业研究院. 中国企业数字化转型研究报告(2020)[R/OL]. (2021-01-13). http://www. clii. com. cn/lhrh/hyxx/202101/t20210113_3947977. html.

[55] 中国信息通信研究院. 中国数字经济发展报告(2022 年)[R]. 北京:中国信息通信研究院,2022.

[56] 张秀青,赵雪妍. 全球数字税发展进程,特征与趋势及中国立场[J]. 全球化,2021(4):14.

[57] 倪红日. 经济数字化、全球化与税收制度[J]. 税务研究,2016(4):5.

[58] 中国税务学会课题组. "十四五"时期优化税制问题研究[R]. 北京:中国税务学会,2022.

[59] 北京财政局. 北京 2022 年 1—6 月财政收支情况[EB/OL]. (2022-07-21)[2024-04-01]. http://czj. beijing. gov. cn/zwxx/czsj/czsz/202207/t20220721_2776154. html.

[60] 北京政府. 关于进一步加大增值税期末留抵退税政策实施力度的公告[EB/OL]. (2022-03-21)[2024-04-01]. http://szs. mof. gov. cn/zhengcefabu/202203/t20220322_3796788. htm.

[61] 北京政府. 关于扩大全额退还增值税留抵税额政策行业范围的公告[EB/OL]. (2022-06-07)[2024-04-01]. http://szs. mof. gov. cn/zhengcefabu/202206/t20220607_3816110. htm.

[62] 财政部税务总局. 科技部关于在中关村国家自主创新示范区核心区(海淀园)开展基础研究税收政策试点的通知[EB/OL]. (2022-10-12)[2024-04-05]. https://czj. beijing. gov. cn/zwxx/tztg/202207/t20220708_2766709. html.

[63] 国务院. "十四五"数字经济发展规划[J]. 中小企业管理与科技,2022

(11):8.

[64] 澎湃新闻. 全球数治|国际数字税治理多边协调取得关键进展[N/OL]. (2021-10-15)[2024-04-01]. https://www. thepaper. cn/newsDetail_forward_14918616.

[65] 刘方，杨宜勇. 如何应对单边数字税对我国跨国数字企业的冲击[J]. 中国投资(中英文)，2022(Z1):14-15.

[66] 数字经济发展研究小组，中国移动通信联合会区块链专委会，数字岛研究院. 中国城市数字经济发展报告(2019-2020)[R/OL]. (2020-05-09)[2024-04-01]. http://www. cbdio. com/BigData/2020-05/09/content_6156160. htm.

[67] 世界经济论坛，中国信通院. 数字孪生城市框架与全球实践报告[R/OL]. (2022-04-27)[2024-04-01]. https://www. 199it. com/archives/1425544. html.

[68] 中国信息通信研究院，中国互联网协会，中国通信标准化协会. 数字孪生城市白皮书(2023年)[R/OL]. (2021-12-04)[2024-04-01]. https://www. caict. ac. cn/english/research/whitepapers/202404/p020240304636693803 89. pdf.

[69] 中国网信办. 数字中国发展报告(2021年)[R/OL]. (2022-08-02)[2024-04-01]. https://cagd. gov. cn/data/uploads//ueditor/php/upload/file/2022/08/1659493698894565. pdf.

[70] 王刘平，谭德家. 美、欧经验对我国数字经济高质量发展的启示[J]. 电子产品可靠性与环境试验，2021，39(S1):96-99.

[71] 苗龙，郑学党. 全球数字服务税发展态势与应对策略研究[J]. 财经理论与实践，2021，42(2):90-97.

[72] 王灏晨. 欧盟推动对数字经济征税及对我国的影响[J]. 宏观经济管理，2018(7):86-92.

[73] 彭玥. 数字服务税的国际比较及中国选择[D]. 北京:中国财政科学研究院，2021.

[74] 逄健，朱欣民. 国外数字经济发展趋势与数字经济国家发展战略[J]. 科技进步与对策，2013，30(8):124-128.

[75] 蔡德发，要思晗. 我国数字经济税收政策与规制设计——基于OECD、美国、印度等典型国家数字经济税收政策比较[J]. 商业经济，2022(1):172-174.

[76] 周艳. 数字税的国际发展及我国税收政策的应对[J]. 商业会计，2021(19):89-91.

[77] 陈友骏. 日本参与全球数字经济治理的构想与实践[J]. 日本学刊，2021(S1):136.

[78] 金杰.中国、印度税收协定中“防止协定滥用”的规则研究[D].重庆:西南大学,2021.

[79] 张肃,黄蕊.日本数字内容产业发展的演化经济学分析[J].现代日本经济,2021(3):23-32.

[80] 周念利,吴希贤.日本参与国际数字贸易治理的核心诉求与趋向分析[J].日本研究,2020(3):33-43.

[81] 蔡于茜.数字经济税收政策研究[D].北京:首都经济贸易大学,2019.

[82] 金佳林.日本数字内容产业推进战略透析及启示[J].市场论坛,2018(4):59-63.

[83] 王文清,姚巧燕.“一带一路”沿线国家税收制度改革对我国的启示——以印度尼西亚、印度、俄罗斯为例[J].国际税收,2018(4):23-27.

[84] 高荣伟.印度的税收征管问题[J].税收征纳,2017(3):54-56.

[85] 杨林林.印度税收制度及投资税收问题研究[J].国际税收,2016(3):55-61.

[86] 吴小强.日本最新税改评介[J].税务研究,2015(5):121-123.

[88] 来尧静,徐梁.发达国家数字内容产业:发展历程与配套措施[J].学海,2010(6):78-8

[88] 马洪范,胥玲,刘国平.数字经济、税收冲击与税收治理变革[J].税务研究,2021(4):84-91.

[89] 朱海涛.国际税收竞争下我国税收优惠政策的调整[J].知识经济,2012(10):85.

[90] 欧阳强.税收优惠之国际协调[D].青岛:山东科技大学,2004.

[91] 段葳.地方税收优惠政策清理中公平竞争审查制度实施探究[J].2021,(11):148-153.

[92] 贺敏.北京数字经济去年增加值1.6万亿[N].中国航空报,2022-2-15(002).

[93] 符裔.中国-东盟自由贸易区税收协调研究[D].北京:中央财经政法大学,2019.

[94] 阮芳.我国国际税收协调问题研究[D].广州:广东外语外贸大学,2008.

[95] 熊萌.国际税收竞争效应分析及对策[J].山西财税,2011(9):14-15.

[96] 张琳,王亮亮,徐秀军.RCEP框架下的国际税收合作与协调[J].国际税收,2021(11):10-15.

[97] 吴清.RCEP税收协调问题探讨[J].知识经济,2012(10):85.

[98] 中国信息通信研究院.中国数字经济发展白皮书[R].北京:中国信息通信研究院,2022.

[99] 张晋武.中国税式支出制度构建研究[D].重庆:西南财经大学,2007.

[100] 刁晓红.税式支出预算管理的国际经验及我国的现实基础[J].经济研究参考,2016(32):11.

[101] 汪虎生.基于效率优化的税式支出制度建设研究[J].税务研究,2020(1):7.

[102] 国家税务总局济南市税务局课题组,刘清鑫,李华,等.减税降费背景下税式支出纳入地方政府预算的研究——基于国际借鉴与山东实践的加强税式支出治理的调研[J].财政监督,2020(3):5.

[103] 北京市经济和信息化局.2022 年北京高精尖产业发展资金实施指南[EB/OL](2022-05-20)[2024-04-01].https://www.beijing.gov.cn/fuwu/lqfw/gggs/202202/t20220208_2606218.html.

[104] 北京经济和信息化局.关于印发《北京工业互联网发展行动计划(2021-2023 年)》的通知[EB/OL].(2021-12-24)[2024-04-01].http://www.beijing.gov.cn/zhengce/gfxwj/202112/t20211228_2574143.html.

[105] 北京国资委.关于市管企业加快数字化转型的实施意见[EB/OL].(2021-09-27)[2024-04-01].http://bj.people.com.cn/n2/2021/0927/c349239-34933281.html.

[106] 李雪艳,顾承卫,李云杉.面向数字时代的德国专业人才政策[J].科技中国,2020(5):86-90.

[107] 张东,徐峰.美国人工智能人才政策走向及其对中美人才竞争的影响[J].全球科技经济望,2021,36(7):5-8.

[108] 杜海坤,李建民.从欧盟经验看数字人才培养[J].中国高等教育,2018(22):61-62.

[109] 百万人才进海南行动计划(2018—2025 年)[J].今日海南,2018(5):18-20+40.

[110] 吴士存.海南自由贸易港未来及全球定位[M].广东:广东人民出版社,2021.

[111] 博宇会计.海南自贸港园区政策到海南创业必看!海南自贸港各大园区有哪些政策优惠?[EB/OL].(2021-08-25)[2024-04-05].https://shenzhen.11467.com/info/12971293.html.

[112] 岑朝阳,陈蕾.长三角省会城市高层次人才政策比较研究——基于杭州与合肥的对比[J].领导科学论坛,2021(4):99-105.

[113] 人民网.国内首家数字经济人才培养服务基地落户海南[EB/OL].(2018-12-09)[2024-04-05].https://www.hainan.gov.cn/hainan/tingju/201812/20f5f68507a040c7bc83cc447a756d65.shtml.

[114] 前瞻产业研究院.2021 年中国 31 省市人才政策对比及效益评价深度分析

报告[R/OL].(2021-05-22)[2024-04-01]. https://www. vzkoo. com/read/4611dc6b0eeb8b3fa399dba1effd9e62. html.

[115] 崔宏轶,潘梦启,吴帅.我国经济特区科技人才政策变迁及对策建议——以深圳为例[J].江淮论坛,2020(5):30-36.

[116] 张云华,刁慧勤.海南自由贸易港税收政策:框架解析和未来展望[J].国际税收,2020(11):16-20+26.

[117] 中关村科技园区管理委员会.关于印发《中关村国家自主创新示范区优化创业服务促进人才发展支持资金管理办法实施细则(试行)》的通知[EB/OL].(2022-05-27)[2024-04-01]. http://www. cosdf. org. cn/news_view. aspx? nid=2&typeid=50108&id=1620.

[118] 中国信息通信研究院.中国数字经济发展白皮书(2020 年)[R].北京:中国信息通信研究院,2020.

[119] 薛栋.智能制造数字化人才分类体系及其标准研究——美国 DMDII 的数字人才框架启示[J].江苏高教,2021(3):68-75.

[120] 北京人才工作局.关于"两区"建设推进工作措施[EB/OL].(2021-02-18)[2024-04-01]. http://www. beijing. gov. cn/zhengce/zhengcefagui/202102/t20210223_2286712. html.

[121] 北京人民政府.北京经济技术开发区支持高精尖产业人才创新创业实施办法(试行)[EB/OL].(2022-05-27)[2024-04-01]. http://kfqgw. beijing. gov. cn/zwgkkfq/ztzl/lqztkfq/lqzc/jkqzc/rcfw/202104/t20210425_2638162. html.

[122] 北京大兴区人民政府办公室.关于印发《大兴区数字经济创新发展三年行动计划(2021-2023 年)》的通知[EB/OL].(2021-07-09)[2024-04-01]. https://www. bjdx. gov. cn/bjsdxqrmzf/zwfw/zfwj67/zfwj/1834158/index. html.

[123] 北京西城区人民政府办公室.关于印发《北京西城区加快推进数字经济发展若干措施(试行)》的通知[EB/OL].(2020-12-31)[2024-04-01]. https://www. bjxch. gov. cn/xxgk/xxxq/pnidpv882284. html.

[124] 黄英.助推粤港澳大湾区打造人才高地的税收政策研究[J].税务研究,2019(12):106-107.

[125] 赵全军,季浩.政策创新与制定失灵——基于"人才争夺战"的场景分析[J].浙江社会科学,2021(11):45-52+157.

[126] 袁方成.城市人才流动新动向新特征与新动能[J].人民论坛,2021(29):50-56.

[127] 国家税务总局.关于实施高新技术企业所得税优惠政策有关问题的公告[EB/OL].(2017-06-19)[2024-04-01]. https://www. chinatax. gov. cn/

chinatax/n810341/n810765/n2511651/201707/c2805187/content. html.

[128] 国家税务总局. 财政部 税务总局 商务部 科技部 国家发展改革委关于将技术先进型服务企业所得税政策推广至全国实施的通知[EB/OL]. (2017-11-02)[2024-04-01]. http://www. chinatax. gov. cn/n810341/n810755/c2908867/content. html.

[129] 国家税务总局. 财政部 税务总局 商务部 科技部 国家发展改革委关于将服务贸易创新发展试点地区技术先进型服务企业所得税政策推广至全国实施的通知[EB/OL]. (2018-05-19)[2024-04-01]. https://www. chinatax. gov. cn/n810341/n810755/c2908867/content. html.

[130] 中华人民共和国中央人民政府. 财政部 税务总局 科技部关于提高研究开发费用税前加计扣除比例的通知[EB/OL]. (2018-09-20)[2024-04-01]. https://www. gov. cn/zhengce/zhengceku/2018-12/31/content_5441300. htm.

[131] 国家税务总局. 财政部 税务总局 科技部关于企业委托境外研究开发费用税前加计扣除有关政策问题的通知[EB/OL]. (2018-06-25)[2024-04-01]. https://www. chinatax. gov. cn/n810341/n810755/c3544428/content. html.

[132] 国家税务总局. 财政部 税务总局 国家发展改革委 工业和信息化部关于集成电路生产企业有关企业所得税政策问题的通知[EB/OL]. (2018-03-28)[2024-04-01]. https://www. chinatax. gov. cn/n810341/n810765/n3359382/201804/c3545220/content. html.

[133] 中华人民共和国中央人民政府. 财政部 税务总局 国家发展改革委关于促进集成电路产业和软件产业高质量发展企业所得税政策的公告[EB/OL]. (2020-12-11)[2024-04-01]. https://www. gov. cn/zhengce/zhengceku/2020-12/17/content_5570401. htm.

[134] 国家税务总局. 关于进一步鼓励软件产业和集成电路产业发展企业所得税政策的通知[EB/OL]. (2015-02-09)[2024-04-01]. https://www. chinatax. gov. cn/chinatax/n810341/n810765/n1465977/n1466052/c1677269/content. html.

[135] 国家税务总局. 财政部 国家税务总局 发展改革委 工业和信息化部关于软件和集成电路产业企业所得税优惠政策有关问题的通知[EB/OL]. (2016-05-04)[2024-04-01]. https://www. chinatax. gov. cn/chinatax/n810341/n810755/c2128416/content. html.

[136] 国家税务总局. 关于集成电路设计和软件产业企业所得税政策的公告[EB/OL]. (2019-05-17)[2024-04-01]. https://www. chinatax. gov. cn/chinatax/n810214/n810641/n2985871/n2985888/n2985983/c4369822/content. html.

[137] 中华人民共和国国家发展和改革委员会.关于印发国家规划布局内重点软件和集成电路设计领域的通知[EB/OL].(2017-05-11)[2024-04-01]. https://www.ndrc.gov.cn/xwdt/ztzl/jdstjjqycb/zccs/201705/t20170511_1028511.html.

[138] 国家税务总局.财政部 税务总局关于实施小微企业普惠性税收减免政策的通知[EB/OL].(2019-01-17)[2024-04-01]. https://www.chinatax.gov.cn/chinatax/n810341/n810765/n4182981/201903/c4358821/content.html.

[139] 国家税务总局.财政部 税务总局 关于创业投资企业和天使投资个人有关税收政策的通知[EB/OL].(2018-05-14)[2024-04-01]. https://www.chinatax.gov.cn/n810341/n810755/c3453868/content.html.

[140] 国家税务总局.关于创业投资企业和天使投资个人税收政策有关问题的公告[EB/OL].(2018-07-30)[2024-04-01]. https://www.chinatax.gov.cn/n810341/n810755/c3653128/content.html.

[141] 中华人民共和国财政部.财政部 国家税务总局关于完善固定资产加速折旧企业所得税政策的通知[EB/OL].(2014-10-20)[2024-04-01]. https://www.mof.gov.cn/gkml/caizhengwengao/wg2014/wg201411/201504/t20150427_1223635.htm.

[142] 国家税务总局.财政部 税务总局关于企业职工教育经费税前扣除政策的通知[EB/OL].(2018-05-07)[2024-04-01]. https://www.chinatax.gov.cn/n810341/n810755/c3439400/content.html.

[143] 国家税务总局.财政部 税务总局关于延长高新技术企业和科技型中小企业亏损结转年限的通知[EB/OL].(2018-07-11)[2024-04-01]. https://www.chinatax.gov.cn/n810341/n810755/c3578182/content.html.

[144] 国家税务总局. 财政部 国家税务总局关于全面推开营业税改征增值税试点的通知[EB/OL].(2016-03-23)[2024-04-01]. https://www.chinatax.gov.cn/chinatax/n810341/n810765/n1990035/201603/c2192724/content.html.

[145] 国家税务总局.关于技术转让所得减免企业所得税有关问题的公告[EB/OL].(2013-10-21)[2024-04-01]. https://www.chinatax.gov.cn/chinatax/n810341/n810765/n812146/n812318/c1080603/content.html.

[146] 国家税务总局.财政部 国家税务总局关于将国家自主创新示范区有关税收试点政策推广到全国范围实施的通知[EB/OL].(2015-10-23)[2024-04-01]. https://www.chinatax.gov.cn/n810341/n810755/c1870682/content.html.

[147] 国家税务总局.关于股权奖励和转增股本个人所得税征管问题的公告[EB/OL].(2015-11-16)[2024-04-01]. https://www.chinatax.gov.cn/chinatax/n810341/n810755/c1915569/content.html.

[148] 国家税务总局. 财政部 国家税务总局关于完善股权激励和技术入股有关所得税政策的通知[EB/OL]. (2016-09-20)[2024-04-01]. https://www.chinatax.gov.cn/n810341/n810755/c2275136/content.html.

[149] 国家税务总局. 关于股权激励和技术入股所得税征管问题的公告[EB/OL]. (2016-09-28)[2024-04-01]. https://www.chinatax.gov.cn/n810341/n810755/c2278626/content.html.

[150] 国家税务总局. 财政部 税务总局 科技部关于科技人员取得职务科技成果转化现金奖励有关个人所得税政策的通知[EB/OL]. (2018-05-29)[2024-04-01]. https://www.chinatax.gov.cn/chinatax/n810341/n810755/c3486562/content.html.

[151] 国家税务总局. 财政部 工业和信息化部 海关总署 税务总局 能源局关于调整重大技术装备进口税收政策有关目录的通知[EB/OL]. (2018-11-14)[2024-04-01]. https://www.chinatax.gov.cn/chinatax/n810341/n810765/n3359382/201811/c4065246/content.html.

[152] 中华人民共和国财政部. 财政部 科技部 发展改革委 海关总署 税务总局关于科技重大专项进口税收政策的通知[EB/OL]. (2010-07-24)[2024-04-01]. https://www.gov.cn/gongbao/content/2010/content_1754125.html.

[153] 国家税务总局. 财政部 税务总局 海关总署关于深化增值税改革有关政策的公告[EB/OL]. (2019-03-20)[2024-04-01]. https://www.chinatax.gov.cn/n810341/n810755/c4160283/content.html.

[154] 国家税务总局. 关于办理增值税期末留抵税额退税有关事项的公告[EB/OL]. (2019-04-30)[2024-04-01]. https://www.chinatax.gov.cn/n810341/n810755/c4308939/content.html.

[155] 北京财政局. 关于转发中关村国家自主创新示范区公司型创业投资企业有关企业所得税试点政策的通知[EB/OL]. (2021-01-22)[2024-04-01]. https://www.beijing.gov.cn/zhengcefagui/qtwj/202204/t20220413_2675344.html.

[156] 北京市人民政府. 财政部 税务总局 科技部 知识产权局关于中关村国家自主创新示范区特定区域技术转让企业所得税试点政策的通知[EB/OL]. (2020-12-25)[2024-04-01]. https://www.beijing.gov.cn/zhengce/zhengcefagui/202102/t20210226_2288943.html.

[157] 国家税务总局. 财政部 海关总署 国家税务总局关于完善跨境电子商务零售进口税收政策的通知[EB/OL]. (2018-11-29)[2024-04-01]. https://www.chinatax.gov.cn/chinatax/n810341/n810765/n3359382/n3359412/c4182338/content.html.

[158] 中华人民共和国财政部.关于调整跨境电子商务零售进口商品清单的公告[EB/OL].(2022-02-21)[2024-04-01]. https://www.mof.gov.cn/jrttts/202202/t20220221_3788894.htm.

附录 A 问卷调查

数字经济背景下企业发展状况调研

本问卷调查内容仅用于课题研究，所得数据绝不外泄，感谢您的如实填写。

1. 请问您的年龄是：

○ 17 岁及以下(终止)
○ 18～30 岁
○ 31～40 岁
○ 41～50 岁
○ 51～60 岁
○ 61 岁及以上

2. 请问您的性别是：

○ 男
○ 女

3. 企业性质：［单选题］＊

○ 国有
○ 民营
○ 外资
○ 中外合资
○ 其他

4. 企业规模：[单选题] *

○ 0～19 人
○ 20～99 人
○ 100～499 人
○ 500～999 人
○ 1 000 人及以上

5. 企业所属行业：[单选题] *

○ 农、林、牧、渔业
○ 采矿业
○ 制造业
○ 电力、热力、燃气及水生产和供应业
○ 建筑业
○ 交通运输、仓储和邮政业
○ 信息传输、软件和信息技术服务业
○ 批发和零售业
○ 住宿和餐饮业
○ 金融业
○ 房地产业
○ 租赁和商务服务业
○ 科学研究和技术服务业
○ 水利、环境和公共设施管理业
○ 居民服务、修理和其他服务业
○ 教育
○ 卫生和社会工作
○ 文化、体育和娱乐业
○ 公共管理、社会保障和社会组织
○ 国际组织
○ 其他

6. 您目前所在公司是否有业务在北京：[单选题] *

○ 是
○ 否(终止)

7. 近三年来,您所在企业的数字化总投入占企业总投入的比重约为________［单选题］ *

【说明:数字化总投入包含硬件(含网络)、软件(含网络)、信息安全、数字化培训、人员、数字通信等各项费用】

○ 10%及以下

○ 11%～30%

○ 31%～50%

○ 51%～70%

○ 71%及以上

8. 您觉得目前企业发展的主要困难是什么?［多选题］ *

□ 创新能力

□ 技术水平

□ 成本资金

□ 企业管理

□ 政策支持

□ 信用融资

9. 您认为政府应在哪些方面加大对企业发展的支持力度?［多选题］ *

□ 税收优惠

□ 专项补贴

□ 政府采购

□ 知识产权

□ 融资支持

□ 人才引进

□ 成果转化

□ 市场准入

□ 产业发展

□ 国际化发展

10. 您认为政府在数字经济发展中应在哪些方面加大支持力度?［多选题］

□ 结合区域特色,搞好统筹规划

□ 加大数字基础设施建设

□ 培育数字交易市场,推动数据资源产业化

□ 提升政府服务数字经济能力,加大产业基金和其他金融服务对数字企业的支持力度

□ 构建数字政府均等化服务能力

□ 完善数字经济相关法律法规制度

□ 提高全民数字素养与技能

□ 提供政策引导和税收补贴等

附录 B　数字科技型企业及管理部门的座谈调研

序号	名称	性质	业务	规模
1	百度（中国）有限公司	由李彦宏创立于 2000 年 1 月 1 日，2005 年于纳斯达克上市，2021 年于香港交易所上市。由单一搜索引擎服务商成功转型为内容生态与人工智能（AI）融合的互联网公司。是以软件和信息技术服务业为主的高新技术企业，是全球为数不多的提供 AI 芯片、软件架构和应用程序等全栈 AI 技术的公司，被国际机构评为全球四大 AI 公司之一	是全球领先的中文搜索引擎、中国领先的以信息和知识为核心的互联网综合服务公司，更是全球领先的人工智能（AI）平台型公司，并有语音、图像、知识图谱、自然语言处理等人工智能技术。推出“文心一言”智能商用和自动驾驶业务。2022 年末，百度自动驾驶出行服务平台“萝卜快跑”订单量达到 56.1 万，同比增长 162%，是全球最大的自动驾驶出行服务提供商	注册资本：4 520 万美元
2	中国通用技术（集团）控股有限责任公司	中央直接管理的国有重要骨干企业；国有资本投资公司试点企业；在中央企业经营业绩考核中连续 12 年（2009—2020 年）获得 A 级；自 2014 年起，集团 7 次入围《财富》世界 500 强	聚焦先进制造与技术服务、医药医疗健康、贸易与工程服务三大主业；拥有沈机股份、环球医疗、中国医药、中纺标 4 家上市公司，556 家法人企业，业务细分 183 种	注册资本：60 亿元 2021 年营业额：1 721 亿元

续表

序号	名称	性质	业务	规模
3	北京数通国软信息技术有限公司	数字型小微企业	主要从事技术开发、技术转让、技术咨询、技术服务、技术推广和软件开发等业务	注册资本：500万元
4	中煤科工智能储装技术有限公司	数字型企业	科技推广和应用服务业务	注册资本：5 000万元
5	北京宸控科技有限公司	中关村高新技术企业；北京"专精特新"中小企业；国家级专精特新"小巨人"企业；连续三年获北京高新"瞪羚"企业称号	提供智能化矿山整体解决方案。**技术路线**为无线化、数字化、智能化、新能源化；**企业使命**为用科技为矿山提供更安全、更健康的环境，为人类带来更美好的生活	注册资本：943万元
6	海南自由贸易港海口调研座谈：海南自由贸易港海口江东新区。 三亚调研座谈：实地考察投资促进局、三亚中央商务区管理局、三亚国际友好中医疗养院、三亚中粮大悦城项目	海南自由贸易港"6+1+4"制度体系。其中，"6"指六项便利，即贸易自由便利、投资自由便利、跨境资金流动便利、人员进出自由便利、运输来往自由便利、数据安全有序流动；"4"指四项制度，即税收制度、社会治理、法治制度、风险防控。 "3＋1"现代产业体系，特指旅游业、现代服务业、高新技术产业、热带高效农业	2025年初步建立以贸易自由便利和投资自由便利为重点的自由贸易港政策制度体系；2035年自由贸易港政策制度体系和运作模式更加成熟；21世纪中叶，全面建成具有较强国际影响力的高水平自由贸易港	—